本书得到国家社会科学基金项目和湖南省"双一流"学科建设重点项目的出版资助

农业现代化进程中的
基层政府职能研究

刘远风 著

中国社会科学出版社

图书在版编目（CIP）数据

农业现代化进程中的基层政府职能研究 / 刘远风著 . —北京：中国社会科学
出版社，2020. 5

ISBN 978-7-5203-6164-4

Ⅰ. ①农…　Ⅱ. ①刘…　Ⅲ. ①地方政府—政府职能—关系—农业现代化—
研究—中国　Ⅳ. ①D625②F320. 1

中国版本图书馆 CIP 数据核字（2020）第 053024 号

出 版 人	赵剑英
责任编辑	许　琳
责任校对	鲁　明
责任印制	郝美娜

出　　版	中国社会科学出版社
社　　址	北京鼓楼西大街甲 158 号
邮　　编	100720
网　　址	http：//www. csspw. cn
发 行 部	010-84083685
门 市 部	010-84029450
经　　销	新华书店及其他书店

印　　刷	北京君升印刷有限公司
装　　订	廊坊市广阳区广增装订厂
版　　次	2020 年 5 月第 1 版
印　　次	2020 年 5 月第 1 次印刷

开　　本	710×1000　1/16
印　　张	17. 75
插　　页	2
字　　数	301 千字
定　　价	98. 00 元

序

中国改革与发展过程中所有问题的讨论，几乎都绕不开"政府职能转变"这一主题。刘远风博士的国家社科基金结题著作《农业现代化进程中的基层政府职能研究》，独辟蹊径地从农业现代化角度审视基层政府职能，具有很强的理论价值与独到的现实意义。诚如书中所述，"基层政府既是政府良政与国家善治的基石，也是体制弊端的爆破口"。充分探讨农业现代化进程中的基层政府职能，既在理论层面上有利于丰富国家治理理论，又在实践层面上有利于诊断和解决农业现代化进程中的具体问题。

刘远风博士这部著作共有七章，按总分总的结构展开论述。第一部分主要是理论探讨，从总体上讨论基层政府职能定位问题，该部分为第一章。第二部分是分项讨论的部分，包含本项研究的核心内容，此部分结合大量的经验材料和数据，在客观描绘现代农业发展现状的基础上，诊断中国农业现代化问题，最后在寻找对策过程中阐述基层政府在农业现代化进程中的职能。农业现代化问题按劳动力、土地和资本等核心生产要素及要素的有效组合分别讨论，该部分包含第二、三、四、五章等章节。第三部分是总结讨论的部分，由第六章和第七章构成。

刘远风博士这部著作既有理论研究也有经验分析，论证充分，行文流畅，可读性强。我认为这部著作至少具有三大特色：首先，不同于一般政治学著作中从职责体系与职能关系的角度解剖和直接逐一分项列举具体职能。该著作通过纵向和横向比较不同治理主体的特性，明确提出了基层政府职能定位应遵循"外生权力最小化与内生权力最大化"、"双重保护与双重服从"、"服务兜底"等三大原则，进而使得对具体的基层政府职能的考察有了可操作的规范性标准。有了这些标准，基层政府职能的缺位和越位就能更加清晰地呈现，政府职能优化的步骤也能更加明确。其次，这部著作把理论研究与经验分析有机结合起来。远风同志把基层政府在农业现代化进程中的职能，界定为抑制或消除现代农业发展的阻碍因素、推动或培育现代农业发展的促进因素，进而把农业现代化进程中基层政府职能问题转换为讨论农业现代化的阻碍因素与促进因素的关系，使抽象问题变得具象化。远风同志把劳动力、土地、资本、组织等四个要素作为影响农业现代化的核心要素，分别从这四个方面讨论了基层政府职能问题。最后，该书在方法论上对"理性的无知"保持了较高的警惕，"干中学"、"实践出真知"等务实理念得到了较为充分的体现。远风同志虽然对基层政府职能的优化路径有较为清晰的认识，但并不着力从顶层设计的角度开出政策处方，而是认为"在变革时代，狗尾巴带动狗身体，许多改革路径是逐渐演化出来的"，着力辨析相关治理主体正在做什么、愿意做什么、能够做什么，从而呈现可能的演化路径。

当然，作为一部有知识增量贡献的学术著作，也不可能做到十全十美。我认为该著作也有一些值得商榷或加以改进的地方：该书把基层政府定义为县乡政府，但县政府与乡政府在行政运作和资源动员等方面存在较大差异，书中并没有分开讨论和加以适当关切；该书虽然提出了基层政府职能定位的原则和不少基层政府的职能，但运用规范性准则对具体职能进行辨析方面略显不足。刘远风博士呈现给大家的这部著作，无论优点、缺点，读者诸君自有判断，学术著作最为重要的是洞见和知识贡献。我相信，刘远风博士这部著作能够让您读后有所收获。

刘远风博士是湖南省高校"双一流培育学科"的核心骨干之一，他为湖南农业大学公共管理一级学科博士点的建设做出了突出贡献。刘远风博士严谨治学、刻苦探索，为我校年轻学者树立了榜样。相信刘远风博士一定能出更多更优秀的成果。有感于他潜心治学的精神，又为他诚挚相托所感动，欣然写下这些文字，是为序。

李燕凌

2019 年 10 月 18 日于长沙

目　　录

导　　论

第一节　选题背景

　　中国政府历来把农业作为国民经济的基础，十分重视稳定和发展农业。在计划经济时代，政府直接干预农业生产、分配、交换、消费的过程，政府作为农业生产的组织者进行了大规模的农田水利基础设施建设和农业技术投入与推广，然而，由于农民的生产积极性不高，农业的发展和进步有限，在计划经济条件下，人民的温饱问题未得到有效解决。1978年中国实行改革开放后，政府对农业微观经营主体的干预越来越少，农村土地家庭承包制度日益完善，农业产业的生产、分配、交换与消费等环节市场化程度越来越高，农民的生产积极性迸发，农业稳步增产，中国的温饱问题很快就基本得以解决，然而，在20世纪80年代，农业基础设施更新换代滞后，投入不足，农民增产不增收，"卖粮难"、"农用物资涨价快"等问题凸显了小生产与大市场之间的矛盾，与此同时，农民费税负担重亦引发了一系列社会经济问题，政府如何扶持农业这一弱质产业成为重要的政策议题，为此，中央政府出台一系列旨在提高农民自主性、促进农民生产积极性和减轻农民负担的政策措施。20世纪90年代，中国工业化和城市化迅猛发展，民工潮兴起，青壮年农民在比较收益较高的第二第三产业寻找就业机会，农村出现了前所未有的农地抛荒现象，直到21世纪初，这一问题继续加剧，为提高农地使用效率和稳定农业生产，党和国家出台了一系列旨在促进和规范土地流转的政策。2006年，中国全面取消农业费税，随后逐步扩大农业生产补贴范围，此后，农民收入连年增长、农业生产连年丰收，但农业生产成本日益高涨，农业生产与市场需求的矛盾日益突出，一些农产品价格接近甚至高于国际市场价格，农产品面临日益严峻的国际市场竞争，如何进一步提高农产品品质和生产效率成为重要的政策议题，为此，党和国家出台了一系列旨在加强农田基础设施建设和农业技术推广、促进土地流转和培育新型农业经营主体等政策。在中央颁布一系列涉农政策的同时，地方政府、基层政府和农民群众亦在积极探索实践，为农业现代化的发展贡献智慧。一些地方抓住了有利的市场机遇，积极发展乡镇企业，在小范围内（通常是一个村或几个村）有效地实现了以工补农、以工促农。一些基层政府积极促进和引导资本下乡，鼓励企业和农户合作，发展订单农业，一定程度上缓解了农产品的供需矛盾。一些农民组织起来组建农业专业合作社，有意识地克服小生产与大市场的矛盾。

中央政策与地方实践的有效结合加速了中国农业现代化进程，然而，农业现代化建设面临着前所未有的挑战。首先，在城市化和工业化的背景下，农业比较效益低下，青壮年农民纷纷外去务工经商，农业现代化建设缺乏中坚力量，农业接班人问题突出。2006 年以后，中国已出台了一系列惠农政策，农业补贴的范围已较广泛，进一步惠农的政策空间日渐缩小，吸引年轻一代务农不能再简单依靠费税优惠和农业补贴。其次，随着农业生产成本的继续攀升，中国农产品面临更加严峻的国际竞争。一方面，中国农业生产的劳动力成本优势随着工业化进程中农村劳动力的转移而逐步丧失，另一方面，中国农产品质量的提高没有跟上经济发展和人们生活水平提高的节奏，中国大宗农产品供大于求的局面短期内不仅无法扭转甚至有可能进一步恶化。再次，新型现代农业生产要素的引入面临瓶颈。虽然中国当前在积极推进农地流转、促进农地规模经营，但农地仍以小规模经营为主体，在小块土地上难以吸附大量资本投入，农业新技术、新品种、新机械的使用因而受到很大的制约。最后，农村金融抑制仍然很严重，农民的大量金融需求无有效供给满足。

自从周恩来总理提出四个现代化的社会主义建设目标以来，中国政府就致力于推动农业现代化，在改革开放之前即在计划经济时代，农业生产经营的体制机制问题被看作"政治路线"问题，虽然党和政府也做出了制度上的适应性调整，但农业现代化主要依靠"硬件"改善来推动，包括改善农田水利基础设施、良种和农业科技推广及农业机械化等。改革开放后，中国政府除了继续强调农业生产条件的改善和技术手段的创新等"硬件"改善外，更加重视"体制改革"、"机制创新"等"软件"改善，政府逐渐减少对农业微观经营主体的干预，进而突出农业生产组织方式变革，相应的政府职能转变成为重要的改革议题。由于政府职能转变伴随着改革开放的整个过程，既有研究在讨论政府职能时往往侧重于经济社会转型背景下的宏观分析，把市场经济对政府的基本要求作为规范前提，从政治与行政体制的角度探讨政府职能转变，在理论层面侧重于讨论政府职能的一般问题和普遍问题，往往表现为运用西方成熟理论对中国问题进行诠释，在实践层面则侧重于强调顶层设计或自上而下的改革，表现为政治与行政体制改革。这类政府职能问题一方面在理论上过于依赖对市场及市场经济的理解和判断，其理论特性并不突出，在实践上依赖于中央顶层设计，一定程度上与中国改革从基层和农村开始的现实逻辑不一致。中国改革的起点从基层与农村、农业开始，改革深化过程也不是由理论先导，而是具有摸着石头过河的干中学的典型特征，在解决一个又一个具体的问题中深化改革，优化政府职能。在中国农业现代化进程中，基层政府职能的有效发挥至关重要。

第二节　关键问题

本项研究在农业现代化背景下讨论基层政府职能，一方面关注实践层面农村基层丰富多样的探索，另一方面在理论层面讨论问题的基点更为具体、更加突出中国的问题背景，理论结论更富有建设性，其实践价值亦不再依赖于自上而下的政治与行政体制改革。从理论上看，本项研究以农业现代化等农村基本问题为切入点讨论基层政府职能，把政府职能分析与对中国经济社会的分析结合起来，对中国公共行政实践进行理论总结与升华，有利于推动政治学理论的本土化。从实践上看，基层政府职能履行情况人民群众感受最为深切，基层政府职能合理定位和正确履行是政府良政与国家善治的基石之一，本项研究为基层政府职能定位提供有益信息，有利于推动公共管理变革和政府职能优化。理论应在实践中得到检验和修正，而丰富的实践也应得到理论概括和升华，基层政府职能研究不仅要讨论基层政府应该做什么、能够做什么和实际上做了什么，还要充分辨析制度和体制的角色与力量，关注各类经济社会机制是如何发挥作用的。由于农村基层干部群众关系曾一度紧张，政令不出中南海的现象也时有发生，对既成问题归因或过往政策的评估就应更加谨慎的区分政策问题与政策执行问题，因此，基层政府职能问题的分析还不得不关涉政治与行政。但由于中国地区发展差异巨大，不同地方也有不同的实践，本项研究无法涵盖所有的基层实践，而政府职能分析的视角众多，该项研究仅为政府职能问题研究的一个标本，既不奢望统摄政府职能理论，也不希求解决全部实践问题。

农业现代化是不可逆转的趋势，政府包括基层政府或适应这一趋势或加快这一进程。农业现代化进程中的基层政府职能研究有两种路线，其一，农业现代化作为一个历史趋势，基层政府如何适应这一趋势，即农业现代化进程对基层政府职能及其履行产生了怎样的影响，以此为核心理论问题，产生出一系列派生的理论问题，包括农业现代化对基层政府职能将会产生什么样的影响、已经产生了什么样的影响、基层政府在农业现代化趋势的影响下应如何实现职能转变等一系列问题，该研究路线主要侧重于社会历史变迁的分析，主要是一种描述性和解释性的理论分析；其二，农业现代化作为社会主义现代化建设的重要目标之一，基层政府作为现代化建设的重要参与者如何促进农业现代化目标的实现，即基层政府为促进农业现代化建设应履行怎样的职能，以此为核心理论问题，产生一系列派生的理论问题，包括农业现代化建设有哪些阻碍因素和促进因素、基层政府应如何克服这些阻碍因素和利用促进因素、当前中国农业现代化建设中基层政府扮演了什么样的角色、为进一步促进农业现代化建设基层政府应怎样转变职能等，该路线关心实践问题，是一种应用研究。由于第一种研究路线侧重于考察现代化的影响，主要把基层政府当作农业现代化的被动适应者，一方面，在中国，农业现代化相对滞后，其影响尚未充分显现，另一方面，现代化的影响是全方位的，其中最为重要的是对人们生产生活方式的影响，仅仅关注现代化对基层政府的影响，其理论意义和实践意义均不大，本项研究定位为应用型研究，采用第二种研究路线，重点考察基层政府在促进农业现代化进程中应扮演的角色和发挥的功能。要厘清农业现代化进程中"基层政府应该做什么"不仅要理解中国政治经济体制及其变革，而且必须客观判断农业现代化及其发展条件。要对"基层政府愿意做什么"、"基层政府能够做什么"进行判断必须对基层政府本身的特性有充分的了解。"基层政府正在做什么"则是一个事实判断问题。因此，本项研究的主要分析要点包括农业现代化及其发展条件、基层政府的特性、中国行政体制与经济体制改革等三个方面。

一　农业现代化及其发展条件

现代农业是与传统农业相对的概念，传统农业是一种处于特殊均衡状态的农业，在这种均衡状态中技术状态保持不变、持有和获得收入来源的偏好与动机保持不变，边际生产力与接近于零的纯储蓄保持一种均衡，农民用的农业要素是自己及其祖辈长期以来所使用的，而且在这一时期内没有一种要素由于经验的积累而发生明显的改变，也没有引入任何新农业要素，农民所使用的农业要素只是这个社会中世代农民所知道的。① 农业现代化过程就是现代农业不断发展的过程，综合表现在农业效率包括土地生产率和劳动生产率及资本回报率的不断提高，具体体现在农业科技、农业组织、生产和管理方法的不断改进。农业现代化的发展就应打破传统农业的特殊均衡，不断引入新技术、新产品、新方法和新的生产资料，重构人们对农业的认知，使农业重新充满活力。因此，农业现代化发展应具有相应的技术条件、组织条件、人力资本及基础设施等。农业现代化，农业是本体，农民是主体，农村是载体，农业现代化必须要处理好"本体、主体、载体"之间的关系，实现"三体共化"，本体是核心，主体是关键，载体是基础。② 农业现代要求农业发展、农民富裕、农村繁荣，农业现代化亦是一个"三农问题"不断得以解决的过程。

农业技术是人们在生产生活中积累的有关农业生产经营的知识、经验、技巧的总称，在过去相当长的传统农业时期，农民在农业生产实践中积累的经验和技巧在农业生产中发挥着举足轻重的作用，是农业技术的主体，然而，随着现代科学技术的发展，农业技术的发展逐渐摆脱了对直接生产实践的过分依赖，科学知识对农业技术发展日益重要。农民的经验积累虽然也对现代农业科技具有积极促进作用，但现代农业技术更多地依靠科学知识及其相应的生物化学等试验，农业技术的更新速度大大超过了农民经验积累的速度。现代农业是利润导向型农业，追求劳动回报和资本回报，农民在农业生产经营中既是劳动者也是资本投入与运营者，农民的效用最大化体现在劳动强度、劳动回报、资本回报之间的有效平衡，随着农民收入水平的提高和生活水平的改善，降低劳动强度对农民来说意味着更

---

① 西奥多·W. 舒尔茨:《改造传统农业》，梁小民译，商务印书馆1987年版，第24页。
② 刘奇:《中国三农的"危"与"机"》，中国发展出版社2014年版，第42页。

高的效用，因而农民日益重视通过运用相应的技术和工具改善劳动条件。当前农业机械、生物技术和化学技术日益发展，大大改善了农业生产条件、促进了农业生产效率的提高。

现代农业是市场导向型农业，经营与生产同等重要。最典型的农业经营组织是家庭，在农业人口占总人口比例较高、劳均耕地面积较少、农业技术水平不高、农业生产过程标准化程度不高的情形下，家庭组织在解决农业生产积极性、劳动监督与管理等方面具有显著优势，但随着工业化和城镇化进程的不断深入，农业人口逐渐减少，劳均耕地面积随之增加，农业技术的发展，农业生产过程标准化逐渐成为可能，家庭组织的优势逐渐丧失。相反，在社会化大生产的条件下，家庭农业组织则面临着小生产与大市场的矛盾，家庭生产经营存在小、散、弱等局限。生产规模过小，虽然在提高土地生产率上有一定的优势，但难以产生规模效应，劳动生产率低下，正因为劳动生产率低下，又导致农业兼业化和边缘化，农村青壮年劳动力大量外出务工经商，农村空心化，农业主要由机会成本较低的老年人经营。农户分散经营，既无力进行先进的农业技术改造，也无法在市场中提高议价能力，从而使家庭经营无力抵御市场风险；小规模分散经营使农业处于自然风险和市场风险的双重风险中，加剧了农业的本身的弱质性。只有构建完整的农业产业体系，建立适应现代农业的现代农业组织，摆脱小、散、弱状态，才能使农业获得持续发展的动力。

现代农业需要引入现代农业生产要素，运用现代科学技术，然而，新要素和新技术的使用和采纳除了农业生产经营者本身的科学意识、市场意识及其相应的科学技术运用能力外，更需要进行相应的基础设施建设。首先，没有基本的农田水利基础设施，农业给排水现代灌溉技术无法运用，抗旱、防涝无法有效实施。其次，农村交通等基础设施落后将直接影响农业生产资料的价格和农产品的市场投放能力。一方面，由于交通不便，农业生产资料在流通环节所占费用过多，直接导致农业生产资料价格偏高，另一方面，由于交通不便，农产品难以有效联系外部市场，农产品的市场投放能力将受到极大限制。再次，农村信息基础设施落后一方面会制约农民科学技术的学习和培训，一些有效的农业科技难以较快地推广，另一方面会导致农民无法及时有效地获得市场信息，丧失一些宝贵的市场机会。最后，农村基础设施的完善，既是提高农村宜居性从而吸引人才的重要手段，也是便捷农民休闲与消费，从而刺激农村经济的重要手段。

"农业现代化进程中的基层政府职能研究"这一主题定位于探讨基层政府职能，即基层政府应该做什么、能够做什么、做了什么等问题。在明确农业现代化的含义、准确把握农业现代化建设的目标和任务的基础上，揭示和寻找农业现代化建设的路径和手段，是本项研究的重要目标之一。政府的有效行动包括基层政府的积极行动是促进农业现代化建设的重要措施。只有客观全面地认识农业现代化的既有条件，才能知道我们可以做什么、应该做什么，其中包括基层政府可以做什么、应该做什么。因此，"农业现代化及其发展条件"即农业现代化的促进因素与阻碍因素是"农业现代化进程中基层政府职能研究"的关键问题之一。本项研究并不详细讨论农业现代化发展历程和发展战略，而是侧重于揭示当前中国农业现代化的促进因素和阻碍因素，从而进一步明确基层政府在其中应发挥怎样的职能。

二　基层政府的特性

农业现代化建设是一项涉及面广的系统工程，农户、农业企业、政府各部门、社会组织等各类主体广泛参与，不同主体在农业现代化进程中发挥着不同的作用，它们之间基于其自身的特性及相应的社会经济条件在农业现代化进程中形成了多种形式的分工合作甚至竞争关系。只有认清基层政府的特性，才能明确基层政府在其中发挥的作用和扮演的角色。基层政府是指最低层级的政府，不同的学者有不同的定义，在社会学领域众多学者并没有严格区分基层政权与基层政府，基层政府指乡村政权组织（如潘维、张静等）。在政治学和经济学领域，一般沿用邓小平所指的基层，[①]基层政府包括县乡两级政府（如周雪光、朱光磊等）。基层政府这一概念应在一定的时空背景下理解，乡镇一级虽处于最底层，但在人民公社时期并不是一级政府，县成为最低层级政府，即使是当前也有撤销乡镇政府的呼声和理论主张（如徐勇等），[②]在实践层面一些地方也在推行一些撤乡

---

① 邓小平：《改革的步子要加快》，载《邓小平文选》（第三卷），人民出版社 1993 年版，第 242 页。

② 王翠英：《乡镇一级政府到底应当怎样改——学术界关于乡镇政府体制改革讨论综述》，《理论导刊》2004 年第 9 期。

并村、乡财县管等改革，因此，把县乡政府作为基层政府符合历史和现实，便于讨论，本项研究把县乡政府看做基层政府。虽然县乡政府在资源动员、行政权力等方面存在较大差别，但由于乡政府的存废在理论上存在争议、乡政府的独立性在实践层面也存在较大差异，因此，县乡政府的职能差异本质上是基层政府职能配置及实现方式问题，本项研究并不把县乡政府分开进行讨论。

基层政府是政府的重要组成部分，政府区别于其他一般社会组织，首先，它具有法定的强制力，一方面能够通过合法地运用税收等强制手段聚集经济资源，另一方面具有法定权力干预其他组织的活动；其次，政府是公共利益代表，其行为影响面广，因此，一般法治国家对政府行为都有严格的限制，与一般社会组织比较，政府活动范围相对较小；再次，政府掌握以财政为基础的大量经济资源，以行政系统为基础的大量组织资源，因此，政府要实现某一具体的微观经济目标相对较易；最后，虽然不同的国家有不同的国体和政体，其政府组织过程和结构有不同的特点，但无论是哪种类型的政府，政府组织结构相对于其他组织结构都更为复杂，受政治环境和政治生态的影响也更大。基层政府处于国家政权的末梢，一方面在政府层级中处于最末端，所具有的强制力和所掌握的经济资源及组织资源相对更高级政府更少，另一方面，基层政府又直接面对人民群众，提供公共物品或服务，基层政府最了解人民群众的需求、情感和态度，同时人民群众对政府的认知、情感和态度亦直接与基层政府的行为方式和职能履行相关联。

探讨基层政府的职能，既要通过规范分析界定基层政府应该做什么，也要实证分析基层政府做了什么。只有从横向上认清政府与其他社会组织的区别，才能明确政府与社会组织的职能分工，而只有充分了解基层政府的特性，才能合理划分纵向间政府职能配置，因此，界定基层政府职能是以了解基层政府特性为前提。要对基层政府既有行为进行实证分析，一方面要客观准确地获取基层政府职能履行的相关信息，另一方面也要对基层政府的行为进行有效诊断和评价，只有充分了解基层政府的特性，才能准确理解基层政府的既有行为，对其进行客观公正与合理的评价。在本项研究中基层政府的特性是贯穿始终的关键问题之一，基层政府职能定位和优化亦必须符合基层政府特性。

三　中国行政体制与经济体制改革

基层政府职能的完善与转变是在中国改革开放的总体背景下进行，政府职能转变一直作为中国改革的重要主题之一，政府内部的权力划分与机构设置不仅是政府职能界定与实施的既定条件，而且政府职能的转变必将体现在机构设置与权力划分的变更上，因此，"农业现代化进程中的基层政府职能研究"这一主题要求理解中国的行政体制及其变革。农业现代化是一个重要的经济问题，农业现代化建设嵌入在整个经济社会体制的大背景中，基层政府作为其中一个重要主体参与其中，要探讨基层政府职能不能不阐释中国经济体制及其变革。

农业现代化需要基本的生产要素投入，包括劳动力、土地、资本等，农业现代化进程中的基层政府职能研究就是要充分讨论基层政府在农业基本生产要素的有效投入过程中能够做的和应该做的。本项研究将分章讨论农业现代化进程中的劳动力问题即新型职业农民培育问题，土地资源优化配置及相应的土地制度问题，农业资本投入即农村金融问题。现代农业不同于传统农业，不仅要投入劳动力、土地、资本等基本生产要素，而且要引入农业技术、科学管理方法等新型生产要素，因此，农业现代化建设应重视农业组织创新、技术引进等，本项研究将单辟章节对农村组织创新中基层政府职能进行讨论。在本项研究中，无论是对农业现代化问题的诊断还是基层政府职能的界定，都一定程度上建立在对中国行政体制与经济体制理解和阐释的基础上，"中国行政体制与经济体制改革"是本项研究不能回避的关键问题之一。在本项研究中，虽然也预设行政体制与经济体制改革的理论立场，但并不详细论述改革的顶层设计和战略问题，重在突出基层政府的自主性，仅就与基层政府职能密切相关的有关改革进行具体讨论。

第三节　研究方法与资料

分析政府职能问题主要有三种理论来源：首先是政治学理论，政治学围绕权力与权利等核心要素展开分析，形成了马克思主义政治学、新政治经济学（公共选择学派）等有关政府职能的理论，政治学从政府形成及本质、政治与行政体制对政府职能的影响等角度对政府职能问题进行分析，在国家治理的模式与特征、政府职能的内涵与外延、政府间层级关系特征等方面的分析具有优势，但政治学方法适用于对政治行政体制宏观结构的理解，而缺乏有效工具对各主体互动关系的微观机理进行分析。其次是经济学理论，经济学主要从政府与市场的关系的角度讨论政府职能问题，形成了公共物品理论、市场失灵论和政府失灵论等有关政府职能的理论，经济学在分析激励机制与激励结构等微观机理上具有优势，但经济学的逻辑简约性要求设定前提假设，通过"假设中的情景"来抽象复杂的现实，简化的前提假设可能忽略对政府职能有重要影响的政治与社会背景。最后是社会学理论，社会学方法主要体现在国家—社会二元分析的应用、修正和补充，社会学方法可运用到对基层社会关系、基层政权的性质与特征、国家政权建设的理论与实践、中国体制的典型特征和中国政府的行为特征等有关分析上，逐渐形成了国家政权建设、社会利益分析等有关政府职能的理论，社会学方法擅长于宏观背景分析和历史纵度分析以及具体的案例解剖，但缺乏有效工具对政府职能转变的具体目标和手段进行分析。

本项研究是一项问题导向型研究，沿着诊断和界定问题—分析和解剖问题—解决问题的基本逻辑展开讨论，不是简单地描述问题和寻找对策，而是采用"趋势—机制—调控"的分析模式，把政治分析、经济分析与对经济社会体制的理解结合起来。本项研究并不刻意强调政治学、经济学和社会学的学科分野与差异，而是在对各种理论的适用范围和应用条件充分辨析的基础上选择合适的理论加以运用。一般来说，社会背景分析和宏观趋势判断方面，社会学相关理论具有一定的优势，资源配置分析和中观层面的社会机制分析，经济学相关理论具有一定的优势，利益归属分析和政府职能的定性判断方面，政治学有关理论具有一定的优势。社会现象的复杂性在于各种社会关系、社会问题纵横交错，单一的局部的分析不仅是不全面的，而且可能是"盲人摸象"，无法抓住本质，因此，社会科学领域强调打破学科边界和学科壁垒的重要性，然而，在知识爆炸、学科细分的当代社会，不再有"百科全书"式的研究人员，对个体研究人员来说，其研究主题可能跨界，甚至在不同的研究中采用不同学科的理论，使用多学科理论工具并不意味着能融通各学科理论，妄言跨学科研究往往会自取其辱，当代学人应秉承学术分工理念，争取在各自领域有所建树。与之相对，学术思想狭隘，各人自扫门前雪，局限于自己的小天地，寄希望于

"其他问题自有其他人解决"，这种"理想同事假设"忽略了理论升华通道构建的重要性，学术研究只有由点到线、由线到面，才能形成系统，逐渐升华，在你的研究之外的"其他问题"并不是显见的，对于跨学科问题更是如此，因此，主动而清晰地呈现自身研究的前置条件和理论范围，为后续研究提供方便，对构建理论升华通道尤为重要。本项研究虽然可能运用到社会学、政治学和经济学等多学科理论，但并不妄言跨学科研究，也不刻意强调各种理论范式的差异，而是根据分析问题的需要，在呈现各理论分析的前置条件的基础上运用相关理论。

　　本课题原题为《土地流转和农业现代化进程中的基层政府职能研究》，然而，在实地调查和学术研究中，本课题组发现土地流转问题的研究触角十分发达，可以指向集体建设用地市场化及城乡规划、宅基地处置与房地产发展等广泛的研究热点，为了集中研究主题，本课题组仅局限讨论与农业现代化相关的农地流转问题，因此，把土地流转问题归于农业化主题之下，本研究主题更名为"农业现代化进程中的基层政府职能研究"。本项研究既有文献梳理、理论辨析也有大量经验材料的整理与调查数据的处理，具体思路如图 0.1 所示。首先，通过整理存量知识，对政府职能相关问题进行理论梳理，通过规范分析确立政府应该履行什么样职能的标准与原则。以具有广泛共识的原则作为判断政府行为是否恰当的标准，通过分析政府的角色来界定政府的责任，详细分析基层政府在履行职能过程中与其他各级政府及村民自治组织等其他治理主体之间的关系，通过分析各治理主体之间的关系，确定基层政府的活动范围。在明确政府行为准则、政府责任和政府活动范围的基础上对政府职能进行定位。其次，运用调查数据和统计数据结合典型案例进行实证分析，揭示农业现代化的阻碍因素与促进因素，在此基础上讨论政府能够消除或抑制哪些阻碍因素、培育或发展哪些促进因素，从而进一步具体分析政府职能。再次，结合中国的法律法规、财政收支和行政组织结构讨论基层政府与其他各级政府比较的特殊性，并分析这种特殊性对履行职能的影响。最后，结合政府职能定位、政府在农业现代化进程中的职责与功能、基层政府的特殊性进行政治与经济分析，逐一考察特定政府行为和政府职能履行过程中的资源配置和利益归属，通过资源配置分析讨论效率问题，通过利益归属分析讨论分配关系和社会公平问题，着重探讨政府职能履行中的资源配置机制与利益分配机制，总结出基层政府职能优化机理与规律。

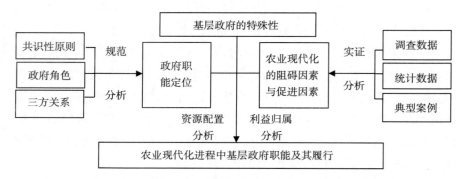

图1　《农业现代化进程中的基层政府职能研究》技术路线图

　　本项研究在组织实施中会利用政治学、经济学等相关理论和方法，以经验研究为主，理论研究为辅，经验研究主要用来诊断农业现代化进程中面临的问题，理论研究主要是方法论的讨论和文献梳理及其相应的诠释与批判。在研究中把规范分析与实证分析、定性分析与定量分析结合起来。通过规范分析把价值观呈现出来从而便于我们理解环境，对经验材料进行合理的评估，而实证分析则对经验材料进行加工处理，使之成为决策的有用信息。本研究所采用的规范分析方法主要有两类，一是马克思主义政治经济学方法，一是福利经济学方法，前者用来进行利益关系和利益归属分析，讨论公平问题，后者用来进行物质关系和资源配置分析，讨论效率问题。实证分析采用现代证伪方法为主，传统的证实方法为辅，现代证伪方法主要是采用计量经济学方法进行假设—检验，在应用过程中侧重于数据的有效处理，传统的证实方法主要是运用案例比较，采用求同、剩余、共变等方法证实某一经验命题，在实际应用过程中侧重于案例的选择与比较。定性分析主要考察经济社会要素之间相互作用的性质与方式，定量分析主要考察经济社会要素之间相互作用的力度，可能运用的定量分析主要有相关分析、回归分析，等均值检验及其他数据结构化处理方法，计量经济学分析尽量使用面板数据，所使用的软件主要是 Excel、SPSS、Eviews 等数据处理和计量分析软件，而定性分析主要是对政治经济体制的理解和判断等。

　　本项研究除大量梳理文献资料外，还运用大量实证材料。本项研究的实证材料主要有两类，一类是统计数据、政策文件、会议记录等二手资料，一类是课题组实地观察记录、访谈、问卷调查等一手资料。统计数据主要包括农业产值、农村人口与劳动力、农民收入等。政策文件包括涉农法律法规、党中央和国务院及其各部委的涉农方针、政策和意见、各地方政府的涉农规章与意见等。会议记录主要是个别村组会议记录。课题负责人出生在湖南农村，至今仍有许多亲人朋友生活在农村，课题负责人把在农村生活工作中的一些所见所闻记录在案并在本项研究中得以体现。本项研究的访谈对象包括县、乡、村有关干部、农户户主及个别省属有关部门工作人员。问卷调查针对农户，所采集的信息包括农户的人口学特征、家庭经济状况、土地利用、户主的政策立场与态度等。

第四节　研究框架与内容

本项研究既有规范分析又有实证分析，按图1的技术路线图进行展开，总体来说分为三大部分，共七章，按总分总的结构展开论述。第一部分主要是理论探讨，从总体上讨论基层政府职能定位问题，该部分由第一章构成。第二部分是分项讨论的部分，包含本项研究的核心内容，此部分结合大量的经验材料和数据，在客观描绘现代农业发展现状的基础上，诊断中国农业现代化问题，最后在寻找对策过程中阐述基层政府在农业现代化进程中的职能。农业现代化问题按劳动力、土地和资本等核心生产要素及要素的有效组合分别讨论，因此，该部分又分四章，第二章主要讨论农业劳动力问题，第三章主要讨论农村土地问题，第四章主要讨论农业资本问题，第五章主要讨论农村组织问题。第三部分是总结讨论的部分，包括第六章和第七章，一方面提纲挈领地讨论了基层政府职能优化的战略与步骤，结合当前基层政府职能履行的状况，初步提出了农业现代化进程中基层政府应然职能实现的路径，另一方面呈现了本项研究的核心结论和主要观点，并对理论研究和实践工作进行展望。具体研究内容如下。

第一章，基层政府的职能定位。该章在对存量知识进行整理的基础上，运用规范分析方法，讨论了基层政府的职能定位问题，从整体上确定了基层政府应该履行哪些职能。第二章，农业接班人的培育与基层政府职能。该章呈现了中国人口老龄化背景下中国农业劳动力的现状，诊断了农业现代化进程中农业劳动力问题，结合基层政府职能提出了相应的对策。第三章，农村土地资源优化配置与基层政府职能。该章在呈现中国土地资源现状的基础上，对中国农村土地制度与政策及土地利用问题进行了分析，结合基层政府职能阐述了相应的改进之策。第四章，农村金融发展与基层政府职能。该章对中国农村金融抑制与金融排斥问题进行了讨论，结合基层政府职能阐明了农业资本短缺的应对之策。第五章，农村组织创新与基层政府职能。该章呈现了中国农民组织化现状，分析了农村典型组织存在的问题及农村组织问题对农业现代化的深刻影响，结合基层政府职能阐述了农村组织创新的可能路径、方法与措施。第六章，基层政府职能优化的实现路径。该章对第二、三、四、五章提出的共同问题进行了归纳，提纲挈领地讨论了基层政府职能优化的主要内容及战略与步骤，并为实现农业现代化进程中的基层政府职能提出了一些建设性的意见。第七章为结论与展望，呈现本项研究的主要洞见，讨论了本项研究可能的局限，对进一步的研究与进一步的行动进行展望。

第一章　基层政府的职能定位

基层政府处于政权末梢，是公共服务的终端，常常与人民群众直接打交道，基层政府的职能履行情况人民群众感受最为真切，因而，基层政府既是政府良政与国家善治的基石也是体制弊端的爆破口。合理定位并有效转变基层政府职能是国家治理能力现代化的重要课题。本项研究将在对存量知识进行整理的基础上，结合基层政府的特性对基层政府的职能进行合理定位。

第一节　文献综述

本项研究所涉的既有知识存量十分丰富、庞杂，从理论的层次性来看，大致可以分为三类，第一类是为基层政府职能研究提供方法论来源的文献，包括社会学的、政治学的和经济学的相关理论分析与探讨。第二类为不同视角从总体上研究基层政府职能的有关文献。包括基层政府的行为逻辑及其相应的基层治理的结构特征与过程的分析，基层政府职能的案例研究、实证分析及理论探讨，中国基层政府职能的体制背景及其嵌入其中的经济社会机制分析等。第三类为直接以农业现代化为背景条件讨论基层政府职能的有关文献，包括"基层政府在农业现代化进程中应扮演的角色与应发挥的作用"、"农业现代化进程中基层政府职能的诊断与评价"等相关文献。

一　基层政府职能研究的方法论来源

从基层政府职能研究的理论基础与方法来看，社会学主要是国家与社会的二元分析、国家权力对社会运行机制的影响等有关理论；政治学主要是国家与公民的关系、行政部门间关系、行政层级关系等有关理论；经济学主要是政府与市场的关系、政府行为的经济效应分析等有关理论。

（一）政府职能研究的社会学方法

在社会学的视角下，国家政权是社会运行的重要元素之一，它对社会关系、个体或组织角色具有举足轻重的影响，但国家政权本身也是一个建构过程，不同时期和不同社会条件下，国家政权的性质、特征和实质影响力也各不相同。张静以乡村公共性社会关系的性质为主线，讨论乡村公共事务中的组织、角色、行为和规则。她经过大量访谈资料的整理和经验材料的分析发现：村中的决策既不服从统一的国家法制，也不是农民意志的体现，还不是少数乡村精英的意志，而是村中主要政治力量博弈的结果，其中国家法制、农民意愿和其他可资利用的政治资源都在博弈中发挥特定的作用，发挥怎样的作用则由特定情势决定，因而这种利益政治规则具有很大的不确定性，而中国农村公共关系与个人关系也不能严格区分，她认为中国农村自治与官治不是互斥的，自治需要以国家政权建设为前提，自治是建立在公民权利的基础上，没有国家政权建设发育公民权利，农民不善于不懂得充分运用公民权利，国家政权让渡出来的治理权将会落到少数乡村精英手上，只会是一种正式的官方威权统治与非正式的威权管制的相互斗争、妥协和利用，农民在其中只会个别地短暂地受益。[①] 进一步，她运用社会学的"结构—制度"方法，以税费改革前的乡村社会为背景，辨析乡村社会的权力结构及其性质，解释乡村冲突的结构和制度性来源。由于国家权威的干预与破坏原有乡村秩序的国家政权建设改变了卷入地方事务的原精英身份，使其成为为官制服务并被官制支持的基层组织，从而使基层组织与社会利益之间的关系松弛，本应是公共服务者的基层组织及其精英异化为掌握公共资源的垄断经营者，基层政权的服务、经营角色不分，税款与利润不分，从而导致了基层社会矛盾的迸发。国家政权建设须以新的治理原则为基础建立政府组织，一系列制度建设支撑、规范和服务它，从而确保国家权威能得到持续的社会支持，公民权能和国家权能互为建设性塑造。[②] 张静对基层政权及嵌入其中社会关系的分析和判断，深化了对基层治理的理解，既有利于更加准确地理解基层政权的运行机制，也有利于更加客观地认识到制度、政策甚至强制性的国家权力发挥作用的前提条件。

---

① 张静：《现代公共规制与乡村社会》，上海书店出版社 2006 年版。
② 张静：《基层政权：乡村制度诸问题》（修订版），上海人民出版社 2007 年版。

贺雪峰发现在资源下乡过程中，为防止基层滥用，国家制定了越来越多的具体使用规范，从而限制了基层治理主体的主动性，造成基层治理中的形式主义和内卷化。① 贺雪峰的这一发现虽然也是站在国家与社会关系的这一理论立场上，但更加详细地审视了资源下乡的微观过程，揭示了特定政策实施中基层实践的服务主体性问题。而在农业现代化进程中，农民的主体性是广受关切的问题，他的这一研究仍然对本项研究有方法论借鉴意义。付建军从国家政权建设的角度，通过具体案例讨论了大学生村干部对农村社会现代化的影响，认为大学生村干部作为国家力量的精英下乡有利于形成对农村精英手中权力的制约，改造原有的农村基层政权，使之趋向于现代官僚体系。② 虽然该项研究仅强调大学生村干部对农村原有精英的权力制约，但通过案例展示国家政权下乡与精英下乡相融合的大学生村干部制度，有利于进一步发现基层治理中各种正式权力与非正式权力的运行机理。

周雪光等主编的《国家建设与政府行为》一书分国家建设与治理模式、国家建设与资源配置、国家建设与社会治理三个单元，分别收录了该领域有影响的文章。国家建设指有关现代国家及其功能形成、演变的过程。周雪光以中央权威与地方权力间关系、国家与民众的关系为线索分析国家治理模式，认为维系中国权威体制的核心组织机制是科层制度和观念制度。虽然决策统一性与执行灵活性之间的动态关系、政治教化的礼仪性、运动型治理机制等能部分解决治理难题，但从根本上解决权威体制与有效治理之间的矛盾需要在制度安排上另辟蹊径。冯仕政对中国国家运动的形成与变异进行了基于政体的整体性解释，认为国家运动实际上是国家意欲尽快推进社会改造而又缺乏足够的有效手段时不得不采取的社会动员策略，国家运动的发生需同时具备三个条件：国家对社会改造有强烈抱负或面临强大的绩效合法性压力；国家的基础权力严重滞后；国家专断权力很大。刘世定对政府渗透商会进行了分析，这种渗透既满足了政府对商会再组织化的需求，也一定程度上提升了企业主的社会地位。周黎安、王娟

① 贺雪峰：《规则下乡与治理内卷化：农村基层治理的辩证法》，《社会科学》2019 年第 4 期。

② 付建军：《精英下乡：现代国家整合农村社会的路径回归——以大学生村官为例》，《青年研究》2010 年第 3 期。

以清代海关治理为例，讨论了行政发包制与雇佣制在考核、监督和内部控制与人员激励方式上的差异。第二单元政府与资源配置主要讨论了项目制的运作机制、治理逻辑、效果（后果）与局限等，相关文章下文将会有单独的评述。第三单元政府与社会管理共有五篇文章。曹正汉等人的文章对身份权力及其竞争制约中国社会组织发展进行了实证检验；张永红、李静君概括了基层政府吸纳民众抗争、制造同意的三种方式；欧阳静考察了基层官员晋升中关系运作现象；黄晓春通过某街道一门式电子政务中心的案例讨论了技术治理的运作机制，他认为技术的魅力在于它提供了一种解决组织问题的空前弹性，重组了运行机制却不打破既有结构，但这种弹性空间需要特定的组织和制度安排予以支持。[①] 三组具有代表性的文章分别从不同侧面讨论了国家建设与政府行为，揭示了特定治理模式、行为方式甚至技术手段对国家权力、社会关系的影响，从而有利于理解政府行为的结构性特征。

　　郁建兴、高翔提出了农业农村发展中的政府与市场、社会关系的一个分析框架，认为政府应界分与市场、农村社会组织之间的行为边界，在充分尊重市场配置资源的基础性作用、尊重农村社会自主管理的基础上，体现政府职能的兜底特征，政府在构建市场、社会运行的基本制度、匡正和补充市场、社会失灵、培育市场、社会主体等职能中需要进行逻辑先后排序。[②] 这一分析虽然是一个宏观视角的讨论，无法直接切入基层职能分析之中，但根据这一分析框架，有利于对农村治理主体进行类型化区分，从而有利于明确详尽地讨论各治理主体的职能，其中包括基层政府的职能。燕继荣基于国家与社会关系的视角，从治理结构的方面梳理了善治理论的逻辑演进，阐明社会自治基础上的"协同治理"应该是公共治理和社会管理创新的方向，应建立集体决策和共同参与制度，加强公共选择和公共博弈，实现责任共担，利益分享，权力协同。[③] 这一分析特别强调社会自治力量，而自治组织在农村及农业现代化进程中发挥着举足轻重的作用。

---

① 周雪光、刘世定、折晓叶主编：《国家建设与政府行为》，中国社会科学出版社 2013年版。

② 郁建兴、高翔：《农业农村发展中的政府与市场、社会：一个分析框架》，《中国社会科学》2009 年第 6 期。

③ 燕继荣：《协同治理：社会管理创新之道——基于国家与社会关系的理论思考》，《中国行政管理》2013 年第 2 期。

郁建兴、燕继荣等人的文章把政府与社会的关系作为界定政府职能的参考标准，对政府应该履行什么样的职能作出了判断，从而直接为政府职能的规范分析提供了有益信息。

周飞舟通过对税费改革过程中政府间财政关系的考察，发现过去一直依靠从农村收取税费维持运转的基层政府正在变为依靠上级转移支付，基层政府的行为模式由过去的要钱、要粮变为跑钱和借债，基层政权从过去的汲取型变为与农民关系更为松散的悬浮型。① 李汉林、李路路从资源和交换的角度分析中国单位组织中的依赖性结构，认为中国的单位组织并不仅仅是一种纯粹的社会组织，更多地表现为一种组织化的统治形式和工具，是国家实现统治的一个重要的中介环节，在中国单位组织中资源与依赖交换过程具有全面性、强制性和政治性。② 周飞舟、李汉林等提出的"悬浮型"政府、"单位制"是对中国特定社会关系的高度概括和定性判断，已在政治学等有关学科领域产生了广泛影响，已经能够直接作为概念工具加以运用，此后有不少文献直接以此作为分析工具。

肖瑛把"制度与生活"作为"国家与社会"的替代性视角来考察中国社会的变迁，认为"国家与社会"的视角忽略了西方社会学理论严肃和复杂的假设，仅仅注意社会变化的特定碎片部分，仅仅强调国家与社会的二元互动，忽视了其中的正式权力之外的各种关系。制度与生活视角的建构和运用旨在通过对制度实践中正式制度代理人与生活主体互动的复杂机制的洞察，一方面分析中国正式制度变迁的实际逻辑和方向，另一方面找寻民情变动的机理，以期把握中国现代国家建设的总体性脉络。③ 肖瑛对国家—社会二元分析的修正与扩展在方法论上具有增量价值，一方面有利于在国家与社会关系的宏观分析中，融入更多的微观要素，另一方面有利于把众多基层治理中的案例用统一的逻辑串联起来，从而拓宽理论升华通道。康晓光、韩恒以"行政吸纳社会"这一概念概括当前中国大陆国家与社会关系的结构特征。行政吸纳社会主要有"限制""功能替代"和

---

① 周飞舟：《从汲取型政权到悬浮型政权——税费改革对国家与农民关系之影响》，《社会学研究》2006 年第 3 期。

② 李汉林、李路路：《资源与交换——中国单位组织中的依赖性结构》，《社会学研究》1999 年第 4 期。

③ 肖瑛：《从国家与社会到制度与生活：中国社会变迁研究的视角转换》，《中国社会科学》（英文版）2015 年第 1 期。

"优先满足强者利益"三种方式，在"行政吸纳社会"的体制中，国家与社会不是分离，更不是对立，而是相互融合。①康晓光、韩恒对国家—社会关系结构特征的概括有利于加深对中国社会经济体制的理解，"行政吸纳社会"这一分析工具也得到广泛的运用。

社会学的有关文献在分析方法上主要是国家—社会二元分析的应用、修正和补充，对基层社会关系、基层政权的性质与特征、国家政权建设的理论与实践、中国体制的典型特征和中国政府的行为特征等进行了广泛的分析，所涉主题丰富，文献众多，它们对基层政府职能研究在理论或方法论上的主要贡献体现在：不少文献较为清晰地呈现中国的社会结构特征，从而便于理解中国国家政权建设的来龙去脉；它对基层政府的一些定性判断（如"悬浮型"政府等）可以作为分析起点或直接作为分析工具使用，从而有利于简化有关分析；以国家—社会二元分析为基础的理论扩展能够吸收大量新的分析方法，能够多角度理解社会运行机制，有利于发现除政府之外的其他治理主体的作用与功能。然而，社会学方法擅长于宏观背景分析和历史纵度分析，对政府职能转变的具体目标和手段提供的有益信息比较有限。

（二）政治学方法

政治学的相关分析主要包括国家与公民关系的宏观分析，行政部门、行政层级间关系的中观分析及其特定治理结构中各方力量对比关系的分析及相应的政府职能转变与变迁。在政治学的视角下，权力与权利的配置是导致政府结构性差异的最重要元素。

周雪光针对项目制的形式与特点，以不同维度的控制权在委托方—承包方间的配置组合为线索，提出一个分析框架，解读项目制中国家政策、部门权力、地方政府、不同利益群体和基层社会多层次的参与互动，审视项目制在国家治理中的位置和意义，认为地方政府的打包策略，集正式或非正式的变通与共谋于一体，可以有效地克服项目制下资源分割化的困难，可以解读为对自上而下强加的长官意志的矫正，有利于优化资源配置，增强地方性治理的有效性和灵活性空间。②周雪光不再仅仅把项目制

---

① 康晓光、韩恒：《行政吸纳社会：当前中国大陆国家与社会关系再研究》，《中国社会科学》（英文版）2007 年第 2 期。

② 周雪光：《项目制：一个"控制权"理论视角》，《开放时代》2015 年第 2 期。

看作政府纵向资源配置的一种手段，而是把它作为一种新的国家治理模式看待，重在理解其中各级各层权力与权利的交互作用及其效果，对政府行为的制度意义和政治效果提供了有益的洞见。

王浦劬把政府职能作为行政管理的基本问题，作为政府一切活动的逻辑与现实起点。概括了并简要阐述了政府职能转变的几个基本理论问题，包括转变政府职能的功能意义、转变政府职能的目标定位、转变政府职能的本质抓手、转变政府职能的践行思路、转变政府职能的法治路径、政府职能转变的实现机制等，① 随后进一步概括了我国基层治理中基层一把手行为扭曲的三个体制机制原因：基层一把手主政和治政责任众多，相应的法定授权偏少；上级领导和部门的任务要求基层"一把手负责制"事项偏多，合理的其他职位、层级、部门负责的管理和治理事项偏少；一把手绩效考核指标中"一票否决事项"过多，依法依职依责科学绩效考核偏少。② 王浦劬对政府职能的转变的理论分析提纲挈领，对相关研究具有一定的宏观指导意义，而他对基层治理问题的诊断也已逐步成为共识。

朱光磊、张志全用"职责同构"概括中国政府间关系总特征，并对职责同构的表现、产生原因和危害进行了阐述，所谓"职责同构"是指不同层级的政府在纵向间职能、职责和机构设置上的高度统一、一致。职责同构是政府职能转变不到位、条块矛盾突出等一系列重要问题难以解决的主要体制性原因，转变政府职能必须在打破职责同构的基础上，倡导建立伙伴型政府间关系，科学规划中央与地方的关系。③ 朱光磊把服务型政府建设作为政府职能转变的新阶段，对服务型政府建设规律进行较为全面的研究。由于建设条件是逐渐成熟的、福利刚性的特殊要求、均等化与差别需动态统一，服务型政府建设是一个循序渐进的过程；公共服务体系包括义务教育等核心公共服务、社会保障等基本公共服务、社会基础设施等支持性公共服务；完善公共财政体制是服务型政府建设的制度保障；多元参与是服务型政府建设的重要特征；合理调度社会资源是服务型政府建设

① 王浦劬：《论转变政府职能的若干理论问题》，《国家行政学院学报》2015 年第 1 期。

② 王浦劬：《论我国基层治理权力与责任体制机制的优化》，《中共福建省委党校学报》2015 年第 1 期。

③ 朱光磊、张志全：《"职责同构"批判》，《北京大学学报》（哲学社会科学版）2005 年第 1 期。

的现实需要；全面提升政府管理水平是服务型政府建设的重要保障；构建伙伴型府际关系是服务型政府建设的政策工具创新；"以服务平衡差距"是服务型政府建设的突出社会价值；服务型政府建设是城市化良性发展的有效推力、对政治发展具有内在推动作用。① 朱光磊等提出的"职责同构"概念产生较大的学术影响，已成为诊断中国政府间关系的重要概念工具，而服务型政府已成为中国政府职能转变的目标，对服务型政府建设规律的讨论无疑具有借鉴和指导意义。

杨雪冬总结了地方政府创新需要研究的重大问题，认为对于中国这个庞大体制的成功变革和转型来说，发生在不同地方、不同部门的政府创新对于解决现有体制存在的问题、发挥体制内在的潜力以及提高现有体制的适应性和有效性方面是非常必要的。在中国地方政府中，弱势部门的创新和针对弱势群体的创新就是两个重要的突破口。② 杨雪冬对压力型体制这一概念的提出及其理论贡献进行总结评述，认为这是一个现实经验为基础的概念，具有一定的生命周期。最后会被"民主合作制"替代。③ 陈雪莲、杨雪冬以"中国地方政府创新奖 2007—2008"年度 20 个地方政府创新获奖项目为研究单位，通过问卷调查从创新动因、创新动力和阻力、创新价值取向、创新的参与性和可持续性五个方面进行研究发现：由地方政府推动的改革创新具有突出的"低风险取向"，创新过程中公共参与不足，地方领导的"精英作用"和基层政策空间是推动地方政府创新的主体力量，创新的可持续性也主要取决于能否获得体制内的认可和支持。④ 联合课题组通过调研归纳出政府履职方式创新的六种类型，即转换式、交换式、强制式、反应式、自发式、倒逼式，认为建立与经济调节、市场监管、社会管理、公共服务相契合的履职方式是改革和创新的主要任务。⑤ "压力型体制"这一概念提出后逐步成为分析中国政治问题特别是有关地方政府问题的基础性概念，得以广泛运用。杨雪冬等对地方政府创新的广泛研究有利于揭示地方政府行为的体制空间及行为动力。

---

① 朱光磊：《服务型政府建设规律研究》，经济科学出版社 2015 年版。

② 杨雪冬：《简论中国地方政府创新研究的十个问题》，《公共管理学报》2008 年第 1 期。

③ 杨雪冬：《压力型体制：一个概念的简明史》，《社会科学》2012 年第 11 期。

④ 陈雪莲、杨雪冬：《地方政府创新的驱动模式——地方政府干部视角的考察》，《公共管理学报》2009 年第 3 期。

⑤ 联合课题组：《政府履行职能方式的改革和创新》，《中国行政管理》2012 年第 7 期。

吴理财梳理概括了描述县乡关系的"压力"、"同构"、"共谋"、"互动"几种理论模型，并分析了几种理论模型的异同和相互关系。① 县乡关系对基层政府权力运行和职能履行有深刻影响，对县乡关系的理论总结有利于准确理解基层政府的职能履行。曹阳等围绕土地流转行为构建了一个包含农户、地方政府、中央政府三重博弈的农户经济决策一般模型，研究发现：在土地流转过程中，农户的决策行为趋于理性。农户的决策取决于其家庭自身的经济禀赋以及外部政策环境，在一定经济禀赋条件下，农户会充分利用既有政策与各级政府博弈，充分获取利益。② 结合具体经济事务讨论政府与其他主体的互动关系，能管窥政府行为动机与特征，是揭示政府缺位与越位的重要途径。燕继荣在梳理"有限政府"理论的基础上分析了中国宪政发展的历程，从"有限政府"与"有效政府"的关系出发论证了"有限政府"作为中国政府改革目标的合理性，从限制政府自由裁量权、确立针对政府政治的有效监督、建立公共财政制度三个方面说明了中国宪政发展的可能路径。③ 毕洪海梳理了美国法律和政策上关于"本质上政府的职能"的界定，考察了美国是如何通过"本质上政府的职能"来限制政府公共服务外包的，认为界定"本质上政府的职能"的意义不是限制外包的内容而是使这些职能的行使遵循公法的要求。④ 李冰心在对经济职能与社会职能进行细化的基础上提出政府职能纵向分配方案，认为经济社会的发展职能应收归中央，经济监管、社会管理、公共服务等职能应下放地方，以便使经济社会的管理与服务落地生花。各层级政府应建构职能上的伙伴关系，巩固权力流向上的领导关系，并且做到财权与事权相匹配。⑤ 从理论上探讨政府改革的目标和路径，为政府职能转变提供规范性标准，能为诊断和评价政府职能改革实践提供一定的理论依据。

蔡长昆利用整合的交易成本政治学框架分析了中国政府职能转变的过程，认为政府职能转变的过程是一个政府利益最大化，经济社会组织与政

① 吴理财：《县乡关系的几种理论模式》，《江汉论坛》2009 年第 6 期。

② 曹阳、王春超、李鲲鹏：《农户、地方政府和中央政府决策中的三重博弈——以农村土地流转为例》，《产经评论》2011 年第 1 期。

③ 燕继荣：《从"行政主导"到"有限政府"——中国政府改革的方向与路径》，《学海》2011 年第 3 期。

④ 毕洪海：《本质上政府的职能》，《行政法学研究》2015 年第 1 期。

⑤ 李冰心：《论中国政府职能结构及其纵向分配》，《甘肃社会科学》2014 年第 6 期。

府之间政治交易达成的可能性以及相对议价能力三者互动的结果。国有企业改革体现了政府建构型放权，社会组织管理体制改革体现了政府吸纳型放权，而农村治理体系变革则体现了政府隔离型放权。[①] 对政府职能变迁过程的理解一定程度上也是对中国改革实践的理解，这类理论分析为客观分析政府职能转变的可能方向与现实阻力提供了有益的洞见。

曹闻民把政府职能界定为政府组织的职责与功能，在法治国家政府职能是指政府依法应当行使的职责和所具有的功能，他总结归纳了不同政府角色职能界定，梳理了中国政府职能历史演变过程，分析了政府统治与社会管理、政务管理与经济管理、宏观调控与微观规制、公共管理与公共服务、社会需求与政府偏好等基本政府职能关系。政府职能可分为法理上的政府职能和现实的政府职能。大政府即国家政权的政府职能具有法定性、有限性、权威性、有效性、服务性、公开性、责任性、变革性等特点，小政府即行政政府的政府职能具有执行性、层次性、部门性、临时性等特征。政府职能界定应遵循公共性原则、全面性原则、有限性原则、效能原则、服务原则、民主原则和法定原则，当代中国政府应按"改革者、执法者、协调者"三位一体的思路进行自我角色定位，政府职能配置应"三定"即定职能、定机构、定编制，遵循发展与超前、权责对称、"决策、执行、监督相协调"、精简统一效能、逐层递减等原则。中国政府的职能可用"一、二、三、四、五"概括即：一项基本职责——提供广义公共产品；两项市场监管职能——执法监督和维护秩序；三项经济调整职能——收入再分配、资源再配置、稳定宏观经济；四项社会管理职能——建立法制基础、投资于公共基础设施、保护社会弱势群体、保护环境；五项公共服务职能——为经济和社会发展提供法律政策与信息服务、为市场发育发展提供制度和环境服务、为公民生活提供安全与保障服务、教科文卫等社会公益事业、社会危机管理等。[②]

吴爱民等在理论分析和中外比较的基础上，评析了中国政府服务职能的现状，提出了服务型政府职能的价值取向，认为实现服务型政府职能需要建立社会主义公共服务体制、健全公共财政体制、开展公共服务绩效评

---

① 蔡长昆：《从"大政府"到"精明政府"：中国政府职能转变的逻辑——交易成本政治学的视角》，《公共行政评论》2015 年第 2 期。

② 曹闻民：《政府职能论》，人民出版社 2008 年版。

价等体制条件及其他思想和物质技术条件，服务型政府职能实现方式的方向是市县集中办公。① 上述文献对政府职能的论述十分全面，即便主要是描述性概括，也有利于理解政府职能转变的内在要求和实际过程。

罗伯特·H.贝斯等介绍了一种新的政治学研究方法——分析性叙述，分析性叙述是引入经济学的博弈论分析工具和历史学中常用的叙述方式，通过讲述故事、刻画环境和解释逻辑关系等方式来理解政治秩序和制度的政治学方法。分析性叙述强调结构的特性，通过抓住揭示关键历史事件特性的机制，避免了忽视关键证据材料，使分析性叙述方法更具科学性。本文集收录了运用分析性叙述理解秩序与制度的几篇文章，其主题涉及中世纪晚期的热那亚政治体系、专制主义、征兵、美国内战、国际咖啡组织等。该文集虽然各章相互独立，分别讨论不同的案例，但讨论的整个过程主要集中在制度的本质和重要意义上，因此，一个特定的模型与方法仍然可以应用到其他环境中。② 应用分析性叙述的一组文章的引介，提供了一种理解秩序与制度的新方法，展示实证性政治分析证据材料的组织和运用及其证据链的形成过程，在方法论上具有增量价值，为政府职能分析提供了新的理论工具。

政治学视角下的有关文献围绕权力与权利等核心要素，对国家治理的模式与特征、政府职能的内涵与外延、政府间层级关系特征、地方政府创新等进行了广泛的分析，既有规范分析又有实证分析，理论视野广泛，经验材料丰富，它们对基层政府职能研究的主要理论或方法论上的贡献主要有：国家治理模式的创新或转换是政府职能转变或政府职能履行方式转换的缩影，探讨国家治理模式中的资源配置方式、各级政府间的互动有利于准确理解基层政府职能转变的制度背景和政治背景；基层政府职能是整个政府职能重要组成部分，对政府职能较为全面的理论与经验分析、规范与实证研究，有利于揭示政府职能形成与演变规律，理解丰富多彩的基层实践，形成合理的评价和有效的诊断；各级政府层级关系的理论分析与理论概括一方面有利于理解中国政府纵向权力配置，另一方面有利于理解政府间的责任分担机制，从而能够较为充分地呈现基层政府职能转变对行政体

① 吴爱民、沈荣华、王立平：《服务型政府职能体系》，人民出版社2009年版。

② 罗伯特·H.贝斯等：《分析性叙述》，熊美娟、李颖译，中国人民大学出版社2008年版。

制变革的依赖，加深对基层政府职能履行中普遍性问题的理解；对地方政府创新的有关研究一方面揭示了地方政府的自主行动的体制空间和总体制度背景，另一方面发现了地方政府的行为动机和创新潜能，从而有利于理解基层政府职能的个性化问题，寻找解决基层实践问题的个性化措施，避免盲目的依赖顶层设计和政治行政体制改革；政治学分析的一些新的逻辑框架和经验证据材料的组织方法显然可以作为一种有效的理论工具应用于基层政府职能分析之中。然而，政治学方法对政治行政体制的理解偏重于宏观结构，对体制中各主体互动关系的微观机理特别是其中的利益关系缺乏有效的分析路径，对政府间关系的理论概括也侧重于静态描述，因而虽然能够对中国政治行政体制的总体变革路径提出有建设意义的构想，但较少对基层政府职能转变的起点、步骤和演变机理进行理论预判。

（三）经济学方法

此类文献主要包括运用经济学的方法分析政府的职能定位、政府行为效果及经济政策效果评价等，其主要理论有政府与市场的关系、制度经济学等。黄少安认为正处于社会主义市场经济体制建立和完善过程中的中国现阶段，政府职能除了要体现政府与市场的一般分工原则外，还要依靠政府的行政力量推动市场体制的建立和完善。现阶段我国政府职能的特殊性表现在依靠非市场的力量推动改革、政府提供其他公共服务与调整服务结构。[1] 马力宏、刘翔认为21世纪以来政府与市场关系是导致各国经济出现不同发展态势的重要影响因素之一。当前政府与市场面临的矛盾和调整主要表现为：市场的活跃性与政府管理体制相对稳定性的矛盾，金融危机对政府市场监管能力的挑战，不同层级政府的利益矛盾对市场发展的影响及传统政治体制对现实市场机制的制约。[2] 潘媛媛就政府与市场的关系讨论了政府职能定位，认为服务型政府职能应明确化、法治化，管理职能有限，政绩考核科学。[3] 亚当·斯密发现了市场的功能，从而把经济学从古典哲学中分离出来，政府与市场的关系是经济学最重要的主题之一，上述

---

① 黄少安：《准确把握现阶段我国政府职能的一般性与特殊性》，《经济纵横》2014年第12期。

② 马力宏、刘翔：《变化中的政府与市场关系及其影响》，《理论探索》2013年第5期。

③ 潘媛媛：《市场经济体制下服务型政府的职能定位分析——基于政府与市场关系的研究》，《中国市场》2016年第3期。

一组文章从政府与市场分工的角度界定政府职能，在中国市场经济发展中其最主要的实践意义在于限制政府越位，然而，由于中国经济转型的特殊背景，中国政府具有监护市场成长的特殊职责，这一点仍无成熟的经济理论加以论述，因而，政府到底应履行哪些职能仍是悬而未决的问题。

Qian Forrest ZHANG 和 John A. Donaldson 探讨了中国集体土地所有权对农业现代化的特殊作用，认为在农业企业与直接的农业生产者打交道过程中，土地集体所有扮演了重要的角色，它为农民提供了一种收入来源和政治谈判筹码，约束了公司剥夺农民的土地，从而促进和诱导了农业资本主义在中国扩张。① 虽然这一分析没有直接讨论政府职能问题，但它分析了农村农业中市场成长问题，而这是基层政府在处理政府与市场关系时必须面对的问题，在讨论农业现代化进程中的基层职能时具有一定的方法论借鉴意义。

唐大鹏等结合公共经济学、委托代理等理论，对政府职能转型进行经济学分析，把公共部门内部控制作为政府职能转型的重要手段，提出通过提高市场对资源的配置作用，对公共部门进行规制以避免政府失效和提升公共部门管理水平三个作用支点来推动政府职能的转型。② 胡家勇以"让市场在资源配置中起决定性作用"为界定政府经济职能的基本准则，提出"压缩政府支配的资源量，使其保持在政府履行应尽职能的水平上，为市场配置资源释放尽可能大的空间"；"完善政府治理结构，将政府权力和行为严格限制在法治范围内"；"强化政府的规划、支出和监管责任"等政府职能根本转变的着力点。③ 上述文献把市场在资源配置中作用的充分发挥作为政府职能转变的方向、目标或动力，体现了中国市场经济体制建设的现实需要。

李永友基于中国县级截面数据，利用空间系统估计方法，对转移支付融资和分配机制与相邻县之间财政竞争关系进行的实证研究表明，中国转移支付整体上并不具有协调地方政府间财政竞争的作用。作为大国分权治

---

①　Qian Forrest ZHANG, John A. Donaldson: "The Rise of Agrarian Capitalism with Chinese Characteristics: Agricultural Modernization, Agribusiness and Collective Land Rights", *The China Journal*, Vol. 60, Sep 2008.

②　唐大鹏、李怡、王璐璐、周智朗：《公共经济视角下的政府职能转型与内部控制体系构建》，《宏观经济研究》2015 年第 12 期。

③　胡家勇：《论政府职能的根本转变》，《中州学刊》2015 年第 10 期。

理的重要机制，中国需要创新转移支付机制，以重构政府间竞争的激励结构。① 该文用县级截面数据检验中国转移支付对协调地方政府财政竞争关系的作用，是典型的实证分析方法。在改革实践中对政策效果的判断不能仅基于理论分析，更应基于经验材料进行实证分析。潘维集中探讨了农村干部与乡镇企业兴衰成败之间的关系，以多个农民进入市场的成功与失败的案例，集中论证了农村集体的社会主义传统以及基层政权的担保、庇护和中介作用对乡镇企业的发展繁荣起到至关重要的作用。不能用简单的国家与社会的二分法理解中国农村，基层政权既代表国家也代表社会。市场化改革顺利推进就是要减少市场的输家，增加市场的赢家，被保留下来的单位有能力成为市场的中介和政治减震器。坚强的基层政权是中国市场经济成功的原因，也是维系中国市场经济的命脉，中国改革应特别注意维护农村基层组织。② 潘维的分析从一个侧面说明了在特定的经济社会条件下，政府与市场并不需要清晰的分工，而是要相互合作协调。

维托·坦茨对政府职能变迁的典型实践和理论支撑进行了全面的梳理和评述，认为政府的经济职能随市场环境的变化不断演进，同时影响市场环境，但这种变化或变迁是遵循一定的规则或原则的。政府职能取决于构成国家的个体的归属感、选举和政治规则、政策制定者的观点、政治压力和制度限制、惯例等多种因素。从历史和实践上看：推动政府职能变化的主要力量有工业革命造成的影响及公众的反应、思潮变化特别是凯恩斯主义的兴起、政治变迁的影响特别是福利国家模式的流行；伴随着政府职能的扩张，政府支出与税收也随之增长；政府的社会保障职能在政府职能变迁历史中具有里程碑意义；全球化增大了各国面对的风险，进而促使政府调整职能，发挥更大作用，但实证结果显示未必会导致政府支出的增加。理论上看，不同类型的政府有不同的行为方式，政府在增加支出时往往会制造和利用"财政幻觉"；自愿交换理论强调政府的必要性和合意性，而公共选择学派关注政府政策、研究推动个人自愿参与的机制，认为政府存在政府失灵并对政府保持高度警惕，强调约束或限制政府行为的规则的重要性；北欧典型福利国家的经济理论却提出大众可能存在"理性无知"，强调集体行动的重要性，认为政府应当设定目标并拥有实现目标的政策工

---

① 李永友：《转移支付与地方政府间财政竞争》，《中国社会科学》2015 年第 4 期。

② 潘维：《农民与市场：中国基层政权与乡镇企业》，商务印书馆 2003 年版。

具特别是财政政策工具；政府职能往往要通过运用一定政策工具来实现，政策工具主要有政府支出等财政工具、监管工具、征役权等其他工具，每种政策工具都有不同的特点和优点，但监管工具在实现资源优化配置、收入分配及经济稳定等政策目标时最为有效。从干预效果来看，当政府支出超过一定水平后，增加政府支出并不必然带来社会福利的提升，公共部门的效率是影响经济增长的重要因素；社会保障体系在减少不平等方面效果显著，但监管不是站在市场更有效率的角度时，这些政策并不可持续；北欧福利国家经济绩效的取得得益于一些以提高劳动生产率为目标的改革，这些国家对政府高支出和高税收的免疫力更强与这些国家的推崇互助精神、人口同根同源、腐败问题较少等社会特征有关，他们推行的福利制度或许无法复制。总体上，作者对政府职能的持续扩张保持警惕，认为会增加风险。① 维托·坦茨对政府职能履行中政府与市场关系的论述十分全面，既有理论分析也有经验分析，他以北欧福利国家的例子强调政府职能的扩张必须依赖于特定国家典型的社会特征，因此，政府与市场分工亦不是一成不变的，而是与特定的社会背景相关联，经济学理论也不能提供政府与市场分工的全部答案。

　　时家贤以经济全球化和中国经济转轨为背景，运用新比较经济学、规制经济学、公共选择理论等新政治经济学原理分析了中国地方政府职能定位、行为边界与目标选择，认为经济转轨和经济全球化过程的实质是政府权力和责任下移的过程，政治经济体制变化是影响政府职能定位和行为方式的内在因素，经济全球化和中国入世是政府职能定位的外在约束，政府扮演的是立法者、调控者、生产者、消费者、保障者和再分配者的角色，政府职能作用具有"多阶段复合性"特征。通过辽宁和南方经济发达省份的相关案例说明体制惯性、市场发育程度、地方偏好、经济结构和经济发展程度等决定了地方政府的职能具有显著的差异，我们应构建治理性地方政府，推动政府、社会和市场共同参与的多元治理发展。② 刘华在对政府职能进行理论综述和政府职能的国家比较的基础上，对中国政府在经济发展中的作用进行了评析，提出了推进从经济建设型政府向公共服务型政

---

① 维托·坦茨：《政府与市场——变革中的政府职能》，王宇等译，商务印书馆 2015 年版。

② 时家贤：《新政治经济学视野下的地方政府：职能定位、行为边界与目标选择》，经济科学出版社 2013 年版。

府转化、建设有限与有效政府、促进地方政府职能优化和城乡统筹发展的具体路径。通过对经济转型以来长三角与珠三角的地方政府职能对经济社会发展的作用的实例剖析，展示了地方政府在推动地方经济发展方面相对于中央政府的特殊优势，提出要注意保护地方政府自主权益，促进其主动性和积极性的充分发挥。[①] 时家贤、刘华等人的分析引入了中国特定经济转型背景，他们运用政府与市场的关系原理对政府职能的界定较为具体，具有一定的参考价值。

经济学的有关文献围绕政府与市场的关系等核心要素，对政府职能的应然状态和实然状态进行了广泛的分析，既提出了政府职能的具体内容，也对中国当前政府职能及其履行情况进行了评估与诊断，体现了经济学方法的逻辑连贯性和应用的广泛性，此类文献对基层政府职能分析的主要理论或方法论贡献体现在：政府与市场的关系及其分工原理已在社会科学领域得以广泛运用，已积累了较多共识，运用政府与市场关系的视角考察政府职能既能与中国的改革实践密切联系也能与中国当前简政放权的行政改革总体路径相一致；运用经济学方法能够对政府行为的微观机制进行较为详尽的考察，充分揭示特定政府行为中的激励机制与激励结构，从而有利于寻找政府职能转变的动力与阻力；经济学由于其逻辑框架的清晰性和稳定性，有关分析更容易积累共识；在以经济建设为中心的当前阶段，各级政府对经济绩效的强烈追求从而使政府职能有经济发展导向的典型特征，各级政府职能及其履行特别适宜于采用经济学的方法去理解与分析。然而，虽然经济学方法在分析经济问题时具有优势，但政府职能不仅仅是一个经济问题还是政治问题和社会问题，经济学的逻辑简约性要求使得大量的经济分析的前提假设无法通过设定的"假设中的情景"抽象复杂的现实，特别是简化的前提假设往往忽略了对政府职能有重要影响的政治与社会背景，经济学虽然也有大量的动态分析，但具体的分析中往往都包含"其他条件不变"假设，从而无法对复杂的动态系统作总体把握。

社会学、政治学、经济学为分析政府职能提供了大量的分析方法和工具，它们各有优势与特点，但也都具有相应的局限性。在讨论基层政府职能过程中，应打破学科壁垒，综合运用各类方法，扬长避短，取长补短，其中最为重要的是准确理解不同方法与工具的适用条件和应用范围。近年

---

① 刘华：《经济转型中的政府职能转变》，社会科学文献出版社 2011 年版。

来，旨在研究公共部门活动的公共管理学科发展迅速，该学科融合发展了经济学、政治学、社会学甚至法学的理论与方法，擅长把政治分析、政策分析、法律分析与经济分析有机结合起来。公共管理学科虽然理论立场并不鲜明，但为政策工具选择、政府职能实现方式等提供了新的分析视角、分析工具与分析方法，特别是与新公共管理运动相伴随的新公共管理理论已在政府职能市场化、政府职能社会化等方面提供了大量有益的理论洞见。本项研究没有专门讨论公共管理学科的方法论，并不意味着公共管理学科没有方法论贡献，而是因为公共管理学科本身的包容性和融通性，其方法论贡献既包含了社会学、政治学、经济学等学科要素，也不断溢出和渗入到了其他学科领域，出于理论探讨的便捷性，并不需要刻意区分出公共管理学科的方法论贡献。

二　总体上研究基层政府职能的三个视角

从总体上讨论基层政府职能，主要有三个视角：其一是从基层政府行为逻辑的角度观察基层治理的结构特征与过程；其二是通过案例分析、实证分析等展示基层政府职能的总体状况或从理论上辨析基层政府职能的总体特征；其三是经济社会机制分析的视角，侧重于揭示中国基层政府职能的体制背景。

（一）基层政府的行为逻辑及其相应的基层治理的结构特征与过程

基层政府职能及其履行具体体现在基层政府的行为上，只有理解基层政府的行为逻辑才能真正认识基层政府职能及基层治理的现状。徐勇从国家力量向乡土社会渗透的角度理解乡镇体制改革，认为乡镇体制改革不是简单地取消"七站八所"，而是要从现代国家建构的角度完善乡村公共服务体系，通过服务重新建构国家权威，即国家通过服务下乡来补充政权下乡。[①] 徐勇的政党下乡、行政下乡、法律下乡等系列"下乡"论文讨论了政党、政治权力、法律政策等渗入乡土社会的机制及其相应的功能，产生较大的学术影响，而通过服务重构国家权威体现了当前服务型政府建设的理念。贺雪峰、刘岳对表现消极和不作为的乡村基层政权运转遵循的"不出事逻辑"进行了分析讨论，这种逻辑产生的社会和体制根源在于乡

---

① 徐勇：《服务下乡：国家对乡村社会的服务性渗透——兼论乡镇体制改革的走向》，《东南学术》2009 年第 1 期。

村基础性规范的弱化、干群关系的松散化、信访考核的压力巨大。[①] "不出事逻辑"一方面反映了基层政府行为取向的短期性和可用治理手段的稀缺性，另一方面也体现了基层政府各项职能的排序中维稳放在最为突出和重要的位置。吴理财认为单靠行政性压力来"倒逼"乡镇政府进行自身改革，难以使之转变为"公共服务者"，必须有体制外的压力。建构以民众需求为导向的服务型政府，必须以建立有效的民众参与制度和公共需求表达机制为前提。[②] 基层政府改革既需要动力也需要压力，通过构建民众参与和表达机制增加体制外压力固然有利于促进基层政府改革，但上级压力和群众压力如何转化成动力则更为关键，需要更高层面的体制改革。

李林倬以个案县为例定量考察基层县域文件治理和上级地方政府间关系，揭示了地方政府文件生产的两种动力：满足合法性需求和实际工作需要。两种动力在不同部门和不同时间有不同的表现。[③] 文件本是一种信息传达载体，之所以异化成一种治理措施，与上下级政府的目标差异密切相关，在任务向下分解的过程中，下级政府可以根据情势选择做事还是交差。李祖佩基于某县项目制运作的经验总结，从政治逻辑和治理逻辑两个层面论证了项目制在基层实践中的性质并揭示了其内在机制。他认为项目制基层运作是作为外来资金和制度的项目制与基层政治社会既存的各要素之间碰撞、互构的结果，在基层实践中，项目制中"制"的一面得以逐步剥离，"利"的一面得以凸显出来，项目制并不构成一种所谓"新的治理体系"，项目制并没有形塑自主的政治和治理空间。[④] 项目制在中国特殊的政府间财政关系中产生，具有一定的制度创新意义，可以作为新的治理模式看待，但李祖佩却发现项目制在基层实践中"制"的一面得以逐步剥离，"利"的一面得以凸显，这说明中国的制度问题不得不考虑中国特有的政府层级关系，不仅制度会塑造政府间关系，而且政府间关系也会塑造制度本身的特性并影响制度功能。张云昊通过实证分析发现中国基层政府组织的权力运行存在着科层理性与关系行为两种支配逻辑，两者之间

[①] 贺雪峰、刘岳：《基层治理中的"不出事逻辑"》，《学术研究》2010 年第 6 期。

[②] 吴理财：《服务型政府构建与民众参与——以乡镇职能转变为例》，《学习月刊》2008 年第 13 期。

[③] 李林倬：《基层政府的文件治理——以县级政府为例》，《社会学研究》2013 年第 4 期。

[④] 李祖佩：《项目制的基层解构及其研究拓展——基于某县涉农项目运作的实证分析》，《开放时代》2015 年第 2 期。

的悖论导致了过度关系化等诸多病症。① 随后他又分析讨论了基层政府运行中的过度关系化现象，即无论是正式权力的获取与行使还是各类资源的竞争与分配，都存在着一种非正式的关系网络途径。他认为过度关系化现象是组织制度的合法性机制与关系网络的效率机制之间不对称竞争的结果。要对这一现象进行治理，就必须从稳定的组织制度体系与结构的改革入手，寻求组织制度与关系行为之间的平衡。② 基层组织中科层理性不足，过度关系化问题突出，这反映的不仅是基层组织本身的特点，还反映了基层行政嵌入其中的不同于高层级政府的社会关系网络。

周雪光注意到基层政府间的"共谋现象"，即基层上下级政府常常共谋策划、暗渡陈仓，采取"上有政策、下有对策"的各种手段应对上级部门特别是中央政府的各种指令政策。认为这种共谋行为是其所处制度环境的产物，有着广泛深厚的合法性基础，由政府组织制度的三个悖论所决定，其一是政策一统性与执行过程灵活性之间的组织学悖论：国家政策越明确一统，它与地方实际条件的差异就越大，政策决策过程与执行过程的分离就越大，其执行过程就不得不允许灵活应变；其二是激励强度与目标替代的悖论：强化对干部政绩的考核，提高激励强度，从而更好地诱导激励设计者所期待的行为，使得基层政府官员的利益与中央政府意图保持一致；其三是科层制度非人格化与行政关系人缘化的悖论：在实际政府运行过程中，组织内部和组织间的交往在很大程度上通过非正式关系经营运作，各级政府官员花大力气经营与上级部门领导、同级同事以及各个合作单位。③ 基层政府间的"共谋现象"具有一定的合法性基础，这说明压力型体制下基层政府应付共同压力而产生了有效的合作，而行政体制改革追求的却是上下级政府基于共同目标的有效合作。

樊佩佩、曾盛红以5·12汶川地震中的基层救灾治理为例，从社会动员的角度考察基层政府的内生性权责困境。认为正是由于国家在组织机构、人员配备、资源等方面专业化、常规化和制度化的不足，使得政府在

---

① 张云昊：《基层政府权力运行的双向逻辑及其效果分析——基于 Y 县的实证研究》，《华中科技大学学报》（社会科学版）2010 年第 2 期。

② 张云昊：《基层政府运行中的"过度关系化现象"——一个政府行为的组织制度与关系网络的竞争逻辑》，《华南农业大学学报》（社会科学版）2010 年第 3 期。

③ 周雪光：《基层政府间的"共谋现象"——一个政府行为的制度逻辑》，《开放时代》2009 年第 12 期。

灾难中的治理能力与政策目标之间产生了一定距离，从而不得不把社会事务政治化，以政治逻辑替代科层制的行政逻辑。[①] 中国常有政治逻辑替代科层制的行政逻辑，这说明政治与行政二分法的行政理论在中国应注意其适用范围。王汉生、王一鸽从分析目标管理责任制入手，探讨当代中国基层政权的运作特征及其重大变化。目标管理责任制以构建目标体系和实施考评奖惩作为其运作的核心，它在权威体系内部以及国家与社会之间构建出一整套以"责任—利益连带"为主要特征的制度性联结关系，进而对基层政权的运行以及地方社会的治理等产生了一系列重要而复杂的影响。[②] 目标管理责任制就其本质来说是一种考评奖惩制度，它所体现的激励约束机制必然对地方政府产生广泛的影响，对目标管理责任制的诊断分析最终需要提出一套合理有效的上级政府针对下级政府的激励约束机制。金江峰发现在服务下乡过程中，一些地方政府采用强监控—强激励机制的"治理锦标赛"的方式动员村级组织主动承接治理任务，有效推动了行政事务与服务项目的进村。但治理锦标赛对行政动员的强依赖，容易造成基层治理的"新形式主义"、群众主体性缺位等"行政吸纳治理"问题，需要强化自下而上的社会动员加以化解。[③] 该论述揭示了政府行为和所运用的激励约束机制对乡村自治组织等其他治理主体的行为亦产生了广泛而深刻的影响。

　　姚金伟、孟庆国通过对 1995—2006 年中国省级面板数据的实证分析，发现地方政府在推进向服务型政府转型的财政支出结构中存在显著性差异，关于晋升、财政激励和财政供养人员的理性追求主导着向服务型政府转型。[④] 实证分析揭示了地方政府之间的差异，而影响其行为的主要因素又可能是共同的，因而实证分析又不得不依赖于理论分析才能揭示决定政府行为的机理。任敏、杨憬基于案例分析归纳出基层政府在与乡民的长期

　　① 樊佩佩、曾盛红：《动员视域下的"内生性权责困境"——以 5·12 汶川地震中的基层救灾治理为例》，《社会学研究》2014 年第 1 期。

　　② 王汉生、王一鸽：《目标管理责任制：农村基层政权的实践逻辑》，《社会学研究》2009 年第 2 期。

　　③ 金江峰：《服务下乡背景下的基层"治理锦标赛"及其后果》，《中国农村观察》2019 年第 2 期。

　　④ 姚金伟、孟庆国：《地方政府职能转型的行为逻辑分析》，《中国特色社会主义研究》2014 年第 6 期。

互动中建构起来用于地方治理的四种非正式权力：对正式权力的非正式建构使用、基于知识优势的文化权力、基于利益—家族关系网络的网络权力以及基于庇护乡民行为的道义权力。① 基层政府即使是在处理公共事务中也经常不得不运用非正式权力，这一分析概括了四种非正式权力，有利于我们对基层行政事务的理解。陈长虹、黄祖军认为基层政府动员从运动式到项目化的转型体现了国家基层治理逻辑从"运动—发展"逻辑转变为"项目—发展"逻辑，国家基层治理方式从政治动员为主的运动式治理变为规范化、技术化和标准化的技术治理。这种转型有效激发了基层政府的主动性和积极性，重构了各级政府之间的关系，降低了政府动员成本，有利于基层的有效治理。② 该文从基层政府动员的角度理解基层治理，从激励机制的角度肯定了项目制的积极作用，这种以基层政府作为本体评价制度的方法值得借鉴。吴锦良以"矛盾不上交"的枫桥经验、参与式预算的泽国镇等地的人大作用、温州社会治安综合治理网络化、杭州的社区功能等为案例，总结了基层社会矛盾化解的中国特色基层治理经验，认为基层社会矛盾化解要依靠基层政权来整合基层的各种治理资源，提出实现从社会治安"小综治"向社会管理"大综治"转型，建立党政统筹协调的管理服务平台，从而提升党政协调与整合功能，重构基层协同治理新平台，创新基层党组织的活动方式，发挥基层党组织的引领作用。③ 吴锦良通过众多案例展示了丰富的基层治理创新实践，为理解基层政府职能提供了大量的经验材料，提出的意见和建议也具有一定的可行性。

基层政府的行为逻辑可以从不同的角度加以理解和分析，如作为治理主体，贺雪峰等发现了其消极维稳的"不出事逻辑"，作为下级政府，李林倬发现了县级政府文件治理的特点，周雪光则注意到基层政府间的"共谋现象"，无论从哪个角度理解其行为逻辑，除了要理解基层政府本身的组织特征、利益诉求外，还必须理解基层政府运行的制度条件和社会环境。基层政府的行为本身并不是一成不变的，但既有文献对基层政府行

---

① 任敏、杨憬：《基层政府的多重非正式权力建构——基于湘西 A 乡三个纠纷调解个案的分析》，《青年研究》2012 年第 4 期。

② 陈长虹、黄祖军：《从运动式到项目化：论基层政府动员转型》，《经济与社会发展》2014 年第 1 期。

③ 吴锦良：《基层社会治理》，中国人民大学出版社 2014 年版。

为逻辑的概括反映了基层政府在既定的制度与环境下的行为趋向，对分析基层政府职能具有重要的参考价值。

(二) 基层政府职能的案例研究、实证分析及理论探讨

这类文献主要从总体上讨论基层政府职能，并不对基层政府各项职能进行分类讨论，既有总体上对基层政府职能的界定，也有基层政府职能现状的刻画与总结。既有案例呈现也有实证研究，既呈现事实也阐述理论，但都倾向于对基层政府职能做出总体的判断和全貌的呈现。侯麟科等认为中国的基层政府主要是指县、乡两级政府，但直接测度县政府的实际职能面临困难，而测度乡镇政府的工作职能更可行，他们运用 2000 年、2004年、2007 年 6 个省 60 个乡镇 120 个村的抽样数据，比较分析了乡镇政府和村两委前五项工作任务内容及其变化，以此为基础对基层政府职能进行了实证分析，发现尽管税费改革显著地改变了乡村两级干部的职能结构，但是基层政府并没有切实向服务型政府转化，财政体制、中央的政策变化、基层的政治社会矛盾、宏观经济周期等均对基层政府的职能及其行政层级间的分布产生影响。① 该文运用调查数据实证分析了决定基层政府向服务型政府转型的主要因素，但该分析是基于各地基层政府职能差异，而不同地区基层政府职能的共通性则无法在此类实证分析中充分体现。

李祖佩根据项目进村的不同方式将承接项目的村庄划分为接受型、争取型和捆绑型三种类型，探讨了项目进村对乡村治理的影响。项目进村实现了乡村治理的重构，虽然在不同类型的村庄中乡村治理重构有不同的表现形式，但都体现为乡村治理的分利秩序。分利秩序以"权力"为主导，以"去政治化"为主要表现形式，以"去目标化"为基本后果。乡村两级组织强制性权力与基础性权力的错位和功能失调，是分利秩序得以形成的深层逻辑。打破项目进村导致的分利秩序必须加大相应的乡村两级组织建设。② 李祖佩基于村庄本位讨论项目制对乡村治理的影响，虽然没有直接讨论基层政府职能，但基层政府职能界定及其履行都嵌入在相应的乡村秩序之中，因此，该文的分析能够体现项目进村对基层政府职能的特定影

① 侯麟科、刘明兴、陶然：《中国农村基层政府职能的实证分析》，《经济社会体制比较》2009 年第 3 期。

② 李祖佩：《项目进村与乡村治理重构———一项基于村庄本位的考察》，《中国农村观察》2013 年第 4 期。

响。陈家建通过具体案例考察了项目制对基层政府动员的影响，相比于传统的科层体制，项目制使得上级部门拥有集中的资金管理权、特殊的人事安排权以及高效的动员程序，从而能更快地见到成效。项目制在基层政府的推行使得科层体系发生重构，政府内部动员由"层级动员"转向"多线动员"，行政资源的分配也演变为项目中心模式。① 该文关注到了项目制实施过程中行政资源分配方式的变化，而行政资源分配对各级政府职能的定位和履行具有重大影响。

吴柳芬、杨奕以某镇"清洁乡村"治理项目为例，充分呈现了基层政府在中国行政体制权责配置中面临着"权轻责重"的困境，基层政府环境治理的自主决策空间与资源支配能力被大大压缩，在实践中丧失自主性、灵活性与科学性，导致成效不佳。② 贾俊雪、宁静利用 2002 年和 2007 年全国县级面板数据和倾向得分匹配与双重差分法构造反事实，在拟自然实验环境下识别省直管县财政体制改革对县级政府支出结构的因果处置效应。结果显示，省直管县财政体制改革强化了县级政府以经济增长为导向的支出行为偏差，这主要归因于省直管县这一纵向财政治理结构安排削弱了省以下的协调机制而强化了辖区间财政竞争。③ 从权责配置、财政体制等角度揭示基层政府职能履行效果，有利于更准确地理解行政体制对基层职能的影响。

田雄以苏北黄江县为例讨论了农村基层组织的"虚置"状况，认为以村民自治制度为支撑的农村治理体制与变动的农村社会不相适应，村民自治制度文本与日常实践存在着较大的张力，强化国家基层政权建设力度和国家基层治理能力应与转型期农村社会基础相适应，以政党下乡和干部下乡为主要途径，实现村干部专职化。④ 基层干部专职化具有一定的现实针对性，如何把农村精英纳入到国家政权体系而又不损害其社会代表性是

---

① 陈家建：《项目制与基层政府动员——对社会管理项目化运作的社会学考察》，《中国社会科学》2013 年第 2 期。

② 吴柳芬、杨奕：《基层政府权责配置与农村垃圾治理的实践——以桂北 M 镇"清洁乡村"治理项目为例》，《南京工业大学学报》（社会科学版）2018 年第 3 期。

③ 贾俊雪、宁静：《纵向财政治理结构与地方政府职能优化——基于省直管县财政体制改革的拟自然实验分析》，《管理世界》2015 年第 1 期。

④ 田雄：《虚置与重构：村民自治的主体缺失与制度干预——以苏北黄江县为例》，《南京农业大学学报》（社会科学版）2015 年第 3 期。

一个重要的政治社会学问题。李平、侯保疆等在对县乡政府职能的一般理论以及广东省县乡政府职能转变的历史、现状及其不同地区政府职能的差异性进行评析的基础上，运用具体案例和相关数据揭示了县乡政府行为趋势与职能转变的制约因素，最后结合社会转型时期行政环境及价值取向，提出县乡政府职能转变对策：应坚持适应原则、整体原则和配套原则；理顺县区与乡镇的职权关系，加强县乡政府机构建设；深化行政审批制度改革，为县乡政府职能转变创造条件；深化县乡财政体制改革，加大乡镇政府财政的扶持力度；积极培育发展农村专业组织，为县乡政府转移出的职能提供组织载体。① 以改革开放的前沿广东省为例讨论县乡政府职能的转变问题更能凸显时代气息，该书的经验材料十分丰富，而理论结论和对策建议则浅显易懂，可执行性强。

徐勇认为与税费改革相配套，乡村治理结构改革应该以强村、精乡、简县为取向，取消乡一级财政，随着条件成熟，可将县变为中央领导下的一级地方自治单位②，乡级治理体制也需要进行相应的结构性改革，改革应按照工农分业和乡镇分治的原则，精乡扩镇，将现有的乡级政权改为县派出的基层行政组织；同时，扩展镇的自主权，将镇政权改为基层地方自治组织，实行乡派镇治，建立纵向集权，横向分权的现代乡镇治理体制。③ 徐勇关于乡镇政府的观点具有代表性，乡镇一级政府是否有必要存在，以怎样的职能定位存在，曾引发学术界激烈的争论，但无论是县政乡派还是乡镇自治都不承认乡镇一级政府的行政独立性和自主性，而实际上增强乡镇财政能力，增强乡镇政府的行政独立性与自主性仍是一个可选行政改革战略。

项继权通过对我国县以下乡村治理的层级及其变迁进行历史的考察，认为乡镇政权组织是必不可少的，关键在于如何组织与功能如何改革，哪些组织和功能应强化、哪些组织和功能必须弱化。应弱化乡镇直接参与经

---

① 李平、侯保疆等编著：《广东省县乡（镇）政府职能转变的理论与实践问题研究》，中国社会科学出版社 2009 年版。

② 徐勇：《乡村治理结构改革的走向——强村、精乡、简县》，《战略与管理》2003 年第4 期。

③ 徐勇：《精乡扩镇、乡派镇治：乡级治理体制的结构性改革》，《江西社会科学》2004 年第 1 期。

济和生产过程的功能和部门，而加强乡镇公共管理和公共服务的功能和组织。① 吴理财通过调查发现税费改革之后乡镇政府从"管治"到"服务"的职能转变极其迟缓，认为职能转变不到位既有诸如乡镇"财力不足"等现实性原因，也有既有体制安排导致的内在激励不足和外在压力不强的深层次原因。② 项继权、吴理财继续关注乡镇政府职能问题，前者强调乡镇一级政府存在的必要性，认为改革的方向不是撤销乡镇政府而是对乡镇政府职能进行结构性调整，增加其公共管理与服务职能，后者在重点关注税费改革后乡镇政府从管制型向服务型转变迟滞的原因，特别强调其体制性原因。

郭道久以杭州"和事佬"协会讨论了社会组织对基层政府职能转变的作用，认为不管是承接政府外移的部分职能，还是优化政府履职过程，社会组织都是政府职能转变可以期待的"生长点"。③ 政府职能定位不仅要考虑不同层级间政府的功能协调，而且还应考虑政府与其他治理主体之间的功能协调，社会组织承接政府让渡的部分职能是政府职能转变过程中应该关注的问题。周根才认为在基层政府硬治理日渐受阻和治理能力弱化的情境下，以社会文化价值共识的形塑能力、社会心理的干预疏导能力和社会合作共治的沟通协调能力为主要内容的软治理应该成为基层政府治理能力重构的主要路径。④ 周根才提出的基层政府治理能力重构的路径反映部分学者对社会文化价值的重视，在国际社会软实力竞争日益激烈的当下，重视社会文化价值共识的形塑能力等软治理无疑具有积极意义。刘新生等通过中央与地方关系的一般模式的相关理论辨析，阐述了市县乡三级地方政权的历史任务，运用调查资料诊断了地方三级政权在运行中的问题，探讨了原因，并评价了一些地方改革实践，最后提出了三级政权机构改革与制度创新的具体建议：重置乡镇政权机构，将党委、政府、人大、纪委、武装部甚至政协组织合一，设立乡镇综合办公室，统办乡镇其他部

---

① 项继权：《中国乡村治理的层级及其变迁——兼论当前乡村体制的改革》，《开放时代》2008 年第 3 期。

② 吴理财：《从"管治"到"服务"——关于乡镇政府职能转变的问卷调查》，《中国农村观察》2008 年第 4 期。

③ 郭道久：《社会组织与深化基层政府职能转变——以杭州"和事佬"协会为例》，《中国机构改革与管理》2015 年第 10 期。

④ 周根才：《走向软治理：基层政府治理能力建构》，《学术界》2014 年第 10 期。

门不管之事，同时进行相应的人员权限配套改革；改革县级党的领导方式，设立党的代表大会常务委员会制度，并将其融于人大常务委员会制度之中；取消市一级管理层，最终实行省直管县。① 刘新生把关切点从狭义的行政政府转换到党委、政府、人大等构成的广义的政府，涉及更广的政治体制改革问题，然而，就基层政府来说，严格区分党委行政人大政协等也许缺乏现实必要性和可行性。

总体上研究基层政府职能的视角十分丰富，既有描绘和刻画基层政府职能现状，也有探讨基层政府职能的合理定位与应然状态，既有讨论政府职能本身，也有关切政府职能转变问题，既有讨论政府职能的配置，也有分析政府职能的履行和体现。无论是经验研究还是理论研究，都把某一级或某一类政府当作单一的行为主体看待，既不区分不同部门间的职能差异和行为差异，也不分别讨论不同目标下基层政府职能的差异即特定目标下基层政府职能的体现，这种分析一方面由于把基层政府作为独立的治理主体看待，从而能较全面地理解和把握基层政府的各项职能，另一方面则可能忽视基层组织的内部结构特征和具体目标导向下基层政府职能的个性化差异。这类文献即使是案例分析，所揭示的也主要是基层政府职能的普遍性和共同性问题，此类文献虽然承认不同地方基层政府职能及其履行上存在差异，但认为决定职能差异的因素是共同的，因而，此类文献可能发现规律但也可能忽视关键变量。

（三）中国基层政府职能的体制背景

此类文献虽然也承认基层政府的自主性，但在研究中内含假设"一定的体制、社会背景和相应的经济社会机制决定了基层政府能够做什么、做了什么以及怎么做"，因而，此类文献实际上侧重于探讨基层政府能做什么、做了什么以及怎么做的深层次原因。黄宗智通过档案研究表明：中国地方行政实践广泛地使用了半正式的行政方法，依赖由社区自身提名的准官员来进行县级以下的治理。认为当代中国的乡村治理是官僚统治和延续下来的简约治理方法之间的互动。② 黄宗智在乡村治理和农业经济史研

---

① 刘新生、王彦智、王宏波等：《基层地方政权结构改革的模式研究》，中国社会科学出版社 2010 年版。

② 黄宗智：《集权的简约治理——中国以准官员和纠纷解决为主的半正式基层行政》，《开放时代》2008 年第 2 期。

究方面具有较高的成就，产生了较大的学术影响力，他的此项研究从历史档案中发现了地方行政实践广泛地使用了半正式的行政方法，并把它作为一种简约治理的传统看待，强调它对当代乡村治理的特殊影响。陈家建、张琼文通过案例分析解释了中国公共政策执行过程中交替出现消极执行与运动式执行的政策执行波动现象，认为政策执行的问题并不仅仅是基层政府单方面策略性的选择造成的，还在于基层政府所嵌入的政策执行环境，政策适用性低与执行压力变化是导致消极执行与运动式执行的根源。① 基层政府对中央政策或上级政策执行不力往往广受诟病，普通民众往往归因于基层官员的素质低下或从道德上指控其阳奉阴违，然而，基层政府并不是对所有的政策均执行不力，陈家建等人则发现了消极执行与运动式执行交替出现的政策环境，从而能为解决政策执行不力的治本之策提供参考。

　　徐勇以俄国、印度的村社传统为参照展示了中国家户制传统的特性，认为家户制构成了当下及未来农村发展的制度底色，中国农村发展中需重视和深入挖掘这一基础性制度和本源性传统。② 徐勇在三农问题研究上颇有建树，学术影响力大，他在此处则强调农村发展中需重视挖据中国的家户制传统。赵树凯把基层政府以追求经济增长，特别是财政收入为最高动力的现象概括为"基层政府公司化"，认为其主要根源在于政府在经济发展过程中的过度介入。③ 他进一步把基层政府制度化程度不足的症结概括为三个方面：公司化的运行逻辑、运动化的工作机制、碎片化的权威结构④，揭示了地方政府公司化的危害并提出了解决方案，认为地方政府公司化将基层治理变成一种经济行为，不仅导致地方政府和农民之间的矛盾，还造成了地方和中央的冲突，提出通过还权给民间社会来促进政府改革。⑤ 赵树凯的系列文章重点关注"地方政府公司化"现象，既讨论了其形成机理、社会危害，又提出了解决方案，此处所强调的仍然是体制机制问题。

　　折晓叶通过对县域正在发生的大规模城市化项目经营现象的考察，提

---

① 陈家建、张琼文：《政策执行波动与基层治理问题》，《社会学研究》2015 年第 3 期。

② 徐勇：《中国家户制传统与农村发展道路——以俄国、印度的村社传统为参照》，《中国社会科学》2013 年第 8 期。

③ 赵树凯：《农村发展与"基层政府公司化"》，《经济管理文摘》2006 年第 10 期。

④ 赵树凯：《基层政府的体制症结》，《当代社科视野》2007 年第 1 期。

⑤ 赵树凯：《"地方政府公司化"出路何在》，《同舟共济》2015 年第 2 期。

出"行政—政治—公司"三位一体统合治理分析框架，三位一体统合治理即县域政府借助"项目平台"，通过行政审批权获得对土地等核心资源的垄断权力，通过政治动员发挥主导力量，通过公司制承担经济发展主体的角色，从而实现权力、意志、绩效三者空前地互为推动，产生出新的活力。① 折晓叶提出"行政—政治—公司"三位一体统合治理分析框架并不是为了简单地描述现状，而是揭示出县域治理中体现的体制特征，已有大量学者把项目制作为一种新的治理模式看待。渠敬东把项目制看作一种新的国家治理体制，认为项目制旨在通过国家财政的专项转移支付等项目手段，突破以单位制为代表的原有科层体制的束缚，遏制市场体制所造成的分化效应，加大民生工程和公共服务的有效投入。但项目制只考虑乡镇一级政府的"块块"危害，却没有认识到这一层级在基层治理中可发挥的沟通、协调、制约和监督的功能；项目制试图革除乡镇层级的财政影响，消除行政科层制所带来的弊害，却同时强化了更高层级的行政权威。项目的持续输入过程，也是一个持续改变基层社会结构的过程，特别是在公共项目转化成为开发项目的过程中，所有结构转型的风险和压力都极有可能落在那些最基本的社会单位上，从而使基层民众成为系统风险的最终承担者。② 渠敬东全面讨论了作为一种治理体制的项目制的运行机制及社会后果，在项目制的运行中，基层政府只是一个被动接受或适应的角色，显而易见，此处也体现了体制因素和相应的经济社会机制对基层政府职能及其履行的决定性影响。

Robert Agranoff 和 Michael McGuire 系统地考察了政府空心化（hollow State）条件下的多元组织化网络管理实践。在政府空心化背景下，政府与经济产出相分离，经济发展问题主要由谈判契约和其他契约型组织来处理，政府机构工作人员花大量的时间安排和操作社会关系网络（networks），社会关系网络的数量与类型对政策的制定与执行有着举足轻重的影响。③ 政府空心化（hollow State）所反映的实际上是多元治理条件下，政府与其他治理主体特别是社会关系网络之间的关系发生了前所未有

---

　① 折晓叶：《县域政府治理模式的新变化》，《中国社会科学》2014 年第 4 期。

　② 渠敬东：《项目制：一种新的国家治理体制》，《中国社会科学》2012 年第 5 期。

　③ Robert Agranoff and Michael McGuire："Multi-network Management：Collaboration and the Hollow State in Local Economic Policy"，*Journal of Public Administration*，No.1，Jan 1998.

的变化，政府在多元治理中经济发展的主导作用丧失。Graeme Smith 探讨了中国乡镇政府空心化的原因及其影响，研究发现应付上级检查和吸引投资的压力导致乡镇政府机构的软性集中化，从而更容易被上级政府控制，导致乡镇政府远离它们的职责，成为县政府的服务代理机构，下派到村的干部提供服务的能力也因村组合并和费税减免而弱化。尽管农村的教育和卫生投入增加很快，但农民仍然主要把基层政府作为麻烦的制造者而不是公共服务者。① 中国乡镇政府空心化实际上反映了乡镇政府职能的日益模糊，其独立的政府职能在特定条件逐渐丧失的过程，通过 Graeme Smith 对中国乡镇政府空心化原因的探讨，可知中国乡镇政府空心化仍是中国特殊行政体制的表象。

　　姚荣杰对社会主义新农村建设中基层政府在行政作为时存在严重的越位、缺位和错位现象的根源进行了挖掘，认为基层政府的职能扩张导致了基层政府职能的越位，不合理的财政体制导致基层政府职能缺位，而压力型体制和沟通监督机制的缺失则导致了基层政府职能错位。② 姚荣杰揭示的是财政体制对基层政府职能的特定影响。王小龙、方金金使用中国省级与县级财政经济统计数据和企业微观数据对财政"省直管县"改革与县级政府税收竞争之间的关系进行了实证研究。研究发现财政"省直管县"使得县域工业企业实际有效税率显著降低，从动态角度看该项改革的效应具有持续性。③ 王小龙、方金金用实证分析考察"省直管县"改革的降低税收竞争的效果。

　　既有文献从统合治理结构、压力型体制、简约治理传统、项目制的影响等多个角度探讨基层政府履行现状的体制背景及其嵌入的经济社会机制。然而，认识和理解中国体制并非易事，不仅体制本身有众多不同的侧面，而且不同的理论立场会看到不一样的体制，因此，任何单一的文献都无法概括中国体制的全部方面，也没有哪位学者能保证自己对中国体制的理解绝对正确。综合评判的相关文献越多，所呈现的中国体制就越真实，

---

　　① Graeme Smith："The Hollow State：Rural Governance in China"，*The China Quarterly*，No. 3，Sep 2010.

　　② 姚荣杰：《我国基层政府职能失位的肇因探析》，《财经政法资讯》2010 年第 3 期。

　　③ 王小龙、方金金：《财政"省直管县"改革与基层政府税收竞争》，《经济研究》2015年第 11 期。

本项研究不可能穷尽所有相关文献，因而，尽量选用与基层政府联系最为紧密的相关文献，相对而言，研究乡村治理的学者及其研究文献出现的频率更高。总体来说，体制背景及相应的社会机制影响甚至决定了基层政府愿意做什么、能够做什么以及怎么做，但基层政府并不是体制和社会结构的脚本，有自己的独立性和自主性，就基层政府职能而言，对体制的理解和经济社会机制分析也应关注体制给予基层政府的行动空间。在此类研究中大量研究乡村治理的学者参与其中，基层政府往往被看作众多治理主体之一，没有充分凸显基层政府的特殊性和重要性。

三　以农业现代化为背景条件讨论基层政府职能

直接以农业现代化为背景条件讨论基层政府职能的文献主要分为两类，一类为规范性分析文献，侧重于讨论基层政府在农业现代化进程中应扮演什么样的角色和应该发挥怎样的作用，一类为实证性分析文献，侧重于通过经验材料、典型案例等诊断农业现代化进程中的基层政府职能履行存在的问题或对特定基层政府的有关职能进行评价。

（一）基层政府在农业现代化进程中应扮演的角色与应发挥的作用

此类文献以农业现代化为背景讨论基层政府职能或把农业现代化作为目标分析基层政府应该履行的职能，回答的是"应该怎样"的规范问题。席景奇以政府角色理论的演变为切入点，结合政府职能履行的现状，提出在农村集体土地流转过程中，地方政府应承担制度的提供者、市场秩序维护者、公共服务的供给者、农户利益的保护者等角色。[①] 陈楚舒等依据基层政府在农地流转中的公共服务定位，提出了一系列加强基层政府在农地流转中的资源获取能力、资源整合能力和资源运用能力的具体要求。[②] 在中国既有的农村土地制度下，土地流转是实现农地规模经营和农业现代化的重要途径之一，席景奇、陈楚舒等提出了地方政府或基层政府应该在土地流转中扮演的角色和发挥的职能。张晓莉针对农村经济发展中基层政府缺位和越位现象，提出基层政府职能"复位"的途径，认为应建立面向

---

① 席景奇：《地方政府在农村集体土地流转中的角色分析》，《兰州大学学报》（社会科学版）2013 年第 5 期。

② 陈楚舒、刘琼、唐培华：《基层政府在农地流转中的公共服务能力构建研究》，《山西农业大学学报》（社会科学版）2013 年第 1 期。

市场、以市场为导向的政府，加强基层政府的社会服务理念，强化政府的监督职能。① 郜金宝针对当前农业发展的困境，提出转变政府职能以推进农业现代化，认为政府应行政向市场转变、从管理向服务转变、从保守向创新转变。②

张晓莉、郜金宝等讨论的都是农村经济发展中基层政府职能转变问题，他们各自提出了基层政府职能转变的目标和方向。樊清在比较中西方国家政府职能差异的基础上，提出现代化背景下基层政府要在党的领导下引导并服务农村社会管理，进一步发挥村民自治组织作用，引导和规范农村社会组织发展并使其分担社会管理责任，研究民情善用民力，从中国传统基层治理经验中探索农村社会管理创新的元素。③ 现代化背景下的农村问题核心就是农业现代化问题，樊清在理论辨析的基础上提出现代化背景下的基层政府履行农村社会管理职能方略，他所回答的问题仍是"基层政府在农业现代化进程中的应怎样发挥职能"。此类文献实际上十分丰富，几乎所有"现状—问题—对策"范式的相关研究均可归为此类，但由于不少研究侧重于提出政策建议，单一文献无法进行深入研究，理论贡献有限，过多的总结归纳各类各项政策建议对本项研究的意义不大，因此，此处忽略了大量此类文献，其中并不排除可能还有重要的代表性文献。

既有的研究从不同侧面回答了在农业现代化背景下基层政府应该做什么和应该怎么做，其建议和意见也符合学界和人民群众对基层政府的期待，即使在理论上没有明显的突破或贡献对基层政府的职能定位也有一定的参考价值。然而，由于此类文献回答的是"应该怎样"的规范问题，基于不同的理论立场，往往有不同的见解，同时由于农业现代化所涉事务众多，基层政府应该做的事情亦不能穷举，在各种观点纷呈的情形下，对不同的建议或意见进行可行性评估几乎不可能，因此，无法根据单一的具体的建议指导行动，只有对各类建议按严格的规范性标准进行有效排序，明确基层政府职能转变的起点和步骤，"应该怎样"的规范研究才能真正

① 张晓莉：《农村经济发展与基层政府职能"复位"》，《农村经济》2004 年第 8 期。

② 郜金宝：《农业现代化进程中政府职能的转变》，《法制与社会》2013 年第 33 期。

③ 樊清：《现代化背景下的农村社会管理与基层政府职能》，《燕山大学学报》（哲学社会科学版）2012 年第 3 期。

指导实践，获得实践价值。

（二）农业现代化进程中基层政府职能的诊断与评价

此类文献侧重于用经验材料、典型案例等进行实证分析，诊断或评价某一基层政府在农业现代化进程中的职能履行情况。冯猛以东北某农牧县四东县的调查为例，通过分析中国制度结构及其激励约束机制，揭示了基层政府打造地方产业发展的甄别、选择、投入、扶持、包装等方式的引领性干预的运作逻辑并展示了其效果。① 基层政府打造地方产业是促进农业现代化发展的重要举措，冯猛对其所调查地区基层政府在打造地方产业中的作用持肯定态度，调查地区基层政府引领性干预的运作逻辑亦可以作为其他地区农业现代化发展的经验借鉴。赵晓峰提出了"行政消解自治"的概念，并以此理解税改前后乡村治理性危机。所谓行政消解自治是乡镇政府为了完成压力性体制下自上而下分解下来的种类繁多的涉及农村经济、政治、社会和文化等诸多领域的硬性指标任务，既没有将村组干部形塑成国家权力的"代理人"，也没有确保村组干部成为村庄的"保护人"，而是以行政力量消解了村民自治的基层实践基础，使村民自治流于形式。② 赵晓峰寻找了农村税费改革后乡村治理危机的原因，其提出的"行政消解自治"的概念具有一定的理论价值，可以作为诊断乡村治理问题的理论工具使用。

折晓叶、陈婴婴分析国家部门的发包机制、地方政府的打包机制和村庄的抓包机制等项目过程中分级运作机制。发包体现了国家部委超越科层制的自上而下的控制逻辑，打包是地方政府通过各种项目融合或捆绑成一种综合工程来动员使用资源，以实现目标更加宏大的地方发展战略和规划。抓包既是地方政府打包过程的延续，又是村庄主动争取项目的过程。③ 基层政府有提高经济绩效的强烈动机，以项目推动发展是其常用手段，折晓叶、陈婴婴对项目进村问题进行了仔细考察，他们总结出的"发包"、"打包"、"抓包"机制对理解中国当前行政层级关系中基层政

① 冯猛：《基层政府与地方产业选择——基于四东县的调查》，《社会学研究》2014 年第 2 期。

② 赵晓峰：《"行政消解自治"：理解税改前后乡村治理性危机的一个视角》，《长白学刊》2011 年第 1 期。

③ 折晓叶、陈婴婴：《项目制的分级运作机制和治理逻辑——对"项目进村"案例的社会学分析》，《中国社会科学》2011 年第 4 期。

府职能有重要意义。邓大才通过对小农社会化对乡村治理的空间、权威、话语的影响的考察发现：小农的社会化改变了乡村治理的空间、削弱了治理的权威、建构了新的话语体系。① 农业现代化离不开农民的现代化，小农社会化是其必经阶段，邓大才考察了小农社会化对乡村治理的影响，他的发现意味着原有的乡村治理模式将失效，需要重构乡村治理其中包括基层政府的职能重新定位。

　　一些案例研究则侧重于结合各地具体的经济状况展示基层政府的职能与重要角色，呈现了一些农业产业化发展过程，基层政府的积极有效的作为。柯福艳以浙江省仙居县的杨梅产业发展为例，展示了县政府在农业现代化进程中的观念引领、政策导向、科技支撑、改善交通等职能，并给予了积极的评价，认为仙居杨梅产业基本上实现了区域化布局、产业化发展、品牌化销售、科学化与组织化生产以及市场化流通，现代化生产处于较高水平。② 刘勇、李敏以浙江长兴农业产业化发展为例对农业产业化中的政府职能进行了分析评价，长兴县政府在宏观上主导产业发展，规划先行，在微观方面培育多元化经营主体，在运行模式上，引导公司制公益化运作，作者对其政府职能给予积极评价，认为正是通过这些职能创新实现了现代农业的跨越式发展。③ 李艾晶等以随州特色农业发展为例，展示了当地政府的战略指导、方向引导、优化基础设施与公共服务环境、统筹各部门协调联动等职能，认为政府职能的发挥使之依托其地理及资源、科技优势，走出了一条特色农业产业化发展道路。④ 柯福艳、刘勇、李艾晶等人的研究直接展示了基层政府在推动农业现代化发展中的积极作用，虽然所举各例中基层政府的具体举措有所差异，但在规划引导、改善交通和提供服务方面却具有共同点。

　　崔光胜、余礼信基于个案分析呈现了基层政府购买农村公共服务存在

　　① 邓大才：《社会化小农与乡村治理条件的演变——从空间、权威与话语维度考察》，《社会科学》2011 年第 8 期。

　　② 柯福艳：《山区特色农业现代化进程中政府职能研究——基于仙居县杨梅产业现代化经验》，《浙江农业学报》2013 年第 2 期。

　　③ 刘勇、李敏：《农业产业化发展中的政府职能创新分析——以浙江长兴农业产业化发展为例》，《农村经济与科技》2015 年第 12 期。

　　④ 李艾晶、程红丹、鲁克雄：《从农村趋向演化看基层政府职能定位——随州区域经济发展解析》，《当代经济》2009 年第 22 期。

的问题，包括公共服务相关行为主体角色不到位、购买服务的运行环境差，监督评估体系缺失等。① 政府购买服务是新公共管理运动中的重要举措，崔光胜、余礼信诊断了基层政府购买农村公共服务中的问题，对公共管理变革具有参考价值。周飞舟、王绍琛把成都市农民集中居住（"农民上楼"）与农业的规模经营（"资本下乡"）的城镇化模式放到中央与地方、国家与农民、政府与企业这三对彼此联系的关系结构中进行考察，发现了政府、企业和农民在城镇化进程中的得失损益，认为城镇化不但改变了城市的面貌，也在极大地改变着"三农"的面貌，然而，虽然农业的现代化和农村的社区化的确是农民参与城镇化进程的结果，但这是一个被动参与的结果。② "主体是谁"，这是农业现代化根本问题之一，周飞舟、王绍琛发现了案例地区农业的现代化和农村的社区化过程中农民主体地位的丧失，这一点具有警示作用。王世崇基于公平与效率的视角概括了地方政府在农地流转中的错位、缺位和越位现象，认为地方政府职能归位从长期来看应积极推进农村民主进程，扩大农民的话语权，赋予农民完全的谈判权，中期来看应改革官员考核制度，消除官员的 GDP 崇拜，短期来看应细化农村土地流转收入分配政策，强化可操作性。③ 王世崇对地方政府在土地流转中的错位、缺位和越位现象进行诊断，寻找了原因，提出了对策，土地流转中地方政府职能问题具有一定的普遍性，他的诊断分析具有较强的现实意义。

陆道平、钟伟军以市场经济条件下国家建设为逻辑主线，分析农村土地流转中国家、集体和农民的关系，认为国家权力从农村地区大量撤出、农民从国家依附关系中解脱以及土地重新回到农民手中是农村土地流转的基础性前提条件。他们运用调查数据和相关经验材料表明：地方政府和村委会在土地流转中并没有扮演好它们在制度规范上理应扮演好的角色，相反却基于自身利益过多涉入土地流转的具体过程中，建立良好的地方政府与农民的互动机制应刚性化农民的土地权利，以权利约束权力；建立有效

---

① 崔光胜、余礼信：《基层政府购买农村公共服务：实践、困境与路径——基于江西省 G 镇的个案分析》，《中南民族大学学报》（人文社会科学版）2014 年第 6 期。

② 周飞舟、王绍琛：《农民上楼与资本下乡：城镇化的社会学研究》，《中国社会科学》2015 年第 1 期。

③ 王世崇：《地方政府农村土地流转中职能探析——基于公平与效率的视角》，《唯实》2012 年第 3 期。

的地方政府权力规约体系；提高地方大众政治沟通的组织化程度；建立有效地对农民的信息公开制度；完善农民与政府之间的沟通机制。[①] 由于土地流转是实现农业规模经营的重要途径，出于经济绩效和管理便捷性的考虑，地方政府有参与和干预农村土地流转的动机，陆道平、钟伟军分析了其中国家、集体和农民的关系，发现地方政府角色混乱，他们提出的地方政府与农民的互动机制具有一定的参考价值。

若把土地流转、农业技术推广、农业产业化等作为农业现代化的具体举措看待，对农业现代化进程中基层政府职能诊断与评价的文献十分丰富。无论是对特定地区的农业现代化实践的积极评价与经验推介，还是对农业现代化进程中基层政府角色错乱的原因探讨，都是来源于对经济社会现实的观察与思考，既有研究对农业现代化进程中的基层政府职能定位、基层政府职能转变的方向与途径以及基层政府职能履行的环境条件建设等均具有较强的参考价值。然而，单一文献往往基于个别的地方实践展开研究，各项研究诊断和评价的方法也不具有一致性，因而各项研究中所呈现的经验的可复制性、所提出的问题的代表性等均须要进一步考察验证，此外，大量的文献没有严格区分地方政府与基层政府，也没有讨论政府层级关系，因而没有结合基层政府本身的特点讨论问题，进而使其对基层政府职能定位的借鉴意义大打折扣。

第二节　基层政府职能的范围与类别

基层政府既是政府良政与国家善治的基石也是体制弊端的爆破口。合理定位并有效转变基层政府职能是国家治理能力现代化的重要课题。基层政府的职能定位就是要对基层政府职能进行规范分析，其中最为重要的是阐述基层政府职能定位的原则和依据，从而明确基层政府应该做什么。

一　政府职能分析的三类方法和三大视角

分析政府职能的文献浩如烟海，学界并没有刻意区分其方法论上的差

---

① 陆道平、钟伟军：《农村土地流转中的地方政府与农民互动机制研究》，清华大学出版社2012年版。

异，然而，从方法论特征和研究者的学科背景来看，其研究方法可大约分为经济学方法、政治学方法和社会学方法三大类。经济学逻辑框架清晰稳定，公共经济学的政府与市场关系的有关理论、新制度经济学中的委托—代理理论、公共选择理论等大量运用在政府职能分析之中。政治学号称统领科学，它在分析权利与权力问题上具有明显优势，政治学中的政体理论、利益集团利益和政党政治理论等广泛运用到了政府职能分析之中。社会学侧重于分析社会运行，其理论流派众多，既有宏观结构分析也有微观案例解剖，其国家—社会二元理论在政府职能分析中应用广泛，并贡献了一些专门的分析工具。随着社会科学的发展，学科融合日益紧密，学科边界日益模糊，在一些研究中三类方法有时交替使用。经济学、政治学和社会学方法各有优势，相关研究的代表性文献已在文献综述中有所评述，此处不再赘述。

　　政府职能的范围、性质和特征等进行具体分析常常基于政府作为保护者、干预者或生产者。保护者视角的研究在与无政府主义的争论、政府起源的探讨等过程中发展起来，是政府职能问题最早的研究视角。人类社会经过长期演化逐渐产生了一系列行为规则，社会的进步日益依赖于遵循行为规则产生的社会秩序。制度即人们相互交往的规则，无论是内在制度还是外在制度，有效的制度都具有一般性、确定性和开放性，既抑制着人际交往中可能出现的任意行为和机会主义行为，又使人的行为适应新的环境。① 为使制度具有确定性，常常依靠某种惩罚而贯彻制度。规则的执行和制度的规范功能的发挥一定程度上依赖于政府，首先，内生规则常常是模糊、不清晰，因而需要代表公共利益的机构即政府部门公开正式的阐明，包括制定和编纂法律等。其次，自发的裁决往往具有随意性，政府作为一个具有广泛代表性的独立第三方机构，有利于克服当事人之间或民间裁决中的偏见或喜好。再次，秩序的维护，包括对违规者的惩戒是需要成本的，政府可以通过强制性税收解决费用问题，具有天然的优势。最后，大量的社会交往面临"公地悲剧"、"集体行动的困境"等个人最优决策与社会最优决策不一致的问题，只有政府才能基于公共利益的需要，合理地使用强制力解决此类问题。没有政府的保护，人们将处于无政府状态，

---

① 柯武刚、史漫飞：《制度经济学：社会秩序与公共政策》，韩朝华译，商务印书馆2000年版，第148页。

社会秩序将难以为继，因此，政府的保护性职能正是基于人们对秩序的需要。政府的保护性职能首先体现在政府垄断合法暴力，制约其他各方的"暴力潜能"，从而保护公民的自由。保护公民自由的具体内容在经济学和政治学中又有大量阐述。在经济领域保护产权和市场交易的经济秩序是最基本的保护性职能，在政治领域则重在保护言论、出版、结社等自由。

政府作为干预者体现在政府参与和直接干预人们的经济社会生活。政府作为干预者的讨论主要围绕政府干预的理由、方式、效果及影响等展开。政府干预常常与政府要实现的相应目标相关联。为保护人们的健康与安全，政府设定产品质量标准、进行安全卫生许可与检查，此类强制性要求直接影响相关企业和个人行为选择，体现了政府参与到了微观经济社会活动的干预者角色。政府还基于各类效率或公平的理由进行干预。在效率方面主要针对外部效应等市场失灵领域，政府采取干预措施对外部效应进行矫正等。在公平方面政府特别关注收入分配问题，当市场的功能性收入分配的结果难以符合特定的收入分配目标时，政府往往会采取相应的干预措施。政府干预的手段包括经济手段、行政手段和法律手段，经济手段体现为各类财政和货币政策工具的运用，行政手段体现为各类具有强制性的禁令和规定等，法律手段体现在立法和司法措施的综合运用。政府干预的效果或影响不仅与干预手段的选择有关，而且与市场机制的发育及社会组织的成长等经济社会条件密切相关，因此，不同国家、不同时期政府干预的程度和方式均有较大差异。

政府拥有庞大的行政组织系统和大量的经济资源，能够发挥相应的生产功能。政府作为生产者主要体现在提供公共产品、进行公共服务等方面。公共产品具有非竞争性和非排他性，私人部门提供由于难以获得相应的回报而存在供给不足，政府代表公共利益能通过税收等强制性融资措施解决公共产品的成本问题，政府提供的公共产品品类繁多，但非竞争性与非排他性亦不是一成不变的，随着社会经济条件与环境的变化，特定产品排他的成本、竞争的范围均发生变化，因而，政府提供什么公共产品、提供多少公共产品不同国家地区不同时期均有差异。由于大量准公共物品的存在，政府在提供公共物品过程中亦可以与私人部门进行广泛的多种形式的合作。政府提供公共产品并不是意味着政府生产公共产品，提供即为解决融资问题，而生产则是物质要素的转化过程，道路、公共设施等大量的公共产品由政府提供却由企业生产，由此形成政府与企业之间的购买关系。有些"劳动密集型"公共产品，如教育、卫生、治安等，政府既是提供者也是生产者，这类公共产品人们常常称之为公共服务，但随着市场的日益成熟和政府对服务质量认知的增强，一些传统的公共服务项目采取了政府购买服务的措施，政府从提供者和生产者合一转换成单一的提供者角色。从生产者视角看待政府，即把政府作为经济发展的重要主体，是创造财富的参与者，政府提供公共产品与服务不仅直接满足人们的需求，而且公共产品和服务的数量和质量仍被认为是影响经济发展的重要因素。

二 基层政府职能定位的规范性准则

只有明确基层政府应该履行什么样的职能，才能对当前基层政府履行现状作出有效的判断，因此，基层政府职能定位是基层政府职能分析的基础环节。基层政府职能定位不仅要从多个角度全面审视政府角色，而且要充分理解基层政府在多层级政府体系中的特殊性。基层政府处于政权末梢，从行政权力来看，一方面其行政权力的范围及管理范围较小，另一方面一些行政权力依靠上级授权，特别是强制性权力相对较小。从行政行为来看，基层政府往往直接面对人民群众，因而其行政行为往往容易直接影响群众利益。从行政资源来看，基层政府在税收分享的优先顺序中处于末位，掌握的财政资源较少，行政决策层级处于底层，治理手段相对有限。在信息传递方面，基层政府处在上情下达的最后但又处于下情上传的前沿。基层政府职能定位应放在整个政府职能体系中充分考虑其特殊性，基于基层政府的特性。基层政府职能定位须参照"理想状态"，建立在较为广泛的共识基础上，遵循一系列规范性准则，根据文献综述部分存量知识的整理，课题组提出基层政府的职能定位应遵循："外生权力最小化与内生权力最大化"、"双重保护与双重服从"及"服务兜底"等几大原则。

外生权力最小化与内生权力最大化原则。这一原则来源于社会学方法，在相关研究中的共识性也较强。外生权力是指来源于外部的权力，包括上级授权和委托授权，权力来源及大小与基层政府的行为决策无关，外生权力主要是一些强制性权力。内生权力是指来源于内部的权力，包括自身影响力增加和自身履责能力增强，权力来源及大小与基层政府的行为决策相关，内生权力主要是指依靠其影响力的仲裁权等。由于基层政府处于政权末梢，外生权力的运用受到多层级上级政府制约，基层政府只有在特定的典型适用的环境下才能准确有效地使用外生权力，然而，大量丰富的行政实践无法灵活有效地运用外生权力。首先，外生权力的权力边界与内容并不由基层政府自身决定，权力行使的必要性和可行性一定程度上需经过授权部门的论证，从而限制了基层政府处理事务的及时性和灵活性。其次，外生权力独立于基层政府的决策环境之外，不能充分体现当地的经济社会条件，各项外生权力的适用条件未必存在，运用外生权力的有效性无法保证。再次，外生权力是既定的，为了有效处理政府间层级关系，大量外生权力是标准化的，并不能充分体现地方差异，从而降低了其适应性。最后，外生权力来源于外部授权，权力的运用易体现外部意志，容易导致基层政府重对上负责而轻对下负责。在基层政府职能定位时，应遵循外生权力最小化和内生权力最大化原则，一方面，职能必须和职权相匹配，基层政府权力有限，在运用外生权力时存在较多约束，需要经过多层级的授权，因而，在设定基层政府职能时，应尽可能使其职能履行较少地依赖外生权力，另一方面，基层政府具有接近民众的优势，应尽可能使其职能较多地利用与民众的亲密关系，从而激励基层政府自觉主动地不断改善与民众的关系。基层政府选择治理手段时慎用外生权力而注重运用内生权力，相应的可资利用的手段也一定程度上决定了目标的选择，即基层政府的职能应与其治理手段相一致。

双重保护与双重服从原则。这一原则来源于政治学方法，在相关研究中已基本形成共识。在新型治理主体日益成长的多元化时代，政府仍然在多元治理主体中发挥着主导作用，是治理网络的维护者和激活者。基层政府在多层级政府结构中居于底层，但具有接近民众的优势，在治理网络体系中，基层政府是最重要的结点，一定程度上决定了治理网络的有效性，它既需要保护政府特别是上级政府的权威又需要保护民间的活力。只有保护政府的权威，政府的主导作用才能充分发挥，而只有保护民间的活力，协同治理的积极性才能迸发。基层政府的职能定位应着眼于保护政府权威和保护民间活力双重保护，保护政府权威首先是尊重政府运行规则，服从上级，作为各级政府相关政策的落地者，既不刻意扭曲也不生搬硬套，应在理解政策意旨的基础上，向群众阐明政策和落实政策，对上级政府的各项要求应实事求是地反馈与落实，难以做到应实事求是的说明原因。保护民间活力首先是尊重民间自主性，服从民意，一方面不无故干预微观经济主体的日常经济活动，不插手民间组织的内部事务，另一方面允许甚至鼓励社会自主地进行组织创新，促进社会治理主体的丰富和成长。在基层政府职能定位中，应遵循双重保护与双重服从原则，即保护政府权威，服从上级，保护民间活力，服从民意。遵循双重保护与双重服从原则的关键是正确处理基层政府、其他各级政府及其他治理主体的关系。基层政府是民间和政府的交汇点，不仅要清晰准确向群众传达各项政策而且要帮助群众表达利益，及时有效地向上级各相关政府部门反映群众的意志。在与上级各级政府的关系上，基层政府不仅是下级单位，是政策执行者，而且应被看做是上级政府的合作伙伴，协助各级政府制定和执行政策，与群众沟通协商。在与自治组织、民间组织等其他治理主体的关系上，基层政府要一定程度上体现政府在社会治理中的主导地位，代表政府立场与各类组织协商对话，帮助和扶持各类组织的成长，然而，更为重要的是，基层政府要充分体现在治理网络中的多主体平等身份，在面临治理问题时应积极主动地争取其他治理主体的帮助。双重保护和双重服从原则反映了基层政府在治理网络中的功能定位，相应的，基层政府的职能定位应放在整个治理体系中加以考察。

服务兜底原则。此原则体现了经济学方法论，在相关研究中形成了较为广泛的共识。提供公共产品与服务是政府基本职能之一，但不同层级的政府在提供公共物品与服务方面，具有不同的优势与局限。中央与省市政府财力相对较为雄厚，在提供"资金密集型"公共产品如大型基础设施等方面具有优势。中央与省市政府调控能力较强，一定程度上能进行跨区域的资源再分配，可以有针对性地通过专项支出的方式，为特定地区提供特定的公共产品，也方便地提供具有全局性影响的普惠性、标准化的公共产品，如疾控与环卫。相应的中央与省市政府对各地民众的实际需求的了解一定程度上依赖基层政府的信息传达，因而，在提供差异化、个性化的公共产品方面有一定的信息劣势。基层政府的财力相对比较单薄，一般无力提供"资金密集型"公共产品，但基层政府有接近民众的优势，一方面有条件充分了解民众需求，另一方面可以面对面地与群众沟通，现场进行服务或解决问题，因此，基层政府有提供"劳动密集型"公共产品即公共服务的优势。不同地区、不同时期，人们对公共服务的需求不同，人们公共服务需求的动态变化使得既有的公共服务体系在满足人们需求方面具有一定的滞后性，基层政府不仅是公共服务体系的建设者，而且应在既有公共服务体系之外独立发挥相应的拾遗补阙功能，即任何公共服务的缺位都应由基层政府填补，基层政府对公共服务进行兜底。服务兜底是基层政府公共服务的或有责任，即基层政府的某些公共服务责任并没有在既有制度、政策中明确界定，凡是上级政府及相关部门未尽服务均由基层政府承担，不仅要协助各级组织提供公共服务，而且要最终落实各类各项公共服务，更为重要的是，当民众新增的公共服务需求尚未有明确的政策回应时，基层政府应首先给予回应，并尽可能地提供相应的服务。然而，基层政府的兜底责任并不是无限责任，一方面基层政府的服务兜底应有利于其他各级组织积极有效地履行公共服务责任，能有效防止其他各级政府把服务责任向下往基层政府转移，另一方面，基层政府的公共服务兜底责任应与其履责能力相匹配。因此，在基层政府的职能定位和政府职责体系设计时，应明确基层政府服务兜底的条件、程序和要求，与相应的责任追究机制和惩戒与奖励机制相适应。

基层政府职能定位的一系列规范性准则是相互联系的有机整体，"外生权力最小化与内生权力最大化""双重保护与双重服从""服务兜底"等三大原则，分别反映了对基层政府的行为、角色和态度的规范性要求。处理好职责与职权的关系，才能有效发挥政府职能，如何配置与运用职权是政府履职的行为体现，外生权力最小化和内生权力最大化要求基层政府在行为上体现出与民为善，在行为方式上多选择协商、沟通等手段，少选择命令与制裁手段。认清自身角色，才能明确行动范围，才能防止或减少缺位、越位与错位，双重保护与双重服从要求基层政府扮演好在治理体系中的角色，发挥好承上启下，作为治理网络维护者的功能。立场与态度一定程度上决定了行为的效果，服务兜底要求基层政府具有勇于承担责任的态度，不置身事外，事无巨细，服务到底，一方面摆脱对上级指令与制度规范的过分依赖，积极主动地解决问题，另一方面有效防止多层级政府职能体系中政府缺位。一旦基层政府的行为、角色和态度均能达到"理想状态"，则基层政府的职能就能准确定位。

三 基层政府职能的类别

政府职能可分为基本职能和运行职能。基本职能主要包括政治职能、经济职能与社会职能，运行职能包括决策、组织、协调与控制等。从基本职责与功能来看，基层政府与其他各级政府一样，仍然要履行政治职能、经济职能与社会职能等基本职能。政府的政治职能体现为政府维护国家主权等国家核心利益，维护国内秩序等，具体来说包括外交、国防、社会治安及国家政权建设等。政府的经济职能体现为政府促进经济发展，调整和干预经济活动等，具体来说包括宏观调控、提供公共产品、维护市场秩序等。政府的社会职能主要体现为政府为促进社会公平和谐所履行的其他一系列职能，具体来说包括提供社会保障与调节收入分配、保护环境与生态文明建设及其他社会服务与管理等。然而，在政府职能体系中，基层政府的政治、经济和社会职能又有别于其他各级政府的相关职能。在政治职能上，基层政府由于处于政权末梢，在外交、国防等维护国家主权和国家核心利益方面，大量事务在基层政府的决策范围之外，一般只是配合中央及省市履行相应的职能，但在社会治安与国家政权建设方面，基层政府具有接近民众的信息优势，一方面有条件进行常规性的纠纷处理，有效调解矛盾，减少治安事件的发生，有条件在第一时间亲临现场，及时解决问题，因而，基层政府在维护社会治安方面应发挥主导作用，另一方面，基层政府有条件与群众进行直接互动，准确把握民意，在国家政权建设中引入更多的民意与民智，使国家政权体现更多的人民性。在经济职能方面，宏观调控需要运用多种财政政策工具和货币政策工具，基层政府既不是财政政策与货币政策的制定者，也不掌握财政政策与货币政策工具，因此，基层政府只是宏观调控的被动参与者，但在提供公共产品和维护市场秩序等方面，基层政府则扮演着重要的角色，首先，基层政府属于公共产品派送体系的终端，大量具有地域特点的公共产品和公共服务仰赖基层政府提供，即使是上级政府提供的公共产品，也需要基层政府帮助人们克服公共产品的可及性困难。其次，由于基层政府具有接近群众的优势，在公共产品的供需互动机制中，基层政府扮演着需求信息的整合者、供给要求的传达者甚至公共产品生产的直接参与者等重要角色。再次，基层政府连接市场与政府，是构建公私伙伴关系、实现公共产品多元化供给的重要力量。最后，维护市场秩序需要掌握大量的基础信息，基层政府在打击制假售假、强买强卖等方面具有信息优势，基层政府与市场的关系本身就是市场秩序健康与否的关键。在社会服务方面，虽然基层政府在公平收入分配、生态文明建设等宏观战略方面难以有效发挥作用，但在具体而微的社会保障管理、环境监督检查、卫生事业管理等方面发挥着举足轻重的作用。

从政府运行过程来看，基层政府在决策、组织、协调与控制等方面有不同上级政府的职能特性。首先，基层政府的决策范围及决策内容与上级政府有很大的差别。基层政府在许多事项上要接受上级政府的领导甚至直接指导，决策范围较小，大量决策局限于贯彻执行上级政策。从内容上看，基层政府虽然也有本地发展战略规划等决策，但以针对本地经济社会发展实际的具体问题为决策对象。其次，基层政府的组织职能较少涉及机构设置、权力分配、人员编制及定岗定责等组织目标重构、组织结构调整与变更等事宜，组织职能较多地体现在既定的组织结构与权责关系中进行人员选拔、培训与调配，围绕既定目标并在既定权力结构中进行组织内部的人财物等资源配置。再次，基层政府的协调职能相对于上级政府，协调政府之间、各个部门之间的工作相对较少，而协调政府与自治组织、民间团体等外部组织及调解人民群众之间的矛盾相对较多。最后，基层政府的控制职能的履行中一般较少主动拟定标准，而是依照上级政府的要求或既有的标准，自查自纠，减少与纠正偏差，确保目标实现。从政府经济职能的性质与内容来看，政府职能还可以分为经济调节、市场监管、社会管理与公共服务等几大基本类型。基层政府的职能不是也不应一成不变，基层政府的职能嵌入在整个经济社会结构之中，其需要履行什么职能及应该履行什么职能都受相应的经济社会条件制约。其一，从横向来看，政府、自治组织及民间社会组织等多类治理主体之间的职能分工是逐渐形成与不断演变的，随着非政府类治理主体的成长与活跃，一部分政府职能有条件、有必要让渡给相应的其他治理主体，相应的基层政府职能也会随之变化与缩减。其二，从纵向来看，各级政府的职能分工受经济社会体制的制约，伴随经济社会体制改革特别是机构改革，基层政府的具体职能也随之变化。其三，经济的发展与社会的变迁，人们的公共需求发生变化，对政府提出了新的要求，基层政府的职能也会随之变化。

第二章　农业接班人培育与基层政府职能

劳动力是生产力中最活跃的因素，农业现代化的发展应提高农业劳动者现代农业技能，更需要一代又一代的农业生产经营者去践行农业现代化的发展。农业是具有自然风险与市场风险双重风险的弱质产业，在工业化和城镇化背景下，中国年轻一代厌农、弃农现象较为突出，面临较为严峻的农业接班人危机。解决农业接班人危机，培育新生代农民是发展现代农业的重要课题，基层政府应在农业接班人的培育中履行相应的职能。

第一节　中国农业劳动力现状

一　中国农业劳动力总量

虽然中国农业劳动力总量仍然庞大，但从趋势上看却越来越小（如图 2.1 所示），总就业人数从 1995 年的 6.8 亿多增加到 2014 年的 7.7 亿多，但从事第一产业的人数则从 1995 年的 3.5 亿多减少到 2014 年的 2.2 亿多。

农业不仅要和第二第三产业争夺劳动力，而且受制于中国总体人口结构状况。由于中国早在 20 世纪 90 年代生育率就处于人口更替水平之下，人口结构不断老龄化。据有关学者测算，尽管 2010 年时中国 15—59 岁的劳动年龄人口高达 9.4 亿，但劳动年龄人口将越来越少，到 2030 年时不足 8.5 亿，而劳动年龄人口的老龄化进程开始时间远远早于其绝对数量下降的时间。1990 年时劳动年龄人口的年龄中位数是 30 岁，在 2010 年时则提高到 37 岁。[①] 中国劳动年龄人口的减少和老化由于中国的城镇化进程的持续从而在农村和农业中表现更为突出。农产品的劳动力成本因此不

---

① 郭志刚：《清醒认识中国低生育率风险》，《国际经济评论》2015 年第 2 期。

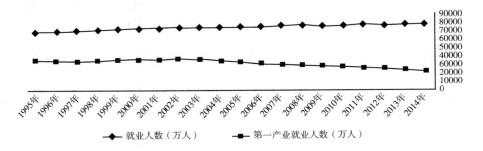

图 2.1　中国近 20 年就业人数

数据来源：国家统计局数据查询系统

断增加（详见图 2.2）。

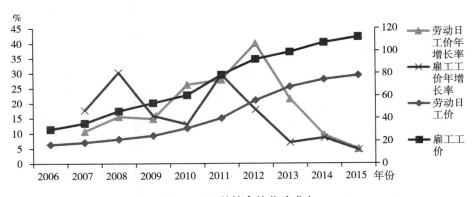

图 2.2　三种粮食的劳动成本

数据来源：全国农产品成本收益资料汇编 2005—2016。

　　如图 2.2 所示，2006 年以来，三种粮食的劳动日工价和雇工工价都在逐年上涨，且在多个年份增长率超过 20%，虽然 2014 年和 2015 年涨幅大幅缩小，但农业劳动力价格上涨趋势没有改变。

二　中国农业劳动力结构

　　中国农业劳动力不仅规模不断缩小而且从劳动力结构来看呈现了明显的老龄化和兼业化等特点。2014—2015 年的一项针对湖南、山东、安徽、河北等全国各地 815 户农户的抽样调查显示（详见表 2.1），中国劳动力已经高度老龄化，其劳动分类按最保守的方式计，一年总劳动时间超过三个月者且农业劳动时间多于非农业劳动时间的视为农业劳动者，一年总劳动时间超过三个月但农业劳动时间低于非农业劳动时间的视为非农业劳动者，劳动时间一年低于三个月者视为非劳动者。

表 2.1　　　　　　　　　　　年龄分层与农村劳动力交叉表

		劳动分类			总计
		农业劳动者	非农业劳动者	未工作	
30 岁以下	计数（人）	26	391	167	584
	年龄分层内的%	4.5%	67.0%	28.6%	100.0%
	劳动分类内的%	4.1%	29.6%	60.1%	26.1%
	占总计的百分比	1.2%	17.5%	7.5%	26.1%
30 到 45 岁	计数（人）	98	355	18	471
	年龄分层内的 %	20.8%	75.4%	3.8%	100.0%
	劳动分类内的 %	15.4%	26.8%	6.5%	21.1%
	占总计的百分比	4.4%	15.9%	0.8%	21.1%
45 到 60 岁	计数（人）	355	455	33	843
	年龄分层内的 %	42.1%	54.0%	3.9%	100.0%
	劳动分类内的 %	55.9%	34.4%	11.9%	37.7%
	占总计的百分比	15.9%	20.3%	1.5%	37.7%
60 岁到 70 岁	计数（人）	104	71	15	190
	年龄分层内的 %	54.7%	37.4%	7.9%	100.0%
	劳动分类内的 %	16.4%	5.4%	5.4%	8.5%
	占总计的百分比	4.7%	3.2%	0.7%	8.5%
70 岁以上	计数（人）	52	51	45	148
	年龄分层内的%	35.1%	34.5%	30.4%	100.0%
	劳动分类内的%	8.2%	3.9%	16.2%	6.6%
	占总计的百分比	2.3%	2.3%	2.0%	6.6%
总计	计数（人）	635	1323	278	2236
	年龄分层内的%	28.4%	59.2%	12.4%	100.0%
	劳动分类内的%	100.0%	100.0%	100.0%	100.0%
	占总计的百分比	28.4%	59.2%	12.4%	100.0%

数据来源：国家社会科学基金（14BZZ060）课题组 2014—2015 年调查数据。

农业劳动的主体是 45 到 60 岁的中老年农民，其占农业劳动者比例达55.9%，而 30 岁以下的农业劳动者数量远低于 60 岁以上的农业劳动者，而非农劳动者则以 45 岁以下者占主体地位，达 56.4%，其中 30 岁以下为

29.6%，30 岁到 45 岁占 26.8%。同时，农村老年人参加农业劳动的现象十分普遍，60 岁至 70 岁的老人仍有 54.7%参加三个月以上的农业劳动，70 岁以上的老人也有 35.1%参加三个月以上的农业劳动。

　　农民兼业化程度既可以通过农民收入来源判断与衡量也可以通过农民的劳动时间安排来判断与衡量。在农民收入中，非农收入占总收入的比重越大，说明农民兼业化程度越高，农民的农业劳动时间在其有酬劳动时间中的比例越少，其兼业化程度越高。由于农户存在家庭内部的劳动分工，对农户来说，界定家庭内部成员农业收入和非农业收入贡献比较困难，因此，笔者此处用农业劳动时间判断和衡量农业兼业化程度，一年农业劳动时间超过 9 个月的被视为纯农民，一年农业劳动超过 3 个月不到 9 个月同时农业劳动时间超过非农劳动时间的称为一类兼业农民，农业劳动时间超过 3 个月但少于非农劳动时间的称为二类兼业农民。其他人员包括农户中的不包含在上述三类的非农劳动者和非劳动者。调查发现，农民兼业化程度较高，农业劳动者的文化程度相对较低（详见表 2.2）。

表 2.2　　　　　　　　　农民类型与文化程度交叉表

		文化程度					总计
		文盲或未上学	小学	初中	高中或中专	大学及以上	
纯农民	计数（人）	31	102	161	59	7	360
	农民类型内的 %	8.6%	28.3%	44.7%	16.4%	1.9%	100.0%
	文化程度内的 %	1.1%	16.0%	19.4%	15.3%	3.1%	7.4%
	占总计的百分比	0.6%	2.1%	3.3%	1.2%	0.1%	7.4%
一类兼业农民	计数（人）	38	154	90	21	12	315
	农民类型内的 %	12.1%	48.9%	28.6%	6.7%	3.8%	100.0%
	文化程度内的 %	1.4%	24.1%	10.8%	5.4%	5.3%	6.4%
	占总计的百分比	0.8%	3.1%	1.8%	0.4%	0.2%	6.4%
二类兼业农民	计数（人）	29	130	141	58	14	372
	农民类型内的 %	7.8%	34.9%	37.9%	15.6%	3.8%	100.0%
	文化程度内的 %	1.0%	20.3%	17.0%	15.0%	6.2%	7.6%
	占总计的百分比	0.6%	2.7%	2.9%	1.2%	0.3%	7.6%

续表

| | | 文化程度 | | | | | 总计 |
		文盲或未上学	小学	初中	高中或中专	大学及以上	
其他	计数（人）	2710	253	438	248	194	3843
	农民类型内的 %	70.5%	6.6%	11.4%	6.5%	5.0%	100.0%
	文化程度内的 %	96.5%	39.6%	52.8%	64.2%	85.5%	78.6%
	占总计的百分比	55.4%	5.2%	9.0%	5.1%	4.0%	78.6%
总计	计数（人）	2808	639	830	386	227	4890
	农民类型内的 %	57.4%	13.1%	17.0%	7.9%	4.6%	100.0%
	文化程度内的 %	100.0%	100.0%	100.0%	100.0%	100.0%	100.0%
	占总计的百分比	57.4%	13.1%	17.0%	7.9%	4.6%	100.0%

数据来源：国家社会科学基金（14BZZ060）课题组 2014—2015 年调查数据

如表 2.2 所示，纯农民在农村人口中的占比仅为 7.4%，高于一类兼业农民的 6.4%，略低于二类兼业农民的 7.6%，不考虑非农劳动者和非劳动者，三种类型的农民在农业劳动者中的比例大体相当。但从详细汇报家庭收入的来源的 712 个农户来看，农业收入达到或超过非农收入的家庭仅为 137 户，仅占 19.2%（数据来源同表 2.2，表中未列出）。从文化程度来看，纯农民以初中文化程度为主体，占 44.7%，一类兼业农民以小学文化程度为主体，占 48.9%，二类兼业农民仍以初中文化程度为主体，占 37.9%。总体来说，农民的受教育程度仍不高，以小学和初中为主，无论纯农民还是一类兼业农民与二类兼业农民，高中及以上文化程度者均远远低于初中及以下文化程度者。此外，农业内部也存在产业结构和劳动分工问题，农业内部的劳动分工虽暂无统计数据或调查数据，但从近年来大量村组种植结构调整的个案来看，瓜果蔬菜等经济作物种植所吸纳的劳动力越来越多。概而言之，中国农业劳动力存在老龄化、兼业化和受教育水平低等结构性特征。而农村劳动力资源年龄和受教育程度的地域分布来看则早在 2006 年就呈现了明显的地区差异性（详见表 2.3 和 2.4）。

表 2.3　　　　　各地区农村按年龄分的常住劳动力资源数量　　　　　单位：人

地　区	合计	20 岁以下	21—30 岁	31—40 岁	41—50 岁	51—60 岁	50 岁以上比例
全国合计	531001416	69469059	91842640	126791835	110205480	90814621	17.10%

续表

地　　区	合计	20 岁以下	21—30 岁	31—40 岁	41—50 岁	51—60 岁	50 岁以上比例
北　京	3904821	457134	965714	1012195	876495	503245	12.89%
天　津	2831977	361113	524191	690705	669383	467581	16.51%
河　北	36790893	5497566	7373801	7746535	7837448	6178668	16.79%
山　西	14219823	1962899	2602390	3487926	3172522	2219175	15.61%
内　蒙　古	8929129	1051890	1758216	2106994	1996261	1403564	15.72%
辽　宁	15298918	1564477	2554631	3596118	3740580	2877860	18.81%
吉　林	9386678	1141157	1732764	2341350	2184625	1564953	16.67%
黑　龙　江	10792934	1233009	2227132	2789359	2413399	1734697	16.07%
上　海	3842311	348033	1086293	1012083	748564	524398	13.65%
江　苏	30604052	3753272	4395700	7096497	6789140	6030108	19.70%
浙　江	22517574	2170838	4147515	5891856	5099035	3735562	16.59%
安　徽	24484792	3375128	3574236	5999726	4528874	4552292	18.59%
福　建	14031781	2015121	2731709	3576402	2961721	2052704	14.63%
江　西	15394908	1897856	2376609	3739897	3379122	2714517	17.63%
山　东	48619961	6128020	8067650	11134265	10682887	8814941	18.13%
河　南	46046823	7337154	8165763	10983853	9144378	7520701	16.33%
湖　北	20024257	2460425	2313825	4418518	4808480	3938959	19.67%
湖　南	25648303	3061369	3408045	5875835	5494818	5008206	19.53%
广　东	32315558	4967381	7296167	7649326	6251291	4226340	13.08%
广　西	20395099	2725691	3839741	4634229	3945111	3143141	15.41%
海　南	2822935	439162	669187	599491	495811	347313	12.30%
重　庆	10904124	945726	1040160	2576605	2030560	2550647	23.39%
四　川	31965821	3172875	3624018	7786449	5974084	7129050	22.30%
贵　州	16197898	2089318	2835910	4156836	2832479	2634641	16.27%
云　南	21568269	2708849	4664117	5802529	4078930	2892697	13.41%
西　藏	1389327	249513	393046	320531	238168	141031	10.15%
陕　西	16589675	2529849	2633290	3736671	3672791	2734443	16.48%
甘　肃	12341242	1903172	2003320	3322794	2352136	1848095	14.97%
青　海	2032265	297053	483435	575501	350166	252693	12.43%
宁　夏	2249981	358095	509234	570102	402703	299498	13.31%
新　疆	6859287	1265914	1844831	1560657	1053518	772901	11.27%

　　数据来源：国家统计局网站第二次农业普查数据。

表 2.4　　　　各地区农村按受教育程度分的常住劳动力资源数量　　　　单位：人

地　区	合计	未上学	小学	初中	高中	大专及以上	小学及以下占比	高中及以上占比
全国合计	531001416	35928767	173414896	263026875	52151248	6479630	39.42%	11.04%
北　京	3904821	81866	475158	2265600	859625	222572	14.27%	27.71%
天　津	2831977	73519	705944	1692716	319103	40695	27.52%	12.70%
河　北	36790893	1116202	9097057	22586094	3682715	308825	27.76%	10.85%
山　西	14219823	339114	3316931	8764886	1639737	159155	25.71%	12.65%
内蒙古	8929129	661904	2942455	4319649	876328	128793	40.37%	11.26%
辽　宁	15298918	331939	4558999	9182778	1025289	199913	31.97%	8.01%
吉　林	9386678	260501	3448451	4961593	615932	100201	39.51%	7.63%
黑龙江	10792934	310225	3787388	5965262	624783	105276	37.97%	6.76%
上　海	3842311	111198	792122	2334744	472533	131714	23.51%	15.73%
江　苏	30604052	1596552	8991304	15369870	4096077	550249	34.60%	15.18%
浙　江	22517574	1408986	8232525	10093927	2468394	313742	42.82%	12.36%
安　徽	24484792	3219641	7996686	10988556	2006727	273182	45.81%	9.31%
福　建	14031781	766969	5134948	6302766	1588481	238617	42.06%	13.02%
江　西	15394908	914928	6321402	6577395	1423958	157225	47.00%	10.27%
山　东	48619961	3074561	13247958	26694863	5096084	506495	33.57%	11.52%
河　南	46046823	2399372	10364858	27829525	4943244	509824	27.72%	11.84%
湖　北	20024257	1693980	6624454	9275154	2234656	196013	41.54%	12.14%
湖　南	25648303	1197410	8865431	12468138	2872626	244698	39.23%	12.15%
广　东	32315558	706000	8680549	17915170	4475906	537933	29.05%	15.52%
广　西	20395099	781405	7239657	10539736	1701234	133067	39.33%	8.99%
海　南	2822935	161241	748688	1618391	275094	19521	32.23%	10.44%
重　庆	10904124	804963	5269488	4093253	678455	57965	55.71%	6.75%
四　川	31965821	3449590	14670651	11563010	2070630	211940	56.69%	7.14%
贵　州	16197898	2192244	7426950	5580475	804790	193439	59.39%	6.16%
云　南	21568269	2852349	10980767	6293743	1167791	273619	64.14%	6.68%
西　藏	1389327	643754	602902	99551	31332	11788	89.73%	3.10%
陕　西	16589675	1162056	4436026	8641249	2079695	270649	33.74%	14.17%
甘　肃	12341242	2299554	4311180	4361579	1214845	154084	53.57%	11.09%
青　海	2032265	616485	747519	515845	125378	27038	67.12%	7.50%
宁　夏	2249981	359940	776331	899492	190862	23356	50.50%	9.52%
新　疆	6859287	340319	2620117	3231865	488944	178042	43.16%	9.72%

数据来源：国家统计局网站第二次农业普查数据。

如表 2.3 所示，西藏、新疆、海南、青海和北京五省市 50 岁以上农村劳动力资源占比均在13%以下，重庆、四川、江苏、湖北和湖南等五省市50岁以上农村劳动力资源占比均在19%以上，而四川和重庆更是高达22.30%和23.39%。农村劳动力资源的文化程度的差异则更为显著，小学及以下文化程度占比在30%以下的有北京、上海、山西、天津、河南、河北和广东等七省市，在50%以上的有西藏、青海、云南、贵州、四川、重庆、甘肃和宁夏等八省市。高中及以上文化程度占比在8%以下的有西藏、贵州、云南、重庆、黑龙江、四川、青海、吉林、辽宁等八省市，在13%的有北京、上海、广东、江苏、陕西和福建等六省市。

第二节　农业接班人的类型与特征

人是生产力中最活跃的因素，农业的可持续发展和农业现代化建设必然依靠一代又一代的农业劳动者的努力。然而，由于农业比较效益低以及其他一系列的经济社会文化因素的影响，年轻一代弃农厌农的思想严重，已有大量社会调查和媒体报道显示在一些村庄35岁以下的年轻务农人员几近于无。"谁来种地"的农业接班人问题不得不提上议事日程。农业接班人就是现代农业建设的生力军，包括为农业产业发展贡献力量的年轻一代的新型职业农民、农业社会化服务者、农业经营管理者等。

一　新型职业农民

职业农民（farmer）与传统农民（peasantry）相对应，传统农民是在小农经济背景下依托土地求生存的群体，具有明显的社会身份标识意义，而职业农民是农业社会化大生产背景下向农业要收益、要利润的农业从业人员。在农业现代化和劳动力市场充分发展的背景下，农民不再是一种世代相传的具有固定的社会地位低下标识作用的社会身份，而是人们在市场经济条件下自主的职业选择的职业身份，社会地位主要由其职业成就彰显。早在2003年，国内媒体就开始关注中国职业农民的成长，此时，一些媒体和学者发现了中国农民在市场经济条件下的根本变化，不仅农业摆脱了生存农业，而且农民在社会化分工中有了更多的选择权利。2006年中央一号文件《关于推进社会主义新农村建设的若干意见》提出培养和造就有文化、懂技术、会经营的新型农民，从而在改革开放近30年后再次在战略上考虑农民的培养问题。2006年媒体首先使用新型职业农业这一概念，着重强调职业农民"有文化、懂技术、善经营、会管理"等特征。此后，各地逐渐开始了以培养新型职业农民为目标的针对农民的专项培训。2012年中央一号文件《关于加快推进农业科技创新持续增加农产品供给保障能力的若干意见》强调"大力培育新型职业农民"，提出对未升学的农村高初中毕业生免费提供农业技能培训，对符合条件的农村青年务农创业和农民工返乡创业项目给予补助和贷款支持。同年，农业部制定了《新型职业农民培育试点工作方案》，进一步鼓励各地方政府从环境、制度和政策层面引导和扶持新型职业农民，探索新型职业农民的教育培训模式、管理认定办法和政策支持体系等。虽然在实践中，各地对新型职业农民的认定管理有差异，但总体来说，新型职业农民具有如下一些典型特征：首先，新型职业农民是现代农民，具有一定的文化素质和生产技能与管理能力，从事的是以市场为导向的现代农业，追求农业经济效益；其次，新型职业农民不仅有从事现代农业的能力而且有从事现代农业的意愿，不仅把农业作为主业，农业是其主要收入来源，而且把从事农业生产经营作为自己的事业，追求相应的职业成就；再次，新型职业农民不仅有从事现代农业的能力和意愿，而且具备持续经营现代农业的相应物质条件，包括具备一定的生产经营规模，进行了一定的特色农业投入，能够持续稳定地获得一定的农业经营收入。最后，新型职业农民不仅具有较高的社会责任感和现代观念，而且能够通过职业成就获得社会认可和承认，受到社会的尊重，能够拥有较高的社会地位。农业的可持续发展最终依赖于人们对农业的自觉自愿的人力物力财力投入，只有培养和造就一大批新型职业农民，才能从根本上解决"无人种地"的农业发展困境，新型职业农民是农业接班人的核心主体。

二 农业社会化服务者

农业生产经营不仅要遵从动植物生长发育的自然法则而且要符合市场经济运行的社会规律，生产经营环节众多，投入产出的投资回报和劳动回报的周期相对较长，面临着自然风险和市场风险的双重风险。随着农业产业的发展和市场经济不断成长发育，农业生产经营领域的社会化大分工也越来越细密，农业社会化服务者应运而生，他们是就农业生产经营的某一环节或生产经营全过程的某一特定事项提供特定的服务并获得相应报酬的人员。农业社会化服务既可以是在产前、产中和产后的特定环节的特定服务，如育种、配肥、收储等，也可以是贯穿产前、产中和产后的产业链始终的某项专项服务，如法律咨询、会计及金融服务等。农业社会化服务者伴随着农业现代化和市场化产生，也必将随农业现代化的发展而不断壮大。农业社会化服务者可以是农民、农业技术人员，还可以是律师、会计师等专业技术人员，既可以是自然人也可以是法人。广义来说，农业社会化服务者就是参与农业社会化服务的所有人员。农业社会化服务者不仅向企业化运作的农业经营者、农业大户及组织起来的农户提供相应服务，而且可以直接为普通的分散的农户提供相应的服务。农业社会化服务主体的壮大、服务内容的丰富、服务领域的拓展、服务项目的增加也必将推动农业现代化的发展。

党和国家十分重视农业社会化服务的发展，2005 年以来的中央一号文件大多对农业社会化服务进行专门论述。2005 年中央一号文件《关于进一步加强农村工作提高农业综合生产能力若干政策的意见》把"农业社会化服务与管理体系等七大体系建设"作为"加强农村基础设施建设，改善农业发展环境"的核心内容之一。2006 年中央一号文件《关于推进社会主义新农村建设的若干意见》把"完善农技推广的社会化服务机制"作为"推进现代农业建设，强化社会主义新农村建设的产业支撑"的具体内容，并把"培育农村新型社会化服务组织"作为"加强农村民主政治建设，完善建设社会主义新农村的乡村治理机制"的重要内容。2008年中央一号文件《关于切实加强农业基础建设进一步促进农业发展农民增收的若干意见》把"着力强化农业科技和服务体系基本支撑"作为八大基本任务之一，提出了"加快推进农业科技研发和推广应用"、"建立健全动植物疫病防控体系"、"积极发展农民专业合作社和农村服务组织"等意见。2010 年中央一号文件《加大统筹城乡发展力度，进一步夯实农业农村发展基础的若干意见》把"建立健全农业社会化服务的基层体系"作为协调推进工业化、城镇化和农业现代化，努力形成城乡经济社会发展一体化新格局的重要举措之一，提出要积极发展农业农村各种社会化服务组织，为农民提供便捷高效、质优价廉的各种专业服务。2012 年中央一号文件《关于加快推进农业科技创新持续增强农产品供给保障能力的若干意见》把"提升农业技术推广能力，大力发展农业社会化服务"作为第三大主题内容加以论述，提出了"强化基层公益性农技推广服务"、"引导科研教育机构积极开展农技服务"、"培育和支持新型农业社会化服务组织"等指导意见。2013 年中央一号文件《关于加快发展现代农业，进一步增强农村发展活力的若干意见》把"构建农业社会化服务新机制，大力培育发展多元服务主体"排在七大基本任务的第四位，并针对"强化农业公益性服务体系"、"培育农业经营性服务组织"、"创新服务方式和手段"等工作提出指导意见和要求。2014 年中央一号文件《关于全面深化农村改革加快推进农业现代化的若干意见》把"积极发展农机作业、维修、租赁等社会化服务，支持发展农机合作社等服务组织"作为强化农业支持保护制度的内容之一，并把"健全农业社会化服务体系"作为"构建新型农业经营体系"的核心内容之一。2015 年中央一号文件《关于加大改革创新力度加快农业现代化建设的若干意见》要求在农业社会化服务方面体现惠农政策力度，并在第 11 节中进行了集中论述，在第 21 节中把发展农业社会化服务作为"加快构建新型农业经营体系"的内容之一。2016 年中央一号文件《关于落实发展新理念，加快农业现代化实现全面小康目标的若干意见》强调"实施农业社会化服务支撑工程，扩大政府购买农业公益性服务机制创新试点"从而进一步夯实现代农业基础。

　　2017 年中央一号文件《关于深入推进农业供给侧结构性改革加快培育农业农村发展新动能的若干意见》把"推广农业生产全程社会化服务试点经验"作为"积极发展适度规模经营"的有力举措。农业社会化服务主体既可以是个体化的农机和农技服务人员，也可以是组织化的农机队等甚至是公司化的农业服务公司。农业社会化服务的对象可以是分散的农户也可以是合作社、农业企业甚至基层政府。农业社会化服务的内容贯穿农业产前、产中和产后的各个环节，包括测土配肥、育种选苗等农业技术服务，病虫防治、机耕机播机收、烘干储藏等专业化劳动服务及除草、抗旱、果蔬采摘、包装上架等一般性劳动服务，代耕代收、日常田间管理等个性化托管服务，市场与政策咨询等信息服务。农业社会化服务的领域延伸到农业全产业链，包括第一产业的测土配方、病虫防治等农业生产服务，第二产业的农产品加工服务、第三产业的保鲜、仓储等物流服务。农业社会化服务形式也日趋多样，可以是一对一的针对具体事务、满足服务对象特定要求的订单式服务也可以是科教单位、农业技术人员与农业合作社或农户合作并受益共享的合作式服务；可以是单项服务也可以是多项服务打包的综合性服务；可以是某个或某些环节的服务也可以是托管式的全过程服务；还可以是直接由政府支持和主导的技术培训形式提供的技术传播服务也可以是由政府购买、科教单位或其他主体提供的公益性的农业技术推广服务。

三　农业经营管理者

在传统农业和小规模家庭农场中农民既是农业劳动者也是农业资本投入者和经营管理者。随着现代农业发展，农业生产经营形态日益多样化，除农户外，农业企业、农业合作社等新型农业经营主体不断涌现，农业专业分工不断成长，涉农职业分化，一些具有一定的文化水平和管理经验，熟悉市场的涉农工作者开始专职从事农业经营管理工作。专职的农业经营者不同于小农经济中农户户主，首先，农户户主虽然也是农业经营管理者，但在小规模农业生产经营中，户主参与农业生产经营全过程，农业经营管理尚未实现职业化和专业化，而专职的农业经营管理者则有职业经理的特性，以调度人力物力财力和指挥农业生产经营活动为主要职责，并不具体参与农业生产经营的每个环节。其次，小农经济中的农户户主能够调度的人力物力财力往往局限于家庭或家族范围内，资源优化配置的要求相对较低，更多地依靠农业经验的积累，对现代经营管理知识的要求不高，而专职的农业经营管理者一般在企业化运作的农场中发挥相应的职能，农业生产经营规模一般较大，通常要运用劳动力市场甚至资本市场来配置资源，所调度的人力物力财力大大超出了家庭或家族的范围。再次，小农经济中农户户主的经营管理目标往往不是农业经营利润最大化，而是降低劳动辛苦程度、确保基本物质生活等多元目标下的家计效用最大化，专职的农业经营管理者其经营管理的目标就是农业利润最大化，并以此接受市场的考验。最后，小农经济中农户户主作为农业经营管理者是家庭内部的分工不是市场的选择，既没有作为经营管理者的职业认同和职业成就感，也没有优胜劣汰的市场惩戒机制，专职的农业经营管理者面临市场的考验，既能获得职业成就感也要接受市场优胜劣汰的洗礼。

专职的农业经营管理者既可以是纯粹的管理人员也可以是现代农业企业的企业主，随着家庭农场的扩大，现代农业发展，农户户主也可以成长为专职的农业经营管理者，但专职的农业经营管理者诞生于现代农业组织之中，主要依托农业合作社、农业企业等新型农业经营主体发挥职能。党和国家近年来日益重视职业化的农业经营管理者的成长。2013年中央一号文件《关于加快发展现代农业进一步增强农村发展活力的若干意见》

认为农业生产经营组织创新是推进现代农业建设的核心和基础，强调大力支持发展多种形式的新型农民合作组织，广泛开展合作社带头人、经营管理人员和辅导员培训，而农民合作社的带头人、经营管理人员具有典型的专职农业经营管理者特性。2014 年中央一号文件《关于全面深化农村改革加快推进农业现代化的若干意见》再次强调"扶持发展新型农业经营主体"，明确提出"加大对新型职业农民和新型农业经营主体领办人的教育培训力度"。2017 年中央一号文件《关于深入推进农业供给侧结构性改革加快培育农业农村发展新动能的若干意见》中把开发农村人力资源作为重要内容之一，提出"优化农业从业者结构，深入推进现代青年农场主、林场主培养计划和新型农业经营主体带头人轮训计划，探索培育农业职业经理人，培养适应现代农业发展需要的新农民"，明确提出了要培育农业职业经理人。

第三节　农业接班人的培育

农业是自然风险与市场风险双重叠加的弱质产业，随着工业化和城镇化的发展，农村人才流失问题日益突出，"有田没人种"的现象在一些地区出现并逐渐蔓延，现代农业的发展必须拷问"依靠谁"的问题。农业接班人的培育就是要解决农业发展后继无人的问题，为现代农业的发展主动开创农业人才成长的条件，引进、发现和培养现代新型职业农民、农业社会化服务者和农业经营管理者等现代农业发展生力军。

一　农业接班人成长的环境条件

农业接班人的成长首先要解决"有人愿接班"的问题。在农村"推力"和城市"拉力"的共同作用下，大量农村青壮年纷纷进城，农村剩下"386199"部队（妇女、儿童、老人），农村空心化、农业边缘化。农业接班人的培育首先需改变"厌农、弃农"的社会经济环境，开创"尊农、爱农"的社会条件。中国具有典型的城乡二元经济社会特征，首先，按刘易斯等经典二元经济理论中现代部门和传统部门划分标准，中国城市市场机制运用程度高，可归属于利润最大化主导经济活动的现代部门，而中国农村市场机制运用得还不充分，可归属于生存原则主导经济活动的传统部门，传统部门通过剩余劳动力的减少提高平均劳动产品，而现代部门通过吸纳劳动力实现经济扩张，虽然城乡劳动生产率都在提高，但农村经济总量的扩张速度远远低于城市。其次，不同于刘易斯二元经济论等经典的二元经济理论所揭示的二元性，中国城乡二元性不仅体现在经济活动的主导原则不同，而且体现在公共政策上的城乡差别待遇。大量基本公共服务尚未实现城乡均等化，在教育、医疗、环境卫生、道路交通等基础设施的提供等各个方面，城市均优先于农村，虽然近年来公共产品供给的重点逐渐转向农村，但城乡之间的既有差距仍然很大。再次，城乡之间在资源禀赋、产业属性等方面的差异也是导致城乡发展水平差距的重要原因，然而，这些差异不仅短期内无法消除，而且有可能进一步强化。农村最重要的资源是农地，农业往往是主导产业，而城市本身是要素聚集的产物，劳动力和资本丰富，第二第三产业是主导产业，在城乡融合与城乡一体化尚未实现之前，城乡之间既有的差异无法消除，因发展路径的依赖，甚至可能会进一步强化这种差异。最后，传统部门与现代部门并存的二元经济并不能随劳动力转移而自动消失，刘易斯拐点之后，二元经济呈现农村空心化的新特点。① 在传统农业部门，农业具有干中学的典型特征，农业部门本身难以从农村之外获得劳动力的补充，劳动力离开农村具有某种不可逆性，农业部门的效率提高，劳动力需求增加的同时却伴随着农村人口外流，农村空心化，城市吸纳农村劳动力不仅不会消除经济的二元性而且加剧了经济的二元性（见图2.3）。

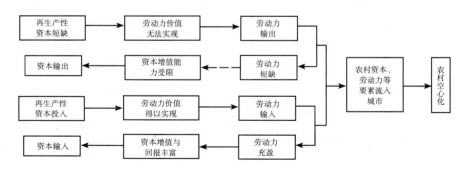

图2.3　农村空心化形成机理

在刘易斯拐点到来之后，农村青壮年劳动力大量进城导致了农村劳动

① 刘远风：《刘易斯拐点后的中国农村空心化治理》，《经济经纬》2014年第1期。

力特别是优质劳动力的相对短缺，原本在农村的部分现代农业积累的资本及农村非农产业中再生产性资本由于无法吸收到合适的劳动力，难以实现要素有效匹配，而不得不转移资产，进入城市谋求资本增值，农村资本的输出又一进步加剧了农村再生产性资本的短缺，由此形成了一个恶性循环；与此相对，城市现代经济大量使用再生产性资本，因而能够寻找到更多的劳动力价值的实现形式，吸引了大量的农村劳动力进城谋求发展，农村向城市补充劳动力，城市劳动力充盈甚至有些许过剩又进一步扩大了资本投资增值的机会，资本的增值机会和投资回报进而又吸引了农村资本进入，资本进城又有利于城市的扩大再生产，由此形成了一个良性循环，农村资本与劳动力等要素输出的恶性循环与城市劳动力与资本等要素输入的良性循环构成了一个功能互补的二元经济体系，农村生产要素不断流出，人才流失，产业空洞，农村空心化日益加剧。

要改变厌农环境最重要的就是要打破二元经济格局，推动城乡一体化建设。首先，改变重城市轻农村的发展战略和政策取向，进一步消除城乡融合的体制障碍，通过体制改革盘活农村劳动力、资本和土地等基本生产要素，具体包括：改革和完善户籍制度，消除户籍歧视，构建覆盖城乡的社会保障制度，从而构建城乡统一的劳动力市场，使城乡居民在劳动就业时面临同样的市场机会和市场风险；改革金融体制，发展农村金融，通过农村资金的运动促进农村资源的流动和优化配置；完善农村土地制度，特别是农地交易制度，促进土地流转与合理利用。其次，在城乡融合中逐步缩小城乡差距，为城乡一体化培育基础性条件。由于城市的人口和生产要素的聚集效应，城市在经济发展中具有天然优势，只要经济发展优先的战略不变，城市就必然吸引更多的经济资源和政策关注，城乡差距就必然会进一步扩大，因此，要城乡融合与城乡一体化就应把政策重点从短期经济目标转到长期发展前景，优先考虑城乡之间的物质交流和信息沟通，加强城乡之间的交通连接和信息传播，从而压缩城乡之间的空间距离，逐步在城乡统筹范围内实现专业分工、要素匹配、知识分享等空间聚集效应。最后，要统筹考虑城市和农村的发展的机会与存在的问题，既要应对城市拥挤、交通和公共服务压力大的"城市病"，也要重视农村人才流失、农村空心化的"农村病"。在城市化背景下，城市经济的发展、租金的上升及区位优势的强化都受益于农村人口向城市转移，城市人口的膨胀的确会产生所谓的"城市病"，但若城市对农村具有绝对的宜居性优势，人口又怎么会向农村倒流，若没有令人厌恶的城市病，农村就只能是人才的净流失，无法吸引优秀人才。现阶段，许多城市通过户籍制度等准入门槛控制城市人口规模，防止城市病，一方面，暂住人口、流动人口的客观存在使"控制城市人口"只满足于统计上的美感，过于讳疾忌医，另一方面，即使采取更为严厉的"人口控制"措施控制住了城市人口总规模，那么也是以农村为代价的一种顾此失彼的措施，无论怎样，也不能以"农村病"（主要是人才流失）为代价来防止"城市病"。从动态和长期来看，城市病因为间接地提高了农村的相对宜居性从而客观上有利于治愈"农村病"，而农村病的消除因为消除了人口向城市单向度的聚集从而能彻底地消除城市病，在农村病没有治愈之前，盲目防止"城市病"，只会延续城市病到来的时间，阻碍城乡统筹发展。城乡统筹发展应特别注意城市与农村在宜居性、生活品质上的逐步接近，即使由于产业分工、经济发展条件等的差异导致城乡收入水平上的客观差异长期存在，也要考虑使农村能够满足各收入阶层的生活要求，只有让农村成为现代公民理想的生活地，才能使农村成为人们的理想追逐地，才能使农村发展具有人才保障。①

　　厌农、弃农现象除了二元经济的经济根源外，还有相应的社会文化意识原因。长期以来，农业虽然在国民经济中地位重要，然而，由于农业收入低、风险大、劳动强度高，农民的社会地位低，对于劳动者个人来说，是没有选择的选择或者说是最后的选择，"跳农门"成为一代又一代年轻农民的追求，因而，离开农业、抛弃农业在某种程度上成了有理想、有出息的象征，固守在农业上的年轻人心不甘情不愿，农村精英大量离开农村。培育农业接班人还应给农业正名，让人们在农业上能获得职业成就感和社会认同感，首先，多渠道提高农民的社会地位，包括经济地位和政治地位，推出更多的农业扶持政策，提供更多的农民参政议政机会，加大农村基础设施建设，改善农村生产生活条件；其次，着力塑造农村、农业和农民的正面形象，对农村，不能只展示穷、苦、难，还应充分展示农村的自然、和谐、美丽，对于农业，不能只强调风险，还应强调机会，对农民，不能只说愚昧和肮脏，还应看到淳朴和勤劳，通过典型示范等方式，利用各方面媒体资源，展示新农村、新农业和新农民形象，让广大有志青

---

　　①　刘远风：《城乡差距的内生机制：基于公共物品资本化的视角》，《石河子大学学报》（哲学社会科学版）2013 年第 4 期。

年看到农村有前景、农业有机会、农民有作为。最后，通过大学生村官、资本下乡等多种途径，引导知识精英、经济精英甚至政治精英下乡，为农村和农业注入新的活力。

二　农业接班人的市场培育机制

在市场经济条件下，新型职业农民、农业社会化服务者、农业经营管理者等农业现代化建设主体要获得成长，就必须经受市场的考验，抓住市场机会，获得相应的经济成就。农业接班人的市场发现机制就是充分利用劳动力与人才市场、金融市场、农产品市场和农资市场等去发现农业劳动者、农业经营管理者、农业服务者的生存状态、现实需求和工作形态，有针对性地开创市场条件，促进农业接班人在市场中成长。首先，现代农业广泛运用现代科学技术、现代工业产品的生产资料和现代管理方法，在国家政策层面和全社会树立大农业观念，农业不仅包括农林牧渔等多种产业形态，而且超出了第一产业范畴，包括产前的农资生产供给和产后的农产品加工销售，还包括混业经营的观光农业等，因此，农业接班人的培育不能仅盯着农村和农林牧渔的小农业，而是应从全产业链和国家产业布局的视角去运用和开发涉农人力资源，在促进各产业协调发展的过程中促进农业发展，不仅在农民增产增收中激发农民的生产积极性，而且通过市场引导激发投资者、管理者、技术与产品开发者等积极涉农，服务农业。

其次，市场经济的优势在于充分利用价格等信息，让分散的决策主体灵活地做出决策，从而捕捉瞬息万变的经济机会，参与农业、服务农业都是市场主体的自主决策行为，农业经营者、劳动者和服务者既不是事先既定的也不是固定不变的，农业接班人的培育因而无法事先划定人员范围和培训内容，相反，培育农业接班人关键在于激发各类人员积极涉农，尽力满足涉农人员在提升业务能力、经营水平等方面的要求，因此，培育农业接班人不仅要开放各级各类涉农市场，让各市场主体在经济实践中锻炼生产经营管理能力，在市场经济活动中接受市场检验和提升市场地位，而且要优化市场环境、提供市场信息，让涉农经济主体及时地把握涉农经济机会，概而言之，培育农业接班人要充分利用市场，让涉农经济主体随市场成长而成长，随涉农经济机会的增长而扩大，随涉农经济的壮大而壮大。再次，市场经济中，人们大量的分工和协调通过市场机制自动实现，农业发展不仅依靠农业本身，而且依靠相关产业的协作，农业接班人分布在各产业有效融合的各个环节，农业接班人也在产业融合中成长；为提高农业抗风险能力和降低交易成本，融合一二三产的全产业链农业不断发展，全产业链的生产劳动者和经营管理者已不同于传统的仅局限于农业内部的生产者和管理者，农业接班人的培育不应受身份限制，凡是有利于农业发展的人才都是广义的农业接班人，市场认可的农业人才就是农业接班人。复次，中国农业发展水平不平衡，农业经济形态多样化。既存在规模化经营、机械化生产的社会化生产的现代化农业，也存在小规模经营、农业机械等现代农业生产要素投入较少的小农经济；既存在农业企业、农业合作社、家庭农场等专业化程度高的经营主体，也存在亦工亦农、半工半农等兼业化程度高的农户，我们应尊重各类经营主体经济行为，容许多种形式的农业经济并存，在鼓励农业专业化的同时承认兼业，在鼓励规模化经营、促进土地流转的同时保护好小农。最后，中国农村集体经济空洞化现象普遍，集体所有制和集体经济的优势不能充分发挥，农村经济精英的个人才华和市场成就往往只能由个人和家庭享用。通过重构和塑造农村集体经济组织、激活农村集体经济，发展合作经济，让农村经济精英在集体经济中大显身手，让更多的农民分享其带来的市场机会和市场业绩，产生更大的示范作用。

三　农业接班人的政府扶持机制

农业是具有市场风险和自然风险双重风险的脆弱产业，农业持续发展离不开政府的扶持。农业不仅是一种特殊的产业，发挥经济功能，而且与环境保护、社会稳定等密切相关，发挥着相应的社会功能，农业经营者在发挥农业社会功能上的贡献无法完全依靠市场机制在经济上实现，因而，为了使农业经营者的贡献能够得以经济实现，政府必须发挥相应的作用。农业发展要解决后继无人的问题，政府必须给予相应扶持，除了直接的提高农业劳动者的劳动技能，进行教育培训外，还包括政策扶持、项目扶持和技术扶持等。对农业接班人的政策扶持最终体现为对农业的政策支持，其政策扶持范围十分广泛。既有为降低农业生产经营成本，提高农业收益，对农业产前、产中和产后各项支出的直接或间接的补贴，包括农资综合补贴、农机购置补贴、种粮补贴等，也有对一般性农业生产服务的支持，包括病虫害控制、农业科技人员和生产操作培训、农业基础设施建设等。通过对农业的各项政策扶持，改善农业发展条件，一方面有利于吸引和留住农村人才，吸纳有文化懂技术的年轻人从事农业生产经营或为农业生产经营服务，另一方面，也有利于农业经营者获得更多的市场机会和经济成就，让农业精英脱颖而出，产生示范效应。中国当前农业扶持政策十分丰富，但扶持效果尚不理想，其主要问题是扶持面广，但扶持力度有限，受益面广，但受益程度有限，今后扶持政策的方向是在不减少存量的基础上使增量扶持政策更具针对性，缩小扶持范围，精准确立扶持对象，增加扶持力度，从而更加凸显扶持效果。

项目扶持是指对农业项目特别是农业生产经营项目在项目申报、项目资金、项目管理、项目验收审核等方面给予相应的支持。以农业基础设施建设为主的农业综合开发项目可以由点到面的弥补农村公共物品提供的不足，提供更多符合农民生产生活需要的具有一定的区域特性的公共产品，从而为农业生产经营和农业服务开创有利条件，激励农业接班人成长。而大量的农业生产经营项目往往由农村精英主导申请和运作，通过政府对农业生产经营项目的扶持，一方面可让相应的农业生产经营者在项目运作过程中积累更多的生产经营与管理经验，增强其农业生产经营能力，另一方面，在政府帮助下让农业项目获得更多的市场机会和经济成就，产生示范效应，让年轻一代看到农业发展前景，从而吸引更多年轻人投身到农业事业中来。农业生产经营项目具有规模小、风险大、经营组织不稳定等特点，大量成长性好的项目也无法依靠市场融资，因此，政府可以在项目实施起步阶段给予相应的扶持，在项目发展到一定程度后再引入社会资本，既解决农业项目起步难的问题，又让项目运行接受市场的考验。当前，项目制已成为一种重要的治理手段，进村项目日益增多，项目资金管理和项目验收对项目主管部门产生了巨大压力，我们应进一步改善项目管理办法，既在项目中体现政府意志又能充分发挥农业生产经营者的项目实施主体作用，处理好政府扶持与自主成长之间的关系。现代农业需要运用现代生产要素和现代科学技术，然而，当前农业生产经营者普遍文化程度不高，对现代农业技术比较陌生，政府特别是基层政府应依托农业科技服务组织甚或联合科研院所，对农民进行技术培训、对农业生产进行技术指导，实现对农业和农民的技术扶持。

政府对农业接班人的培养和扶持往往是多种方式并存，同时包含政策扶持、项目扶持和技术扶持。首先，政策扶持针对的是特定的农村和农业经济活动、特定的群体，但政策受益者却是不特定的个体，政策扶持可以说是"面上"的扶持，但实际效果则取决于"点上"的具体受益者的经济活动，农业接班人的成长也最终体现在农业经营者、管理者和服务者等个体的成长上，农业接班人的生产经营和管理能力在其经济实践中不断增强，项目扶持和技术扶持的对象更加具体，"面上"的扶持与"点上"的扶持相结合往往效果更好。其次，农业项目的申报审批、技术服务和技术培训对象的选择等都是在相关政策的指导或指引下进行，特定项目扶持和技术扶持的受益者也是相应政策扶持的受益者，不少政策扶持体现在具体的项目扶持和技术扶持之中。再次，各地在实践中往往采取"以点带面"的方式开展工作，开创农村和农业发展新局面。例如，各地基层政府广泛开展的"三培养"工作，即把致富能手培养成党员、把党员培养成致富能手、把党员致富能手培养成村干部。在"三培养"过程中从发现和确定培养对象到给予项目支持再到组织支持就是培养一个带动一方的过程，让致富能手成为农村和农业领头雁，带领和激发村民投身农业发展、提高农业生产经营水平，充分发挥了政府扶持的撬动农村兴业创业的作用。最后，农业是国民经济的基础，农业的发展是一个恒久的命题，农业接班人的培育也是一个持久的过程，不能毕其功于一役，政府对农业接班人的培养和扶持应因时因地采取不同的方式。在技术运用、项目运营等经济实践中发现广大农民的政策诉求，随即给予相应的政策支持，在政策执行中帮助农业生产经营者克服技术困难和推动项目进展。

四　农村致富能手成长中的政府作用

据已有的新闻报道和一系列公开资料显示，农村致富能手的成长几乎都有政府的推动或帮助。有些是主动利用政府提供的信息、教育资源、基础设施及优惠政策等而逐渐在市场经济中脱颖而出，有些是在获得一定的市场成就后，地方政府主动采取措施进行扶持，进一步推动其开拓事业。被誉为"红桎木之王"的长沙县跳马乡双溪村人李德桂，在双溪村成为长沙县远程教育点后，充分利用网络信息资源，自主学习农业技术和分析市场信息，从而逐渐走上花木致富道路。政府提供的远程教育基础设施和农业技术及市场信息服务是其走上致富道路的重要垫脚石。浙江省舟山市定海区白泉镇白泉村的傅赛芬则是在生产船用、农机配件的家庭工业取得一定的成绩后被相关干部发现并确定为"三培养"对象，此后，基层政府有专人与其联系，全面掌握相关情况，帮助解决有关问题，当地政府派镇妇联主席亲自为其传达政府有关优惠政策，鼓励其扩大生产，帮助其获得场地和资金。傅赛芬的成长体现了政府积极主动的介入。宁夏回族自治区中卫市沙坡头区东园镇新星村的致富能手麦意琳，他的农场被认定为宁夏回族自治区千亩水稻养蟹基地和千亩玉米种植示范基地。他多年来经常请教农业技术专家，积极试验科研单位推出的新成果，通过摸索和试验，终于解决了水稻种植过程中除草难，化肥、农药用量大，水费高，产量低品质差问题，一方面，他的成长有农业技术专家和科研单位的支持与帮助，另一方面，他的种养规模的形成与扩大及致富示范性的提升离不开政府的相关项目扶持。

在市场经济条件下，小规模农业经营难以取得一定的市场地位和市场成就，农村致富能手的成长和脱颖而出固然离不开其个人的勤奋、学识、智慧与决断，但若没有地方政府的支持和帮助，没有相应的项目依托，则难以形成一定的规模经营，就很难取得相应的市场成就。因此，依据可查阅的公开资料，农村致富能手的成长均有政府支持。

第四节　农业接班人培育的现状与问题

"谁来种地"的农业接班人问题已受到了党和国家的高度重视，2012 年中央一号文件《关于加快推进农业科技创新持续增强农产品供给保障能力的若干意见》针对农业接班人问题提出了"大力培育新型职业农民"，同年 8 月，农业部下发了《农业部办公厅关于印发新型职业农民培育试点工作方案的通知》（农科办［2012］56 号），提出在充分实践的基础上，探索形成本地新型职业农民教育培养模式、认定管理办法和扶持意见，并在全国开启了首批 100 个为期两年的新型职业农民培育试点区工作，此后，以新型职业农民为重点的农业接班人培育工作全面展开。

一　农业接班人培育的现状

（一）以政府为主导的多元新型职业农民培育体系逐渐形成

2012 年中央一号文件首次提出大力培育新型职业农民以来，全国已有 18 个省区市制定了省级新型职业农民认定管理办法、意见、细则，1096 个县（市）出台新型职业农民扶持政策，职业农民培育工作正向制度化、法制化轨道迈进。当前已基本形成党委政府主导、农业部门牵头、公益性培训机构为主体、市场力量和多方资源共同参与的教育培训体系。[①] 新型职业农民培育主体日益丰富，逐渐多元化，除政府继续发挥主导作用之外，农业院校及职业院校与公益性培训机构、农业合作社等市场主体等亦广泛参与。

政府主导的新型职业农业培育从表现形态上主要有政府工程型、远程教育型和创业扶持型。政府工程型主要指政府各相关职能部门制定各具特色的专业工程培训规划，并以此为手段推动对农民的培训教育进程，比如"绿色证书培训工程"、"农民创业培植工程"、"农民科技培训工程"、"农村劳动力转移培训阳光工程"等等；远程教育型培训主要指利用互联网、电视、广播等远程平台，运用视频、音频等多种技术手段，根据农民需求对农民进行有针对性、有选择性的远程教育，以更加灵活的方式学习各方面的知识，达到顺利解决其在生产过程中所遇到问题的目的。这种方式不仅有利于打破时间、空间以及地域间的限制，使边远地区的农民群众不出村出户即可与相关专家之间进行面对面、点对点的交流，并学习到最新、最实用的农业技能，而且远程式培训也可以让农民根据自己的需要和兴趣，随时随地通过网络进行课程学习，大大减少了农民的时间成本和其他机会成本，提升了农民参与积极性。创业扶持型主要指各级政府和相关部门通过创业扶持型培训方式确定需要扶持的对象，以培训带扶持，并组织他们积极参加创业指导有关的分类培训，提供一对一的帮扶指导，帮助农民改变现状，提高技能和生活收入。也可由政府部门牵头、银行等相关金融部门、机构参加，成立专门的信贷融资机构，由相关组织提供担保，也可由贷款户联保后直接贷款到户。

新型职业农民培训中的涉农院校与施教主体主要包括涉农院校、农广校、农业类职业技术学院等，农民在其中接受正规或非正规的学历教育。市场参与新型职业农民培育主要立足市场需求和产业发展实际，按照服务产业的发展需求，依托农业专业合作社，产业协会等组织，围绕农业生产

---

① 王浩：《全国新型职业农民突破一千五百万》，2018 年 5 月，央广网（http://www.cnr.cn/）。

发展中急需的关键技术对组织成员进行培训，具有目标导向性，一般与生产和销售特定的农产品相结合，相关市场主体与农民形成多种形式的合作，与农民分享人力资本投资的成果。当前，政府、涉农院校和市场主体组织开展新型职业农民教育培训过程中，取长补短，分工合作，发挥各自优势，逐渐形成了以政府授权主办的农民教育培训专门机构为职业培训的执行机构，以农业科研院所、涉农院校和政府农业推广服务机构等为教学内容、课程设置及师资配备提供支撑，以农业园区、农民专业合作社和农业产业化企业为重要的学员推送来源和实践实训基地，逐渐形成了包含普及性培训、职业技能培训和学历教育"三位一体"的培训体系及培训模式，基本能满足新型职业农民不同形式、不同层次、不同范围的，常规性与非常规性、制度化与非制度化并存的农民职业技能提升的教育培训需求。

（二）培育对象广泛、培育途径多样、培育内容丰富

在各级政府和社会各界的长期共同努力下，农业接班人的教育培训工作得以有效开展，一大批新型职业农民成长起来，逐渐成为现代农业建设中的主导力量。现阶段，按照从事农业产业的类别，享受国家政策扶持的培育对象既包括农业专业大户、家庭农场经营者、农民合作社以及农业产业化企业带头人等生产经营型农业从业者，也包括在专业大户、家庭农场、农民合作社、农业产业化企业等从事农业工作，具有一定专业技能的农业工人或农业雇员等，还包括从事农业产业、产中和产后服务的农业社会化服务人员，如在抢播抢收时提供商业化服务的农机服务人员、提供病虫害统防统治的植保员、农村信息员与农业经纪人等。按照职业农民的来源进行划分，以新型职业农民为核心的农业接班人培育对象可划分为农村务农人员、返乡人员、农业创业人员。[①] 截至 2017 年底，全国新型职业农民总体规模已经突破 1500 万人[②]，通过多种层次多种形式的培训和教育，近年来新型职业农民队伍不断壮大，新型职业农民是农村新产业、农业新业态的践行者，是现代农业建设的主导力量。农业现代化建设需继续

[①]　周一波、褚健：《培养新型职业农民的途径和政策保障》，《江苏农业科学》2012 年第 12 期。

[②]　孙庆玲：《2020 年新型职业农民要超 2000 万》，2018 年 5 月，央广网（http://www.cnr.cn/）。

大力培养和培训新型职业农民。

以新型职业农民为核心的农业接班人培育主要包括教育培训、认定管理和政策扶持三个培育环节，在培育过程中，主要分为三个阶段，首先是确定培育对象，在开展培训前，组织工作人员进村入户进行调研，了解农民和新型农业经营主体的需求情况，遴选农业接班人培育对象，针对农民需求分级培训，开设市级重点班、在县区开设特色班，在乡镇组织开展以实用生产技术为主的普通班，让农民真正学到技术，提升农业经营水平。[①] 其次是认定管理，认定需遵循政府主导、农民自愿、公开公平公正、属地动态管理、与政策挂钩的认定原则，对于生产经营型，主要以县级为主进行认定，认定管理按照划分标准可以分为三类，第一类是对于标准和条件成熟的，可以直接进行认定；第二类是针对与标准还存在一定差距的，可以先进行培训再根据认定要求进行认定，这是农业接班人培育的主要认定途径；第三类则是边培训边认定。对于专业技能型和社会服务型则主要开展农业职业技能鉴定。第三个环节是政策扶持环节，由中央和地方共同创设，引导包括土地流转、产业扶持、人才奖励激励、金融保险、社会保障等扶持政策向新型职业农民倾斜。在培育手段上，围绕当地产业特色，有针对性地开设课程，推动当地农业产业结构调整和特色产业规模化，打造特色农业。充分利用现代化、信息化开展远程、在线教育培训，开通新型职业农民网络课堂。在培育模式上，由培训向培育转变，由理论向理论与实践相结合转变，实行全过程培养，适应农民及其他农业生产经营者的生产生活特点，适应农业生产的周期性特点，在不同的农业生产环节展开不同的培训，在培训内容编排上重视实际操作训练，结合农民的田间作业等生产实践，积极采用启发式和参与式等教学方法，注重与农民进行有效互动。

以新型职业农民为核心的农业接班人培育从总体上可以划分为农业技术培训和非农技术培训，随着农业接班人培育的发展，农民接班人的培育内容逐渐多样化，从传统的种植养殖技术扩展到涵盖产前到产后的相关领域，从技术培训扩展到创业经营理念和市场营销知识上。在培育内容上，分类分级培训，对不同类型的农业接班人进行针对性培育，例如针对生产

---

① 张云、刘孝来：《宿迁"量体裁衣"培育新型职业农民》，2018 年 6 月，中国江苏网（http://www.jschina.com.cn/）

经营型农业接班人开展对全产业链技能培训，侧重生产管理和市场营销方法的教育培训，对专业技能和社会服务型农业接班人侧重于农机操作、病虫防治等具体服务技能的培训。总而言之，职业农民的培训内容不仅仅是学习技术，而且还逐渐向与生产相关的知识、农产品市场营销与实务、农产品电子商务、新型职业农民素质与礼仪、法律基础与农村法规等课程转变，此外，还有实践和外出考察等等，从技术培训以解决生产问题向发展现代农业转移。按农业接班人来源划分，针对农村务农人员进行综合培训、技术培训，提升农民自身素质；针对返乡人员、农业创业人员，进行创业培训、管理培训等等；农民培训内容与方式日益丰富，政府组织部门及相关培训机构不断适应按市场需求与农民要求而不断调整培训方式与内容。

二　农业接班人培育存在的问题

农业接班人培育已取得了很大的进展，但在政府政策扶持、社会服务水平、农民主体性等方面还存在些许问题，主要表现为以下几个方面。

（一）农业接班人培育政府支持体系不完善

虽然新型职业农民培育已经较为全面地展开，也取得一些成就，但农业接班人的培育仍处于摸索阶段，相关扶持政策还不十分明确，仅仅停留在优先扶持阶段，缺乏针对性，金融、土地、发改等不同部门的支持尚需进一步协调。

在以新型职业农民为核心的农业接班人培育过程中，许多学员对农业接班人培育的目标不明确，过程不清楚，在国家相关农业职业资格认证与准入等制度尚未成熟，"新型职业农民证书"尚未能与如绿色农业、有机农业等新型农业形态的职业准入有机结合，农业劳动力市场不完善，尚未建立多层次人才市场，因而相关证书或认证对农民的吸引力还不够强，或者说农民在获得证书后并未得到实质性实惠。导致在认定的过程中还有不少学员主动放弃认定。与此同时，由于农业行业与生俱来的诸多自然风险与市场风险，以及受择业观念等多方面因素的影响，在众多年轻人中出现了"不想务农、不爱务农、不会务农"的现象，从而使农业技能培训的后备力量严重缺乏。其次，仍有一些地方未制定农业接班人培育的总体性规划或指导意见，对这项工作的重视还不够，政策措施未落实；在已制定农业接班人培育规划或意见的地方，还存在被动的、应付式的思想，效率有待提高，培训监督机制缺乏。

"巧妇难为无米之炊"，充足的培育经费是培训系统得以保证的根本，国家的财政投入力度是职业农民培育的重要保障。虽然国家每年财政投入力度都在不断增大，但并不是每项培训都有经费支持，且培训时间也是影响职业农民培训过程的因素，一般的培训时间为3个月，一种技能的费用在800—1500元不等，如果是高级技能的培训则需要3000元以上，虽然培训费用最终由政府支付，但是需要培训机构先垫付，对于资金比较薄弱的培训机构来说，就会带来运营负担。因此，为了完成培训任务，培训机构不得不向参加培训的成员收取部分费用，这样又一定程度打击了农民参与培训的积极性。据国家统计局数据显示，2018年第一季度中城镇居民人均可支配收入为10781元，农村居民人均可支配收入为4226元，在农村居民人均可支配收入中，工资性收入占43.61%，经营净收入占34.29%，其他可支配性收入占22.1%，工资性收入仍是农民增收的主要来源。3000元的支出对于农民来说接近于一个季度的可支配性收入的3/4，另外还要负担三个月的生活费用，对于收入水平较低，把时间用在不能立竿见影的培训上，机会成本过高，青年农民往往放弃培训机会选择外出打工直接带来经济收益。

（二）专业化培育培训力量还不雄厚

当前，以新型职业农民为核心的农业接班人培育主要依托政府、市场和学院培养农业从业者。培训工作分别由农业部、教育部和人社部等多家齐抓、存在部门重复和责任不清的问题。农业大学作为服务"三农"建设的重要主体，是培育农业人才最直接的摇篮和园地，也是农业科技成果从理论转化为现实的孵化器，更是农业科技人才成长的基地，未来职业农民的培养农业大学担负着不可推卸的责任和使命。中国现有54所农业大学，大部分农业学校的设置学科也已从单一的农林学科发展成为多学科的综合性大学，积极的综合性学科建设，促进了学科建设结构的健全，开阔了学术视野，但是过多地强调学科多样化和综合性会加速学校远离行业，弱化传统学科的优势和特色。在全国农科院校的招生计划中农科人数仅占全部招生人数中的极少数，在整个高等教育体系中，不论从招生人数，在校人数还是毕业人数都是占比较小的。农业的教育在职业农民培育中起着决定性的作用，一套完备的农业教育体系是农业发展的坚强后备力量，目前农业院校主要以培养农业经营管理人员为主，而职业农民培育的教育体系还没有在各高校形成，对新型职业农民的培育来说是发展障碍但也说明还有农业教育资源尚未充分挖掘，亦是机会。除高等院校外，其他培育机构对于新型职业农民培育工作也是至关重要的，新型职业农民培育作为一项系统性、长期性的工作，必须要有健全的培育机制。农广校是新型职业农民培育最为重要的执行主体，开展了培训市场调研、学员遴选、资格认定管理及跟踪服务等大量基础性工作，直接承担或组织了大量教育培训任务，是职业农民培育的主力军。然而，当前农广校不仅没有独立的机构，而且从事相关教学管理工作的专职人员配备少，软件硬件等配套基础设施薄弱，尚不能适应新型职业农民培育工作不断深入发展的需要。

师资是决定教学质量和教学效果的保障，当前在农业接班人培训中师资方面也有不尽如人意的地方。首先，师资力量欠缺、共享机制有待探索。在培训和培育过程中，随着新品种、新技术的不断涌现，现有的师资力量和专家指导队伍已显不足，一定程度上不能满足农业新型主体对知识更新的需求，大量农产技术指导培训特别是经济作物的生产技术，难以依靠基层师资独立完成培训，而与科研院所合作，利用各类资源开展培训与指导，尚需建立规范、有效的合作机制。其次是部分培训教师或缺乏实践经验，或知识结构老化。由于一些从事培训的教师既缺乏实践经验，又不了解农村实际，因而在培训中灌输文化知识较多，讲授实用技术较少；培训侧重于理论而对农民来说实用性较弱，相关内容滞后于生产生活实际的需要。目前我国已有农业院校的教师都是受传统教育培养的知识分子，很少深入农村，对农村环境和农业生产进程等均不熟悉，在高等院校教育过程中以教授理论知识为主，难以贴合农村实际状况，而进入高等院校学习的学生也主要以学习理论知识为主，对农产品实际生产过程中出现的问题并不能真正解决。最后，教育培训的教师本身积极性不高，钻研"三农"不够。由于培训教师一般以兼职教师为主，对培训事务的责任心不够强，培训的方式仍以集中灌输相关理论知识为主，尚未能形成与农民沟通交流顺畅、与农民生产生活场景密切结合的教学形式与语言表达方式，农民无法理解和接受，导致培训模式单一、与农民的需求不符、与农民的特性结合不紧密。

（三）农村居民总体素质偏低，教育培训的参与积极性低

农业从业人员的素质状况是职业农民成长的内生因素，目前大量的青壮年劳动力向城镇转移，农村实用人才"非农化"发展，农村"能人"大量外流。[①] 农村居民呈现出老龄化、弱质化特征，农村劳动力素质下降。中国是一个人口大国、农业大国，据国家统计局数据显示，2016年末我国总人口为138271万人，其中农村人口58973万人，占总人口的42.65%，农民文化素质整体不高，农民文化程度在初中及初中以下的比例达到91.8%，文化程度在大专及以上的比例仅占1.2%[②]，与发达国家相比，文化程度差距很大。而农民的文化素质决定了职业农民全面素质形成的基础，当前留守的农村劳动力为文化素质较低、科技素质、经营管理素质不高、法律意识不强，以及农民自身带有的保守性和盲目性，都给职业农民的培训带来了障碍。

农业是一项基础性、长期性的工作。虽然近年来职业农民的培育取得了一些成绩与成果，但总体上仍然处于起步阶段，进一步推动农业接班人培育工作任重而道远。首先，农业人才流失严重，农业劳动力有低质化趋势。由于农业这一职业回报低、工作辛苦且社会地位不高，导致乡村振兴"缺人"现象尚未根本扭转，比较近两次全国农业普查，2006年全国农村劳动力资源总量为47852万人[③]，2016年全国农业生产经营人员31422万人，10年间减少了16430万人，在农村劳动力文化程度构成中，文化程度在初中及以下的农民占所有农民的比例从89%上升到91.8%，乡村人口呈现净流出趋势，农村劳动力在数量减少的同时质量持续下降等。据数据显示，接受过系统性农业教育培训的农民不足十分之一，职业农民中接受中等教育以上的不足三分之一[④]，许多农民都还不会运用新型农业技术和先进生产工具，农业劳动生产率仍旧偏低，而各类新型农业经营主体普遍面临着带头人不强，骨干人数数量不足等人才短缺问题[⑤]，支撑现代农业发展的基层农业人才例如基层农技推广员、植保员、水利设施维护人员

① 周应恒：《新型职业农民现状及培育途径》，《农民日报》2012年3月21日。

② 第三次全国农业普查主要数据公报（第五号）；http://www.stats.gov.cn.

③ 第二次全国农业普查主要数据公报（第五号）；http://www.stats.gov.cn

④ 王泽：《新型职业农民培育让农业有奔头》，《东方城乡报》2018年6月5日第3版。

⑤ 同上。

等均面临人员老化，新进人员不稳定，流失严重等一系列问题。其次，农民自主学习意识不强。农村留守人员主要以老人、妇女、儿童为主，老年人年纪较大，文化程度低，思想也趋于保守，在生产过程中更愿意依赖传统和经验，接受新知识和新技能的意愿较低，参加培训的意愿也较低；而当前留守妇女常常以赡养老人，抚育小孩等等家务工作为主，接受培训的意愿以及接受职业培训的机会和时间相对男性来说更少，同时风险承受能力和信息接收能力相比男性而言也较低，因此，总的来说，农村务农人员主要以自耕农为主，对高产、高质的生产技术的渴望力度不强，因而参加培训意愿普遍不足，已参加各种务农、务工培训的农民（农村劳动力）占比较少，农业从业人员受教育程度不高，科学知识储备不足，对现代农业新技术、新型管理方法等技能培训的认知度低，缺乏接受继续教育的主动性，参与意识还需进一步得到提高。

从理性经济人的角度出发，任何一项投资，投资与否及投资多少，都取决于它的收益状况。农业接班人培育作为长期的人力资本投资，本不能在短期内见到成效，而随着社会生产力的进步和城市化进程的加快，给农村富足的劳动力提供了就业机会和岗位，农民就业的渠道逐渐多样化，不再将农业劳动作为自己的唯一途径，因而农业培训的预后经济效益并不突出。从 2017 年的《中国农村统计年鉴》中，对于三种主要粮食作物的成本和收益比较，2016 年每亩地的净利润最好的是稻谷一年亩均收益为 901.7 元，远远低于当年我国农村居民人均消费支出金额，而同年《中国农业统计资料》显示全国农村居民人均可支配收入已达 12363.41 元，工资性收入仍是主要的收入来源，占比高达 40.62％。相对于工资性收入的时效性，农作物则有较长生产周期，农业经营收益具有不确定性，大多数青壮年劳动力均已向城镇转移，收入来源以工资性收入为主，而农村留守人员主要以老年、妇女、儿童为主，进行农业劳动主要是为了获得日常生活所需的物质资料，务农不以获取经营收入为主要目标。概而言之，一方面，在家务农，时间较充裕的农民大多年龄较大、文化素质低，参加培训的预期效果较差，从而没有动力参加，另一方面，文化素质较高的青壮年农民虽然培训的预期效果较好，但由于大多数在外务工经商，参加培训的机会成本较大，参与的积极也较低。

第五节　基层政府在培育农业接班人中的职能

一　基层政府爱农、尊农环境再造职能

基层政府常常直接与人民群众打交道，了解农村生产生活的现状与问题，能够准确理解现代农业发展需要哪些人和依靠哪些人，不仅应该在培育农业接班人中承担相应的责任，而且因其特殊的优势能够在培育农业接班人中发挥举足轻重的作用。政府能够一定程度形塑社会经济环境，厌农、弃农的社会经济环境本身就与各级政府特别是县乡基层政府对农村、农业和农民的态度有关，尊农爱农应从各级政府特别是与农民的日常生产生活密切相关的县乡基层政府做起。首先，各级政府应把经济发展和社会治理的重点从城市转向城乡统筹发展上来，切实按照"产业兴旺、生态宜居、乡风文明、治理有效和生活富裕"的总体要求实施乡村振兴战略。农业现代化，农业是本体，农民是主体，农村是载体，农业现代化必须要处理好"本体、主体、载体"之间的关系，实现"三体共化"，本体是核心，主体是关键，载体是基础。[①] 尊农、爱农的社会环境条件开创，既要关心农业前景，也要注意提升农民素质和改善农村条件。统筹城乡发展，优化城乡之间的产业分工，融合发展第一第二第三产业，应摒弃农村只能发展农业的狭隘观念，延展农业产业链，利用和开创条件在农村发展农产品加工业和农业服务业，从而激发农村生机与活力，让广大农村成为环境优美、成就事业的筑梦之地。基层政府虽然由于总体财力有限，难以在城乡资源配置方面向农村倾斜，但基层政府具有接近农村、农民和农业的天然优势，从而可以有效确定三农财政投入的优先顺序，优化资源配置，此外，基层政府应利用其优势，发现和宣传农村之美，推介农村和农业经济机会，从而增强农村和农业的吸引力。基层政府是基层社会治理的重要主体，基层政府通过环境整治、规范乡村社会秩序、基础设施建设及农技服务等直接改善农村生产生活条件与环境。此外，由于最接近农村和农民，基层政府对农村、农业和农民的态度具有很强的示范性，开创尊农、爱农的社会氛围首先就是基层政府尊农、爱农。

---

① 刘奇：《中国三农的"危"与"机"》，中国发展出版社 2014 年版，第 42 页。

二 基层政府惠农市场品性塑造职能

市场经济并不是自发经济，政府能够一定程度上塑造市场的品质与特性。农业接班人市场培育机制的形成与功能发挥离不开政府的作用与影响。政府的产权界定与保护是市场有效运行的重要前提。农业接班人在市场中成长，需要政府有力保护农业生产资料与劳动成果的产权。基层政府在农业地域品牌的保护与推广、土地产权界定与保护、涉农经济合同的执行与仲裁、打击假冒伪劣产品等方面能够发挥重要作用。市场的广度与深度一定程度上由政府决定，市场参与者的数量及类别与政府设定的市场准入门槛、相应市场参与者资格条件的审定、法定经济组织形式等相关，市场交易的频率及商品化程度则与政府减少交易成本、增加交易机会和拓展交易领域的相关举措有关。农户、农业合作社、农业企业、农资经营者、农业社会化服务者等涉农主体参与市场的形式、内容，参与市场的广度与深度均与政府的行为及决策相关。基层政府是惠农政策的落地者，惠农政策的实施对农村市场产生深刻影响，农资补贴、农机购置补贴、种粮补贴等对涉农主体的生产行为和消费行为产生影响；基层政府可以通过对合作社的扶持政策诱导农民组织起来，改变生产经营方式；基层政府提供和发布相关市场信息，包括土地流转意向、农产品供需信息、涉农项目信息等，有利于增强农民、农村与外界的联系，减少交易成本和增加交易机会，而农村土地用途管制及相关监管措施的执行，则决定了农村土地交易的性质、类型与范围。在市场经济还不成熟的农村地区，假冒伪劣产品向农村倾销、农产品质量认定困难、农民契约意识不强，基层政府实际扮演着农村市场发育的监护者角色。

农业接班人的市场培育机制核心就是促进新型职业农民、农业社会化服务者、农业经营管理者等涉农主体在市场中成长，基层政府除了改善市场环境条件外，还可以直接采取有效措施促进农业接班人在市场中成长，首先，基层政府可依托高等院校、职业院校及其他培训机构，对部分农业经营者、农业管理者等进行生产技术和经营管理培训，提高相关人员开创和捕捉市场机会、应对市场风险等能力。其次，基层政府可以利用市场发现机制，甄别和筛选相应的培训对象，通过"三培养"等积极措施，发挥农村致富能手和农业经营骨干的市场引领作用，产生示范效应，从而利用市场机制让更多的涉农经济主体更快更好地成长。最后，基层政府通过项目扶持、政策扶持等措施，赋予种田大户、农村致富能手、农业合作社等更多的市场机会，让更多农村经济主体更深更广地参与到市场中来，让农村多种经济形式并存，自营农民与农业雇工共生、兼业农民与职业农民并存，增强农村各类人员的市场适应能力。

三　基层政府的政府扶持落地职能

新型职业农民、农业社会化服务者、农业经纪人、农业经营管理者等涉农经济主体和涉农经济人才的成长需要充分利用政府扶持机制。基层政府是各类各项教育培训、政策扶持、项目扶持和技术扶持的落地者。在以新型职业农民为重点的教育培训中，基层政府凭借其接近民众的信息优势，筛选和确定培训对象，拟定培训内容，由于其接近农业生产一线，能合理安排培训时间和提供培训场所。基层政府不仅仅落实上级各级政府的惠农政策，由于基层政府在与民众打交道过程中，能直接体认政策效果，了解农民所思所想，基层政府还是政策反馈者，政策制定与改进的重要参与者。在项目进村和资本下乡过程中，基层政府发挥着举足轻重的作用，基层政府连接农民与政府、政府与市场，全程参与涉农项目的设计与论证、组织实施及跟踪管理服务，项目扶持的效果一定程度上取决于基层政府职能履行情况。基层政府拥有较为完整的农业技术服务体系和农业技术推广体系，是农业经营者、农技人员、农业科研院所等农业技术需求者、农业技术服务者、农业技术开发者沟通交流的桥梁，可以采用政府购买服务、直接参与等多种形式开展对相关农业经营者的技术扶持。基层政府不仅在教育培训、政策扶持、项目扶持和技术扶持等政府扶持机制中发挥具体而微的职能，而且也是各类各项扶持措施的综合利用者和资源整合者，一方面，基层政府选择符合当地实际的教育培训、项目支持等具体措施，另一方面，基层政府可以综合利用各级政府的惠农政策，重组资本下乡和项目进村，综合利用来自政府、市场与社会的各种惠农资源，有重点有步骤地推动农村发展和农业人才的成长。

四　基层政府培育农业接班人的具体职能

只要能促进农业增效、农民增收和农村增加吸引力，就能促进农业接班人的涌现与成长，基层政府培育农业接班人体现在改善农业经营环境、塑造农村市场品格和扶持农业生产发展等方方面面。基层政府要处理大量涉农事务，其中大部分是微观事务，因而，基层政府在培育农业接班人过程中的具体职能无法穷举，概要如下。

义务教育与教育基础设施建设。义务教育既是提高国民素质的基础性工作，也对提高个体的生存技能具有重要影响，同时义务教育还具有一定的地域性正外部效应，一个地区义务教育做得好，该地区农业后备人才的素质就相对较高，农村居民接受扎实的义务教育也是后续进行农业技术与管理培训的重要基础。基层政府了解当地人口结构特征，能够充分发挥信息优势对教育资源进行合理布局，此外，基层政府还可以在义务教育阶段融入本地特色，开设与本地地理气候条件和产业特征高度相关的特色课程。基层政府利用接近民众的优势，及时发现青少年辍学现象，有针对性地对辍学青少年及其家庭进行帮扶。基层政府对本地教育发展负有责任，在师资引进与培训、教育教学设施建设等方面有经常性投入与服务，在财力容许的条件下，应积极有为地推进本地教育投入，在财力有限时，应及时有效地向上级政府及有关部分反馈情况，把上级财政补助优先安排在教育项目上。农业接班人的成长也需要自身持续学习农业技术、农业经营管理、农业服务等相关知识，基层政府应致力于改善当地教育基础设施，为当地居民终身学习提供条件。首先，基层政府应积极引进各类教育教学资源，一方面与高等院校、农业科研院所、社会公益性教育教学组织等进行有效沟通、交流与合作，为各类组织扶持农村发展、进行农村人力资源开发提供便利条件。其次，基层政府通过搭建或连接远程教育系统，推进电视、网络、广播等农村信息化基础工程建设，从而提供农村居民终身教育资源的可及性。最后，基层政府利用其信息平台，可以定点、定向和定时向特定群体推送有关信息，为农业接班人的成长直接提供咨询服务。

产业扶持与市场监护。农业劳动者、经营管理者和服务者都需要在生产与经营、管理与服务的实践中成长，在市场经济条件下，农业接班人的培育需促进相关涉农人员获得相应的市场成就，基层政府通过产业扶持与市场监护等措施在其中扮演重要的角色。首先，不少农产品具有典型的地域特色，基层政府在地域品牌的塑造和保护中具有不可替代的作用，一方面，地理标志商标代表特定地区某产品的质量与信誉，既不能由单一市场主体独享，也不能放任地域范围任一经济主体随意使用，因此，基层政府有义务和责任制定相应的产品质量标准并进行地理标志商标的注册和使用授权。其次，中国农业小规模经营现象普遍，小生产和大市场之间的矛盾仍然较为突出，大量农产品同质化，基层政府既可以在尊重市场和农户自愿的基础上，通过鼓励联户经营、扶持农业合作社等方式组织农户，克服农业生产的小而散，增加当地农户的市场机会，也可以在发展地区特色产业中扮演产品设计者和信息提供者以及风险分担者角色。再次，农业具有自然再生产和经济再生产的双重属性，生产具有周期性，容易产生市场信息滞后，供需关系扭曲等问题，农业生产经营除了要遵循自然规律和市场规律外，还需政府具有一定前瞻性的引导，基层政府既可以通过粮食收储等公开市场业务平抑农产品市场的周期性波动，也可以通过土地用途管制、定向补贴补助限制和引导农户的市场行为。最后，农业具有弱质产业特性，面临市场风险和自然风险的双重风险，基层政府可通过引导和帮助农业生产经营者参加农业保险，从而提高农业生产经营者的风险承受能力，激发农业投入。

农村生活型和生产型公共物品提供。农业接班人的成长需要良好的生活条件和生产条件。农村生活条件虽然主要由每个家庭的经济条件决定，但大量休闲娱乐消费等受到公共物品供给的制约，基层政府应在农村提供相应的公共产品及配套设施。首先，基层政府应因地制宜提供包括休闲广场、图书馆及广播卫视与网络等在内的文化娱乐公共设施，扶持地方民间戏曲，打击黄赌毒和抑制低俗文化，营造积极健康的文化娱乐消费氛围。其次，基层政府应为农村地区商业发展提供便利，包括在用地规划上考虑商业配套、创办和组织农村集市、在小城镇或中心村引入社会资本进行一定程度的商业开发等，使农村居民尽可能地从农村市场获得自己需要的产品和服务。最后，基层政府应着力改善农村宜居环境，减少农业面源污染，防止水土流失，搞好农村卫生服务和环境整治，完善农村垃圾回收利用和处理措施，增强防汛抗旱能力，从而使农村成为环境优美、健康卫生和安全舒适的栖息地。大量农业生产在开放的自然环境中进行，农业生产条件除直接受到农业经营者的资本和劳动约束外，还受到外部条件的巨大影响，农村大量公共物品具有生产属性，是农业生产条件的重要组成部分，基层政府应为农业发展提供有效的生产型公共产品。首先，基层政府应提供农田水利基础设施，注重水渠密度和布局，加强疏通与管理，发挥村组小型水利设施的抗旱排涝的功能。其次，基层政府在尊重农民意愿的基础上推进多种形式的土地流转，实施土地整治，逐步减少农地的细碎化，加强田间机耕道建设，为大型农机的运用提供便利条件，增强农地吸纳资本的能力，从而促进新型农业经营主体的涌现。最后，基层政府应支持农业产业链各环节的价值创造，在农业产前、产中和产后各个环节提供支持。具体包括：加强乡村公路维护，为农资调度、农产品物流提供便利；加强农业技术推广和农业组织创新，为农业技术服务及机耕、机播和机收等农业社会化服务开拓市场空间；为农产品烘干或冷藏及农产品加工提供场地和电力设施配套，从而延长农业价值链。

农村人才选拔与培训。在农业、农民与农村三位一体的农业现代化进程中，需依托农村培养农民和发展农业。基于既有的农村人力资源现状，要解决农业后继无人的问题，需在农村大力选拔和培训村组干部、集体经济组织带头人、农业合作社相关人员、具有典型示范效应的致富能手以及大量的农业社会化服务者。基层政府利用接近农村和农民的优势，在农村人才选拔和培训方面发挥着举足轻重的作用。首先，村组干部是基层治理的重要力量和农村集体经济发展的重要依靠力量，连接政府和群众，其素质高低直接关系到村民自治的实施效果和农村经济的发展，基层政府虽不能直接干预村民选举，但可以通过审核候选人信息、严格选举程序、打击贿选等方式提高选举质量，特别是基层政府可以利用政府公信力，在信息公开、开票验票和争议处理等环节主持公道，有利于克服宗族势力对村两委的过度渗透及防止涉恶势力操纵选举。为提高村组干部的业务能力，基层政府还可以定期组织村组干部进行业务学习。其次，集体经济组织带头人、农业合作社骨干人员及其他致富能手虽然主要在市场中成长和发现，但其示范和带动效应的产生与扩大需要基层政府发挥相应的职能。一方面，个人的业务素质和市场成就要转化成当地农村经济发展的推动力量需要一定的组织条件，基层政府可以通过"三培养"等措施，促成经济能手担任村组干部，从而提供更大的事业平台。另一方面，个人取得一定的市场成就后，也需要进一步提升能力和扩展业务，基层政府可以通过教育培训、技术服务和项目支持等，推进相关人员业务开拓，发挥更大引领示范作用。最后，农业社会化服务有利于减轻农民的劳动强度，提高农业专业化程度，从而有利于改善农业效率。农业社会化服务的发展既要激发需求又应改善供给，基层政府因了解农业生产一线，能在供需两方面促进农业社会化服务者成长，一方面，基层政府引导农民土地流转、通过土地整治等解决农地细碎化问题，促使农作物种植品类相对集中，既方便农业社会化服务，也激发了规模经营主体的服务需求，另一方面，基层政府通过农机购置补贴、农机手培训等改善农机服务，通过支持农超对接、引入订单农业等引入外部农业技术服务主体，并提高农业技术服务精准性。

促进资本下乡与精英下乡。农业接班人的培育除了要重视农村本土人才的成长和培养外，还应积极主动地广泛吸引各方面的人才参与到农业现代化建设中来。在城乡二元经济社会结构还未根本改变的当下，一方面要通过多种政策支持，逐渐缩小城乡差距，增强农村发展活力，开发农村经济机会，充分利用市场，引导多种形式的资本下乡，运用市场机制使经济人才在农村施展才华，另一方面，在市场机制之外，政府还需利用行政手段，通过大学生村干部计划、农业科技特派员制度等多种形式的行政手段推进精英下乡。基层政府是资本下乡的重要推动者。首先，农村特定地区的营商环境、市场机制的成熟度与当地基层政府介入市场的方式与程度以及基层政府提供服务的质量密切相关。基层政府在招商引资过程中，既要热情地推介项目，还要保持相应的市场超然地位，不干预市场主体的微观经济活动，对相关市场主体一视同仁，维护契约，坚守承诺，兑现相应的优惠政策，此外，基层政府还需及时了解市场动态，做好信息咨询、产业配套设施建设等服务工作。其次，基层政府能为资本下乡创造具体条件，包括产业规划、项目凝练与设计以及项目配套设施建设。在大量涉农项目中，基层政府还需积极在农户与企业家之间斡旋与协调，发挥一定的契约担保作用，推进土地流转，进行土地整治等，促成项目落地。最后，基层政府还是土地用途管制等政策具体执行者，在资本下乡过程中还肩负着监督管理，维护农村长远发展和农民利益的任务。基层政府实施耕地保护、防止工商资本下乡改变农地用途，鼓励和引导工商资本与农民多渠道合作共赢，防止工商资本侵蚀农民利益。

为推进农业现代化建设，弥补农村人才缺口，政府利用多种行政手段推动精英下乡，基层政府在其中扮演了重要的角色。首先，虽然由于基层政府财力有限，直接吸引人才的政策空间不大，但基层政府对本地区农村经济人才、科技人才和社会治理人才的基本状况比较了解，能够通过向上级政府及有关部门反映情况，积极主动地获得政策支持，同时基层政府也是各级政府农村人才政策的具体落实者。其次，基层政府尊重人才、运用人才，为各类人才提供施展才华的环境是发挥各类人才政策效应的重要基础。大学生村干部制度旨在解决基层治理困境，改善农村社会秩序和促进农村集体经济发展，然而，大学生村干部要发挥作用需仰赖基层政府的支持，一方面，大学生村干部要熟悉当地情况需要基层政府提供相应的资料、信息和数据，并为大学生村干部走访和调查提供便利，另一方面，大学生村干部与村委会成员、农民之间的关系有时需要基层政府出面协调甚至定夺，特别是大学生村干部的一些理念和想法可能与当地风俗及村规民约存在冲突，此时，为支持大学生村干部开展工作，需基层政府参与寻求妥协方案。农业科技特派员制度旨在促进农业科技推广和应用，农业科技特派员功能的充分发挥亦需要基层政府的支持。一方面，结合本地特色产业，基层政府应凝练当地的技术需求，当地农业技术的获取也通常需要以基层政府为中介，另一方面，农业技术应用和推广往往有一个较长的时间过程，在引入相应的技术后，需要基层政府持续的技术推广和服务工作。最后，基层政府除了作为各类精英下乡政策的执行者外，还可以创新地方治理模式，积极主动地开拓多种形式的精英下乡渠道，如引导公益性的支教、扶贫组织定期下乡驻村等。

五　山东省费县新型职业农民培育的经验与启示

费县隶属于山东省临沂市，地处山东省中南部，近年来围绕"科技兴农、人才强农、新型职业农民固农"的工作目标，以增强农民致富能力为根本出发点和落脚点，积极开展新型职业农民培育，取得显著成效，现已成为国家级新型职业农民培训项目和扶贫科技培训项目示范县。自2014年以来，费县共设立了10处田间课堂，10处实训基地，6处创业园，为进一步加强农业技术和市场信息的交流，促进农业增效、农民增收、农村繁荣，费县还成立了新型职业农民协会，带领广大农户发展生产。[1] 在费县政府及农民的共同努力下，费县一共建设了60万亩果园、40万亩速生丰产林、30万亩瓜菜生产基地，做优了10万亩有机核桃、35万亩板栗、25万亩金银花、5万亩黄烟等优质农产品产业带，重点扶持中粮油脂等34家农字号龙头企业，全县中高效农田比例达到65%。[2] 费县胡阳镇自引进西红柿品种以来，通过新型职业农民培训，让农民学习温室

① 费县新型职业农民协会成立暨第一期培训会举行，2018年6月，费县政府网（http://www.feixian.gov.cn/info/1009/4274.htm）。

② 县农业局：培育新型职业农民 助推乡村振兴战略，2018年6月，费县政府网（http://www.feixian.gov.cn/info/1009/4274.htm）。

西红柿的栽培技术，目前，胡阳镇温室西红柿种植面积已超过一万三千亩，年产值 5.6 亿元，成为鲁南地区最大的西红柿生产基地。① 费县上冶镇许家庄村的任庆余，在 2015 年参加了费县农业局农广校组织的职业农民学习培训，经过培训学习，他通过土地流转，引进优质葡萄品种，并发展葡萄种植，在农广校组织多次外出参观学习后，他将葡萄庄园进行融合规划，不断扩大产业，开设网店以及农家乐山庄，利用农业科技增长财富，新型职业农民之路越走越宽广。董洪芝通过在农业局农广校的学习，学习了农业产品和电子商务，从而拓展了玫瑰产业，研发出了一系列的玫瑰产品。

费县在新型职业农民培训方面取得显著成效，是因为其培训体系、培训对象、培训方法、培训项目均契合本县实际和农业现代化发展的现实需求。首先，费县积极落实各项培训经费，统筹农业、人社、扶贫等相关部门的培训业务，形成了以青岛理工大学费县校区为龙头，以职业中专和各类培训学校为主体的职业教育培训体系，该培训体系能接纳多种类型的培训项目。其次，费县的"新型职业农民的培训"坚持农民主体原则，一方面从专业合作社、家庭农场、种植大户及外出的青年农民工中遴选出文化水平高、学习有积极性、创业意愿强烈的大户，开展有针对性的培训，帮助其拓展业务，另一方面，培训项目重点向贫困村、贫困户倾斜，通过对贫困户进行农业科技等方面知识的培训，帮助其发展产业，提高增收能力。无论是致富愿望强烈的农村精英还是脱贫愿望强烈的贫困农民，他们均有强烈的改变现状的闯劲和冲劲，学习愿望强烈，学习积极性高，从而培训效果较好。再次，在培训方法上，费县采用集中培训、分散培训和外出实习相结合的方法，通过分产业、分层次等多种形式的培训，能够充分结合当地农业产业特色，逐步满足受训对象的知识与技能需求。最后，费县在培训项目上注重结合当地产业特色和组织资源。一方面，费县通过培训项目大力发展现代高效农业，释放农业内部的增收压力，积极推进农业规模化布局，产业化经营、品牌化生产，另一方面费县积极引导和组织农民发展各类经济合作组织，并促成了新型职业农民协会的建立，从而充分发挥了新型职业农民的典型示范作用。

----

① 胡阳镇新型职业农民培训班开班. 2018 年 6 月，费县政府网（http://www.feixian.gov.cn/info/1010/11300.htm）。

第三章　农村土地资源优化配置
与基层政府职能

　　土地是人类赖以生存的重要物质基础，一切经济活动均需要占用一定的场所和空间，同时土地本身也是最为重要的农业生产资料。由于土地是具有位置固定性的不可再生资料，总体上具有稀缺性，大量土地利用具有单向度性，即农业用地转变成非农用地没有技术障碍，转化成本较低，但一般来说非农用地转化成农业用地面临较大的技术障碍，转化成本较高，因此，土地资源的优化配置不仅要基于当前的经济和社会利益，还应立足长远。土地市场是一种典型的存在大量市场失灵的不完全市场，政府必须在土地资源的优化配置中发挥相应的职能。农村土地资源的优化配置和合理利用是农业现代化建设的关键，基层政府在其中扮演着重要的角色，应当履行相应的职能。

第一节　中国土地资源概况

一　中国土地资源总量与结构特征

　　中国总面积仅次于俄罗斯、加拿大，居世界第 3 位，按照土地用途划分，可以将土地划分为农用地、建设用地和其他土地。据 2017 中国土地矿产海洋资源统计公报数据显示（详见表 3.1），截至 2016 年，全国共有农用地约 64512.66 万公顷，其中耕地 13492.1 万公顷，约占国土面积的 14.05%，占 2016 年全国农用地的 20.9%；园地 1426.6 万公顷，占 2016 年全国农用地的 2.2%；林地 25290.8 万公顷，占 2016 年全国农用地的 39.2%；牧草地 21935.9 万公顷，占 2016 年全国共有农用地的 34.0%；全国共有建设用地 3909.51 万公顷，其中城镇村及工矿用地 3179.47 万公顷，约占全国建设用地的 81.3%，水利设施用地 359.67 万公顷，约占全国建设用地的 9.2%，交通运输用地 371.40 万公顷，约占全国建设用地的 9.5%。

表 3.1　　　　　　　　　　　2016 年土地利用情况

土地类别	面积（万公顷）	土地类别	面积（万公顷）
农用地	64512.66	建设用地	3909.51
耕　地	13492.09	城镇村及工矿用地	3179.47
园　地	1426.63	水利设施用地	359.67
林　地	25290.81	交通运输用地	371.40
牧草地	21935.92	其他农用地	2367.21

数据来源：自然资源部网站，2017 年中国土地矿产海洋资源统计公报。

中国土地资源面临的基本国情呈现为"一多三少"的局面，即土地资源绝对数量大，但人均占有量少、优质耕地少、耕地后备资源少的特征。据国家统计局数据显示，中国 2016 年末人口总量为 138271 万人，通过计算可以得出我国人均耕地为 1.46 亩，这一水平远低于世界发达国家。在耕地质量上，优等耕地少。根据 2017 年中国土地矿产海洋资源统计公报显示，2016 年年末全国耕地平均质量等别为 9.96①，全国耕地主要以中等地为主，优等地占比仅为 2.90%，全国耕地质量总体偏低，具体数据如表 3.2 所示。

表 3.2　　　　　　　　　　2016 年全国耕地质量等别结构

耕地质量等级	面积（万公顷）	占比（%）
优等地	389.91	2.90
高等地	3579.57	26.59
中等地	7097.49	52.72
低等地	2395.41	17.79

数据来源：2017 年中国土地矿产海洋资源统计公报。

根据 2007 年颁布执行的《土地利用现状分类》国家标准，国家土地被划分为 12 个一级类、57 个二级类。其中一级类包括耕地、园地、林

---

① 全国耕地被评为 15 个等别，1 等地质量最好，15 等耕地质量最差。1—4 等耕地为优等地、5—8 等耕地为高等地、9—12 等耕地为中等地、13—15 等耕地为低等地。

地、草地①、商服用地、工矿仓储用地、住宅用地、公共管理与公共服务
用地、特殊用地、交通运输用地、水域及水利设施用地、其他土地。在开
展农村土地调查中，一般将商服用地、工矿仓储用地、住宅用地、公共管
理与公共服务用地、特殊用地归并到城镇村及工矿用地中。根据土地调查
成果共享应用服务平台中的统计数据显示，不仅中国各地区农用地面积差
别较大，而且耕地资源的分布与自然地理条件并不匹配，一些耕地较多的
省市，如甘肃省，水土条件并不好。我国土地利用现状具体数据如表 3.3
所示。②

表 3.3　　　　　　　　　　　　2016 年土地利用现状汇总表　　　　　　　　单位：万公顷

行政单位	耕　地	园　地	林　地	草　地	城镇村及工矿用地	交通运输用地	水域及水利设施用地	其他土地
全　国	13492.1	1426.6	25290.8	28628.2	3099.3	884.9	4224.4	7742.7
北京市	21.6	13.3	74.0	8.5	29.4	4.7	7.8	1.9
天津市	43.7	3.0	5.5	1.1	32.5	4.7	26.8	1.2
河北省	652.0	83.4	459.9	275.9	187.4	43.1	84.9	32.6
上海市	19.1	1.7	4.6	0.1	27.2	4.5	25.7	0.4
江苏省	457.1	29.9	25.7	3.9	186.8	45.8	297.4	14.9
浙江省	197.5	58.0	564.2	9.5	98.6	24.5	82.2	15.2
福建省	133.6	76.6	833.2	23.5	61.1	21.3	54.5	24.8
山东省	760.7	71.8	148.4	43.9	234.8	62.0	161.3	78.3
广东省	260.8	126.6	1002.7	32.3	160.4	31.7	151.5	15.0
海南省	72.3	91.8	120.0	4.9	22.5	6.3	28.3	2.0
山西省	405.7	40.6	485.6	407.6	86.3	27.8	28.7	48.8
安徽省	586.8	35.0	374.3	7.3	161.9	34.2	181.3	13.4
江西省	308.2	32.4	1032.4	27.5	95.4	24.5	125.4	18.3
河南省	811.1	21.7	345.7	64.5	221.6	46.6	100.9	23.9
湖北省	524.5	48.1	859.5	28.0	129.4	30.5	205.4	23.3
湖南省	414.9	65.7	1221.0	47.5	131.3	31.4	151.3	38.4
内蒙古	925.8	5.7	2322.8	5896.2	132.8	60.2	211.3	1137.3

----

①　草地同表 1 中牧草地不同，除牧草地外，还包括其他草地，因而表中数据存在一定
差别。

②　土地调查成果共享应用服务平台，2018 年 6 月（http：//tddc.mlr.gov.cn/to_ Login.）

续表

行政单位	耕 地	园 地	林 地	草 地	城镇村及工矿用地	交通运输用地	水域及水利设施用地	其他土地
广西	439.5	108.3	1330.5	111.0	89.0	29.3	86.0	33.2
重庆市	238.2	27.1	385.5	32.6	56.8	12.4	26.8	40.4
四川省	673.3	73.0	2215.3	1221.5	154.1	35.7	103.2	182.8
贵州省	453.0	16.3	893.2	158.3	55.1	19.5	24.7	92.1
云南省	620.8	163.1	2301.3	299.0	83.1	36.9	70.3	159.7
西藏	44.5	0.2	1602.5	8431.6	9.8	7.7	694.1	71.8
陕西省	398.9	81.8	1117.2	287.1	78.9	25.9	30.8	31.5
甘肃省	537.2	25.6	609.8	1418.6	73.7	26.5	74.8	316.0
青海省	58.9	0.6	354.0	4208.6	23.1	9.0	281.8	890.6
宁夏	128.9	5.0	76.7	209.0	26.0	8.0	17.6	22.1
新疆	521.6	62.2	896.1	4991.2	115.6	44.8	505.1	4202.8
辽宁省	497.5	46.8	561.6	107.8	130.2	34.6	95.0	5.5
吉林省	699.3	6.6	885.3	67.5	84.7	31.8	72.1	60.7
黑龙江	1585.0	4.5	2182.1	202.1	119.8	59.2	217.1	143.9

数据来源：土地调查成果共享应用服务平台．http：//tddc．mlr．gov．cn/to_ Login．

　　根据统计公报中分类，将全国划分为东部地区、中部地区、西部地区及东北部地区。其中东部地区包括北京市、天津市、河北省、上海市、江苏省、浙江省、福建省、山东省、广东省、海南省；中部地区包括山西省、安徽省、江西省、河南省、湖北省、湖南省；西部地区包括内蒙古自治区、广西壮族自治区、重庆市、四川省、贵州省、云南省、西藏自治区、陕西省、甘肃省、青海省、宁夏回族自治区、新疆维吾尔自治区；东北三省包括辽宁省、吉林省、黑龙江省。在2016年全国土地利用情况汇总表中，东部各省耕地面积相对较少，北京市、天津市、上海市耕地面积均不足50万公顷；东北地区耕地面积相对较多，辽宁、吉林、黑龙江三省耕地资源占全国耕地总面积的20.62%。

　　按照经营特点、利用方式和覆盖特征进行细分，将耕地又划分为水田、水浇地和旱地三种类型，就全国范围来看，我国旱地数量最多，有7349.0万公顷，占全国耕地总面积的54.47%；其次是水田，占全国耕地面积的24.63%；最少的为水浇地，占全国耕地面积的20.90%，全国各省份具体数据如表3.4所示。

表 3.4　　　　　　　　　　　2016 年耕地类别情况汇总表　　　　　　　　单位：万公顷

行政单位	耕　地	水田	比例（%）	水浇地	比例（%）	旱地	比例（%）
全　国	13492.1	3323.3	24.63	2819.8	20.90	7349.0	54.47
北京市	21.6	0.2	0.89	16.4	75.72	5.1	23.42
天津市	43.7	1.6	3.63	33.8	77.39	8.3	18.98
河北省	652.0	9.0	1.38	404.9	62.10	238.1	36.52
上海市	19.1	13.5	70.99	5.0	26.07	0.6	2.94
江苏省	457.1	269.2	58.89	46.9	10.25	141.1	30.86
浙江省	197.5	148.2	75.03	0.0	0.00	49.3	24.97
福建省	133.6	110.9	83.00	4.3	3.23	18.4	13.77
山东省	760.7	9.6	1.26	515.2	67.73	235.9	31.02
广东省	260.8	165.2	63.37	11.6	4.43	84.0	32.20
海南省	72.3	38.8	53.68	0.0	0.06	33.4	46.26
山西省	405.7	0.1	0.03	106.6	26.27	299.0	73.70
安徽省	586.8	287.4	48.98	23.7	4.05	275.6	46.97
江西省	308.2	247.4	80.28	1.6	0.53	59.1	19.19
河南省	811.1	75.3	9.28	455.4	56.14	280.4	34.57
湖北省	524.5	265.4	50.60	48.4	9.24	210.6	40.16
湖南省	414.9	326.4	78.68	0.2	0.06	88.2	21.27
内蒙古	925.8	8.7	0.94	285.8	30.87	631.3	68.19
广西	439.5	195.2	44.42	0.3	0.07	244.0	55.51
重庆市	238.2	96.0	40.29	0.1	0.03	142.2	59.68
四川省	673.3	275.9	40.97	11.7	1.73	385.8	57.29
贵州省	453.0	123.6	27.28	1.1	0.25	328.3	72.47
云南省	620.8	142.1	22.89	9.8	1.57	468.9	75.54
西藏	44.5	4.2	9.40	26.8	60.26	13.5	30.33
陕西省	398.9	15.8	3.96	105.3	26.40	277.8	69.65
甘肃省	537.2	0.6	0.12	132.6	24.68	404.0	75.21
青海省	58.9	0.0	0.00	18.9	32.00	40.1	68.01
宁夏	128.9	18.6	14.44	32.4	25.10	77.9	60.45
新疆	521.6	5.7	1.09	494.9	94.86	21.1	4.05
辽宁省	497.5	67.3	13.54	17.4	3.50	412.7	82.96
吉林省	699.3	83.2	11.89	5.6	0.80	610.6	87.31
黑龙江	1585.0	318.3	20.08	3.2	0.20	1263.5	79.71

数据来源：土地调查成果共享应用服务平台（http：//tddc.mlr.gov.cn/to_ Login）

　　按照耕地是否有灌溉设施，将耕地划分为有灌溉设施耕地和无灌溉设施耕地，在全国范围内，有灌溉设施耕地面积为6107.6万公顷，占全国耕地面积比重为45.1%，无灌溉设施耕地面积为7430.9万公顷，占全国耕地面积比重为54.9%。全国各部分地区具体数据见表3.5所示。

表3.5　　　　　　2009年全国有灌溉设施和无灌溉设施耕地面积　　　　单位：万公顷

地　区	耕地面积	有灌溉设施耕地		无灌溉设施耕地	
		面　积	占耕地比重（%）	面　积	占耕地比重（%）
全　国	13538.5	6107.6	45.1	7430.9	54.9
东部地区	2629.7	1812.5	68.9	817.2	31.1
中部地区	3071.4	1867.0	60.8	1204.4	39.2
西部地区	5043.5	2004.3	39.7	3039.2	60.3
东北地区	2793.9	423.8	15.2	2370.1	84.8

　　根据表3.5可知，全国总体上无灌溉设施耕地面积多于有灌溉设施耕地，其中，东部地区和中部地区的有灌溉设施耕地多于无灌溉设施耕地，西部地区和东北地区则相反。但从绝对数量上看，耕地面积西部最大，中部其次，东北和东部地区最少，有灌溉设施的耕地面积，西部地区最大，中部地区其次，东部地区再次之，而东北地区最少。

　　由于水热条件的不同和复杂的地形、地质组合，中国土地类型众多，且各种类型的土地资源分布不平衡。从东到西又可分为湿润地区、半湿润地区、半干旱地区、干旱地区。我国90%以上的耕地和陆地水域分布在东南部；一半以上的林地集中在东北和西南山地；80%以上的草地分布在西北干旱和半干旱地区，土地资源生产力集中在耕地上。

　　根据耕地质量结构划分，将耕地划分为2度以下，2—6度，6—15度，15—25度，25度以上5个等级。按照国家有关规定，25度以上的坡陡耕地应当有计划地逐步退耕还草，改善生态环境。

　　从人均耕地看，全国人均耕地面积为1.52亩（第二次土地调查），不到世界人均耕地的一半，且地区分布很不平衡，人均耕地大于2亩的省，主要分布在东北、西北和西南等自然条件较差，粮食产量较低的地方，人均耕地小于1亩的主要分布在东部自然条件较好，粮食产量高，但也是耕地大幅度减少的地区。

二　中国土地资源的动态变化

土地资源一直处于动态变化中，纵观 2009—2016 年中国土地变化情况，中国农村土地资源呈现出耕地数量日益减少、人均耕地面积下降等趋势。第一，耕地数量日渐减少。根据 2009 年至 2016 年中国土地利用情况（表 3.6）可知，自 2009 年，农用地（耕地、园地、林地及草地）资源被占用或不合理利用而造成面积总体上呈递减趋势，城镇村及工矿用地及交通运输用地总体增多。第二，人均耕地面积下降。耕地作为土地资源中的重要一项，是农业生产、国家粮食安全的重要保障，随着城镇化和工业化的发展，我国建设用地面积逐渐增多，而耕地面积不断下降，在我国人口数量不断增加的背景下，人均耕地面积也日益减少，人多地少是中国的基本国情。据国家统计局网站数据显示，截至 2016 年底，中国总人口为138271 万人，其中乡村人口为 58973 万人，从事农业生产经营的人员共有 31422 万人，劳均耕地仅为 6.44 亩。

表 3.6　　　　　　　　　2009—2016 年全国土地利用情况　　　　　单位：万公顷

年　份	耕　　地	园　地	林　地	草　地	城镇村及工矿用地	交通运输用地	水域及水利设施用地	其他土地
2009	13538.5	1481.2	25395.0	28731.3	2797.8	794.2	4269.0	7764.7
2010	13526.8	1470.3	25376.6	28717.4	2847.4	811.1	4261.0	7762.3
2011	13523.9	1460.3	25356.0	28702.2	2895.0	825.0	4255.3	7758.8
2012	13515.8	1453.3	25339.7	28688.7	2941.8	836.0	4248.0	7755.3
2013	13516.5	1445.5	25325.4	28670.9	2982.1	848.8	4239.9	7753.0
2014	13505.7	1437.8	25307.1	28654.8	3026.4	864.2	4236.1	7752.1
2015	13499.9	1432.3	25299.2	28640.6	3063.3	873.1	4230.1	7748.9
2016	13492.1	1426.6	25290.8	28628.2	3099.3	884.9	4224.4	7742.7

数据来源：土地调查成果共享应用服务平台（http://tddc.mlr.gov.cn/to_ Login）

农用地数量变化具体如图 3.1 所示，全国因建设占用、灾毁、生态退耕、农业结构调整等原因减少耕地面积总体趋势逐渐减少，净减耕地面积态势缓慢。全国耕地面积为 13492.1 万公顷，人均耕地面积仅约 1.46 亩，远低于世界平均水平，土地资源变得更为紧缺，人地矛盾突出。[①]

---

① 第三次全国农业普查主要数据公报（第五号），http://www.stats.gov.cn.

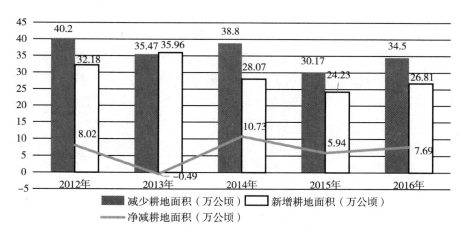

图 3.1　2012—2016 年的全国耕地面积增减变化情况

　　根据 2017 年中国统计年鉴有关数据测算，低于全国人均耕地面积的省市有北京、天津、上海、江苏、浙江、福建、山东、广东、海南、安徽、江西、河南、湖北、湖南、广西、重庆、四川等 18 个，占全国 31 个省市的 58.06%；高于全国人均耕地面积有山西、内蒙古、贵州、云南、西藏、陕西、甘肃、青海、宁夏、新疆、辽宁、吉林、黑龙江等 13 个省市，占全国 31 个省市的 41.94%，且大部分省市分布在中国西部地区，降水少，荒漠化严重，不适合耕作，粮食产量比较低，其中上海、北京、广东、天津、福建、浙江等 6 个省市的人均耕地面积低于联合国粮食组织的人均耕地占有量 0.795 亩的警戒线。

表 3.7　　　　　　　　　　2013—2016 年全国耕地质量变化情况

	2016 年	2015 年	2014 年	2013 年
优等地（万公顷）	389.91	397.38	386.5	385.24
高等地（万公顷）	3579.57	3584.60	3577.6	3586.22
中等地（万公顷）	7097.49	7138.52	7135.0	7149.32
低等地（万公顷）	2395.41	2389.25	2394.7	2386.47
耕地平均质量①	9.96 等	9.96 等	9.97 等	9.96 等

---

　　① 全国耕地评定为 15 个等级，1 等耕地质量最好，15 等耕地质量最差。1—4 等、5—8 等、9—12 等、13—15 等耕地分别划分为优等地、高等地、中等地、低等地。

耕地质量总体偏低，但优等质量面积有所提高。我国耕地质量总体偏低，主要以中等地为主，如表 3.7 所示，从 2013 年到 2017 年，耕地平均质量等别变化不大，优等耕地面积总体呈上升趋势，这可能是优质农田保护政策强化的效果。高等耕地及中等耕地面积下降，低等质量耕地面积增加，这可能是由于自然灾害、耕作方式及工业污染等因素的影响，进一步导致了耕地质量大幅下降。耕地质量总体偏低主要表现为以下几个方面。首先，中国污染面积大。据环保部、国土资源部 2014 年发布《全国土壤污染状况调查公报》显示，全国 16.1% 的土壤面积遭污染。其中农用耕地方面，污染面积占比达 19.4%，耕地土壤环境质量堪忧。其次，由于自然灾害、耕作方式及工业污染等因素影响，进一步加剧了耕地质量安全的危害。一方面，国内农业生产一直追求投入产出比，在土地耕作过程中，为追求产量而长期使用农药化肥，破坏了土地的自我修复能力，造成土壤板结，耕地质量下降；另一方面，土地的过度开垦也造成了水土流失、土地沙漠化和荒漠化现象出现。最后，自实行耕地增减挂钩政策后，虽耕地面积减少趋势有所缓解，但许多地方出现了"占优补劣"的问题，虽实现了耕地在数量上的平衡，但补充耕地的质量难以达到被占耕地质量，致使在大力推进耕地质量保护与提升的背景下，耕地总体质量依旧呈现出下降的趋势。

第二节　中国农村土地资源配置

土地分为农用地、建设用地和未利用地。农用地是指直接用于农业生产的土地，包括耕地、林地、草地、农田水利用地、养殖水面等，农用地基本上分布在农村。建设用地是指建造建筑物、构筑物的土地，包括城乡住宅和公共设施用地、工矿用地、交通水利设施用地、旅游用地、军事设施用地等，在中国农村，最受关注的建设用地主要包括宅基地和集体经营性建设用地。未利用地在中国农村主要是指荒山、荒沟、荒丘、荒滩等四荒地。中国实行土地公有制，城镇土地属于国有，农村土地属于集体所有，《土地管理法》规定："任何单位和个人不得侵占、买卖或者以其他形式非法转让土地。土地使用权可以依法转让"，因此，中国虽然不存在土地所有权交易市场，但存在土地使用权交易市场，市场在土地资源配置中发挥着重要作用，同时政府通过规划、管理、保护、开发等途径配置土地资源。中国农村的土地利益相关者众多，包括政府、作为土地所有者的集体以及村、农户、土地流转经营者等，农村土地资源优化配置既需要充分发挥土地经济价值，也需要妥善处理各方面利益关系，既需要充分有效地利用市场机制，也需要政府及时准确地介入。

一　中国农村土地经营与管理制度

以《农村土地承包法》、《土地管理法》等为核心的一系列法律法规充分体现了保护耕地、促进土地利用、盘活土地资产等为重要目标的中国农村土地经营制度和土地管理制度。改革开放以来，中国已逐步建立和完善了"以家庭承包经营为基础、统分结合的双层经营体制"的农村基本经营制度，虽然相关制度与政策一直在持续调整，但农村土地经营与管理仍然围绕着农业生产经营展开。以土地所有权和土地承包经营权"两权分离"为核心的家庭联产承包责任制实施之初大大激发了农民的生产积极性，有力地促进了农业生产力的发展，但随后农民增产不增收，农业小生产和大市场之间的矛盾不断加深，小规模家庭经营无法解决中国现代农业可持续发展问题，在农村土地基本制度不变的前提下，推动土地流转和规模经营、进一步优化土地资源配置从而促进农业现代化发展成为重要的政策目标，相关政策、制度和法律也因此不断调整和完善。早在 1984 年，中央一号文件《关于一九八四年农村工作的通知》就提出鼓励土地逐步向种田能手集中，然而基于当时的宪法规定，土地流转只能通过承包权的调整实现。1988 年宪法修正案为土地流转的丰富实践扫除了法律障碍，出租、转包、反租倒包、土地入股、土地合作等多种形式的土地流转逐渐出现。由于中国处于加速现代化进程中，经济社会变迁快，既有的法律往往滞后于经济社会实践，党和政府不得不出台相应的政策积极引导农村经济社会实践。

20 世纪 90 年代，农村土地关系出现了前所未有的变化，一方面人多地少的基本格局并未改变，另一方面由于农民税费负担沉重、农民外出务工等原因导致较为严峻的土地抛荒现象，基层政府及村庄领袖基于解决土地抛荒问题、增加乡村收入等目的而有意识地推动农村土地流转，在此过程中出现了随意改变土地承包关系、强迫流转、侵犯农民承包经营权等问题。此后，为适应和规范土地流转的实践需要，党和国家颁布了一系列意见、政策和法规。2001 年底中共中央发布《关于做好农户承包地使用权流转工作的通知》。2002 年颁布并于 2003 年 3 月 1 日起施行的《中华人民共和国农村土地承包法》。2005 年农业部发布并于 3 月 1 日起施行的《农村土地承包经营权流转管理办法》。2007 年《中华人民共和国物权法》颁布。2008 年底农业部发布《关于做好当前农村土地承包经营权流转管理和服务工作的通知》。经济基础决定上层建筑，一般性的指导意见和政策引导已无法深刻调整新形势下的经济关系，随着农地流转的规模不断扩大、形式不断丰富、新的规模经营主体不断成长，土地纠纷不断出现，中国迫切需要进行土地法律关系与土地权利调整，在坚持既有的根本土地制度和农村基本经营制度的前提下，党和政府提出了"三权分置"政策和制度主张。2014 年 12 月中共中央和国务院颁布《关于引导农村土地承包经营权有序流转发展农业适度规模经营的意见》，确立了农村土地经营权有序流转，发展农业适度规模经营的总体要求、指导思想和基本原则，明确提出了"所有权、承包权、经营权三权分置"。2016 年 10 月中共中央办公厅、国务院办公厅印发《关于完善农村土地所有权承包权经营权分置办法的意见》，在进一步强调"三权分置"的重要意义和总体要求的基础上，更加详细地提出了"三权分置"的实施办法，突出了"三权分置"的实践性、政策性和系统性与法制性。概而言之，三权分置是在农民人地分离日益突出的社会经济条件下，在坚持基本土地制度和农村基本经营制度的前提下，为实现土地规模经营和推动农业现代化发展并保持农村经济社会稳定的政策与制度主张，其制度逻辑的核心是把土地作为重要生产要素，在保持经济秩序稳定和社会可承受能力范围内更加充分地发挥农地的经济功能。这一制度逻辑在《关于引导农村土地承包经营权有序流转发展农业适度规模经营的意见》和《关于完善农村土地所有权承包权经营权分置办法的意见》等中央指导意见中得到了充分体现。

　　除了农地的经营与管理有详尽的制度规定之外，中国还有土地用途管制制度、耕地保护制度、土地规划制度、土地征收制度等一系列的制度规定农村相关土地资源的分配、开发、利用和相关市场交易。近年来，有关基本农田保护、农村土地征收、集体经营性建设用地和宅基地的资本化等方面制度建设亦在不断推进。农村土地资源经营与管理日益全面与完善。

二　中国农村土地资源配置存在的问题及原因

(一) 农村土地资源配置存在的问题

政府机制与市场机制相结合的农村土地资源配置基本适应了生产力的发展，维护了社会稳定，但农村土地资源配置仍然存在一些问题，主要表现在如下几个方面：首先，在城乡二元土地制度下，农村大量土地的非农业用途经济价值实现过度依赖于国家土地征收制度，土地用途转换过程中的市场机制体现不充分，大量土地经济机会不能通过市场捕捉。虽然近年来在集体经营性用地入市、宅基地有偿退出和转让等方面已进行试点，但新的尝试仅限于在存量非农用地上实施市场化配置，新增建设用地只有通过国家土地征收，实现用途转化后才能进入土地使用权交易的二级市场，在土地征收过程中，土地征收体现的是国家意志，征收补偿使用的是行政手段，作为土地所有者的农民集体和作为土地使用者的农户均不能成为作为交易一方的市场议价者，无论征收补偿标准是高还是低，都是执行的既定程序和标准，无法充分体现每块土地的稀缺程度和价值差异。这种行政主导的非农土地配置除了因不能反映真实土地经济价值与经济机会而低效率外，还因只承认存量非农用地的市场化而不公平，一些农村工业化比较发达的地区过去违规占用耕地用于非农产业，获得巨大的农地非农化溢价，而当前农业工业化程度低的地区再进行农地转非农地则受到更多的法律与政策约束，即使在规划范围内的合法的农地非农化，当地也无法通过土地市场获得土地用途转换的溢价。

其次，在中国农村还存在大量的土地闲置与浪费，土地资源未高效利用。在城镇化背景下，出现了农村空心化现象，农村中青年人口减少，缺乏住房租赁市场需方，已举家进城或外迁的农村废旧房屋没有得到有效处置，此外，为了提高公共服务的可及性，适应农村聚落形态的变化，农村住宅逐渐向小城镇周边和交通干线两旁聚集，不少农户建新不拆旧的，旧宅占地。虽然《土地管理法》规定一户一宅，但在农村户的概念难以准确界定，建新不拆旧产生的实际上的一户两宅甚至一户多宅较为普遍，零散分布在各处的废弃住宅或房主不住的旧宅复垦成本高而效益低且无明确的复垦受益人，从而导致了宅基地闲置与浪费。再次，中国农村实行集体土地所有制，但作为土地所有者的农民集体既无能力也无权利进行有效衔接各类政策要求的土地规划，从而作为所有者无法统筹处理农用地、集体建设用地（包括集体经营性建设用地和宅基地等）、未利用地（包括荒山、荒沟、荒丘、荒滩等），土地整体利用价值不能充分凸显，农村土地开发、土地整治及土地之上农田水利等公用设施的建设均受到一定制约。

最后也是最为重要的，农地作为农村最为重要的经济资源，承载着多种功能，农地功能尚需进一步优化，特别是其经济功能尚需更加充分地发挥。农地作为专用于农业的土地资源，具有自然属性、经济属性和社会属性三重属性。土地作为一种自然资源，在市场经济条件下，"由于土地生产物变为商品，获得了市场价值，土地本身也随之变成为一种具有价值的商品"①，具有经济属性。农地作为最基本的生产资料还可以作为国家社会控制和稳定的工具，具有社会属性。土地有多种用途，但土地用途变更具有较大的机会成本，由于当代社会工业化和城市化的趋势不可逆转的特点，农地一旦转化为非农业用途再复垦成农业用地面临巨大的技术障碍和机会成本。就农地用途而言，不同的农业生产要求不同的生产工具和条件，不同作物需要的资金、技术装备也不相同，因此，即使是农业用途之间的转化也具有较大的机会成本。农地作为农民基本的生产资料，在严格的技术约束和资本约束下，农地与劳动的结合也能生产物质资料，农地既能与高技能劳动结合，也能与低技能劳动结合，既能与高强度劳动结合，也能与低强度劳动结合，且农地利用的劳动密度具有巨大弹性，因此农地具有就业保障功能，因为能承载低龄老年人的就业，进而保障老年人基本生活，又具有养老功能。然而，农民特别是老年农民以土地作为最后的生存依托，仅以低劳动投入、低资本投入从农地获得粮食蔬菜等基本生活资料②，农地的经济效益不能充分实现。农地承包主要依据集体发包初期的农户家庭人口状况，并没有遵循市场原则，农户占有的承包地与其经营能力和家庭禀赋特征未必一致，即使初始承包符合满足效率要求，由于农户承包地长久不变，农户占有农地状况也无法适应农户家计特征的变化，因而农地的高效率配置过多地依赖土地流转。基于本项研究的主题和目标，后文主要讨论农地资源配置问题。

---

① ［德］考茨基：《土地问题》，梁琳译，生活·读书·新知三联书店1955年版，第28页。
② 刘远风：《"福利田"的经济分析》，《南昌航空大学学报》（社会科学版）2009年第1期。

（二）当前农村土地资源尚未优化配置的根本原因

1. 农地权利调整的规范性标准

资源优化配置最终体现在资源的所有者、使用者及有权调度资源的其他主体处置资源的行为，农村土地资源优化配置须进行土地权利调整特别是农地权利调整。只有明确"应该怎样"，才能严格比照"实际情况"，揭示和发现问题的本质，因此，确定权利调整的规范性标准是其重要前提。新制度经济学在明确权利调整方面具有巨大的优势。新制度经济学坚守新古典经济学的核心假设即"约束条件下追求最大利益"的"经济人"假设，但引入了不完全信息、有限理性和机会主义行为特征等不同于新古典经济学的假设，以交易成本、产权、合约关系等为重要分析工具，并把社会资本、社会网络、意识形态等纳入到理论视野中，进入分析模型，分析制度、组织和规则及其相应的经济效果等广泛的经济社会问题，因而，新制度经济学具有很强的开放性和包容性，能较方便地打破经济学、政治学和社会学之间的学科壁垒。

新制度经济学不仅强调制度的重要性还逐渐形成了评判制度优劣的规范性标准。福利经济学是典型的规范经济学，但它主要讨论效率问题，揭示市场的规范含义，就制度评价来说，福利经济学第一定理强调完全竞争市场能够实现帕累托最优，其规范含义在于"充分有效地利用市场的制度是好制度"，福利经济学第二定理强调帕累托最优能够通过创设完全竞争市场来实现，其规范含义在于"能够开创和维护竞争性市场的制度是好制度"。然而，不仅市场本身嵌入在经济社会机制之中，而且存在着市场失灵，仅揭示市场的规范含义无法提供有效的制度选择指导意见。新制度经济学在评价制度方面更具优势，它把制度看作博弈规则，聚焦于寻找各方都有利的制度安排，"不是应用既有的结果导向的福利经济学标准，而是通过检验经济互动规则是否改造存在社会两难的互动、容许获得合作收益来确定一般规则"[1]，其规范含义是"能减少社会两难，增加合作利益的制度就是好制度"。土地所有权、承包权和经营权的权利内容不同，所有者、承包者和经营者的利益也各不相同，如何协调各方利益，增加土

---

① Martin Petrick, Ingo Pies: "search for rules that secure gains from cooperation: the heuristic value of social dilemmas for normative institutional economics", *Europe Journal Law Economics*, No. 23, Nov 2007.

地所有者、承包者和经营者的合作利益是土地权利配置或土地制度所必须考虑的重大问题。

依据新制度经济学的制度规范性要求，合理的土地权利配置应至少满足如下准则（详见表3.8）。合作的前提是承认各方有独立的利益，因此有最为基础的规范标准A：土地权利配置应兼顾土地相关各方的利益，不仅各土地权利主体的利益能得到充分尊重，而且与土地利用相关联的其他利益相关者的诉求亦能得到尊重；合作利益的产生最终在于生产要素的有效使用与组合，因此有规范标准B：土地权利配置应有利于激励各利益相关者贡献其所掌握的生产要素，如农民贡献劳动力和资本、投资者增加农业投资、农业技术服务者提供技术等；有效合作不仅要有真实的合作利益产生，而且此类合作利益必须要能被合作各方所认知，因此有规范标准C：土地权利配置应有利于促进土地利益相关各方追求合作收益，也只有各类要素所有者及相关主体追求合作利益，才能使生产要素得到合理的配置，经济效率才能实现；长期来看，合作利益是建立在资源持续高效的利用基础上，因此有规范标准D：土地权利配置应促进土地充分利用但能阻止土地的过度利用，既不能有排他性权利缺位的"公地悲剧"，也不能有多重交叉排他性权利的"反公地悲剧"。中国农村土地属于集体所有，土地权利配置还必须考虑经济决策特殊性。只有权利主体拥有相对独立的决策权，赋予独立的民事权利和民事责任，产权才能在经济上实现，因而农民集体行使土地所有权必须依托一定的经济组织，相应经济组织的治理结构也是土地权利配置不得不考虑的问题。"治理的核心问题是如何促进利益相关者积极贡献和运用自身拥有的专项资产，而剩余控制权的安排在其中起到决定性作用，所谓剩余控制权就是做出剩余决定即契约或法律规定之外的决定的权利"[1]，农民集体作为土地所有权主体，只有明确了农民集体组织的决策范围、决策程序等内部治理结构问题，才能有清晰的所有权权利内容，因此，产生了规范标准E：农地权利配置应有利于农民集体行使剩余控制权，农村集体作为所有权主体应能够有效行使其民事权利。

---

① Gerhard Speckbacher. : "Nonprofit Versus Corporate Governance: An Economic Approach", *Nonprofit management &Leadership*, No. 3, Mar 2008.

表 3. 8   土地权利配置的规范标准

规范标准	主要内容
A：利益兼顾	土地权利配置应兼顾土地相关各方的利益
B：有效激励	土地权利配置应有利于激励各利益相关者贡献其所掌握的生产要素
C：促进合作	土地权利配置应有利于促进土地利益相关各方追求合作收益
D：合理利用	土地权利配置应促进土地充分利用但能阻止土地的过度利用
E：优化治理	农地权利配置应有利于农民集体行使剩余控制权

2. 当前土地权利配置还不完全符合规范性准则

以《土地管理法》、《农村土地承包法》等法律制度为基础，经过三十多年的发展和完善，中国农村土地制度基本形成了以稳定承包权、放活经营权为核心目标的土地权利配置格局（详见表 3.9）。三权分置是一种政策、制度主张和经济实践，其理论和法律仍需要通过总结实践经验等不断构建和完善，在中国现行法律中只有承包经营权的概念没有承包权和经营权的概念。经济实践中通常说的经营权并不是法律概念，表 3.9 所指经营权不是一般经营权能，而是指通过土地流转形成的与承包经营权人相区别的经营者的权利。

表 3. 9   当前经济实践中土地权利

权利	生成机制	权能	权利负担的设定	经济实现形式
土地所有权	法律赋权	占有、处分、收益、使用	发包	土地征收补偿
承包经营权	集体发包与法律赋权	占有、使用、收益、有限处分	土地流转	流转收益、经营收益
（流转产生的纯粹的）经营权	合同约定	使用、收益	抵押	经营收益

集体土地所有权来源于法律或行政的初始界定，土地管理法第八条规定"农村和城市郊区的土地，除由法律规定属于国家所有的以外，属于农民集体所有"，第十条进一步说明农村集体所有的具体内容，对"农民集体"概念纷争采取了承认历史与现状的态度对"农民集体"进行确权，"已经分别属于村内两个以上农村集体经济组织的农民集体所有的，由村内各该农村集体经济组织或者村民小组经营、管理；已经属于乡（镇）农民集体所有的，由乡（镇）农村集体经济组织经营、管理"。土地承包

经营权获得在法律上有两种途径，一种为农村土地承包法第二章规定的家庭承包，另一种为第三章规定的其他方式承包，其他承包方式承包按农村土地承包法第四十四条规定，仅限于不宜采取家庭承包方式的荒山、荒沟、荒丘、荒滩等农村土地，土地管理法第十四条亦规定"农民集体所有的土地由本集体经济组织的成员承包经营"，在经济实践中，只有家庭承包获得土地承包经营权才有权出租等土地流转，而其他方式承包获得的承包经营权则为承包合同约定的权利。土地承包经营权虽然自发包合同生效时设立，但其权利并不是简单的私法契约产生，物权法第126条规定了承包期，承包期届满，土地承包经营权人可以继续承包，因此，承包经营权的生成机制是集体发包和法律赋权的有机结合。而土地流转产生的经营权则完全由私法契约产生，法律保护土地流转经营者合同约定的权利。

所有权具有占有、使用、收益、处分等权能，集体土地所有权通过发包使承包经营权成为其权利负担，从而其权能受到了承包经营权的限制，在费税改革后，土地所有者不能再获得土地承包费收益，因而，有土地承包经营权负担的土地所有权在经济上只能通过土地征收补偿实现，而土地所有者及其代理人除依法获得有限的土地收益外，还可以通过土地所有者特有的对土地经营的干预权（损害权）向土地实际经营者进行非法政治抽租获得收益。承包经营权可以通过土地流转设定权利负担，土地流转后，承包经营权受到实际土地经营者权利的约束，在经济上，土地承包经营权既可以通过土地经营获得收益也可以通过土地流转获得收益。土地经营权在实践中仍可通过抵押设定权利负担，在经济上主要通过土地经营获得收益。

表 3.10　　　　　　　　　　当前土地权利存在的问题

权项	违背的准则
所有权	A、C、D、E
承包经营权	B、D、E
（流转产生的纯粹的）经营权	B、C、D

然而，当前的土地权利配置并不完全符合上文所述的一系列规范性准则（详见表3.10）。首先，由于土地所有权的权利负担过重，难以获得充足的经济利益，作为所有权主体的农民集体很少甚至没有独立的经济利

益，因而农民集体难以成为能够独立承担民事责任的具有组织性的法人实体，集体土地所有权演变为没有主体承载的"空权利"，农民集体或村庄代理却能够利用所有权干预、限制承包权和经营权，"空权利的本质是反权利，是资源攫取的权力通道"①，同时，土地所有权保护农地的功能也可能因村庄代理人的政治抽租而落空，因而，土地所有权无法兼顾国家、集体和个人（农户）利益，违背了准则 A；由于农村集体土地要求发包给农户，土地所有者一方面无法满足新增集体经济组织成员的分地诉求，另一方面几乎没有储备土地用来缓解家庭承包经营者之间的土地矛盾，因而难以促进集体组织成员开展合作，违背了准则 C；农业现代化的发展需要一定的土地规模经营与农业机械的有效使用，然而，土地所有者无权打破家庭承包土地的地块边界，难以开展有效的土地整治，大大限制了农业机械和现代科技的使用，因而违背了准则 D；当前，农村集体土地一般由农户家庭免费承包，土地一旦发包出去，农民集体作为土地所有者除了国家土地用途管制的非正式代理人履行监督职能外，几乎无实际土地决策权利和决策内容，所有权的兜底性没有充分体现，众多农民集体无独立的民事决策权利和土地经济利益，因而，违背了准则 E。

其次，承包经营权由集体发包和法律赋权形成，承包地不是按价高者得的市场准则获得，农户按人口获得一定的远近肥瘦搭配的承包地，土地细碎化，此外，农村土地承包法中仍然有调整和收回承包地的条款，土地承包经营权的获取没体现效率原则，土地承包经营权本身也不稳定。农户无偿承包土地使大量农地由老人、妇女等机会成本较小的人耕种，他们中的许多人仅仅期望从农业中获得基本的生活资料，不追求农业收益，劳动投入和资本投入有限，土地低效利用，因而违背了准则 B 和 D；由于家庭承包的土地分配没有体现市场效率原则，农地资源优化配置过多地依赖土地流转，然而，一个职业农民要获得相当于从事第二第三产业的平均收益必须经营一定规模的土地，细碎化的土地承包格局使得潜在的土地规模经营者不得不与土地毗邻的众多农户达成流转契约，交易成本巨大，土地流转的范围因而受到很大限制。即使农地成片流转实现，原有的地块边界不打破、没有土地整治也不利于农业机械的使用和生产经营的开展，然而，

---

① 李凤章：《通过"空权利"来"反权利"：集体土地所有权的本质及其变革》，《法制与社会发展》2010 年第 5 期。

就规模经营所要求的土地整治来说，土地流转经营者无权利、土地所有者无利益因而无动力、土地承包经营权人则既无权利也无动力进行土地整治，使集体经济陷入治理难题，违背了准则 E。最后，土地流转经营者的经营权的权利内容界定困难，其经营权不仅仅受到土地租赁双方的私法契约约束，而且受到了契约之外的第三方约束，一方面，国家土地用途管制、粮食安全战略等使土地经营的实际范围大大缩小，另一方面，土地经营过程不得不依赖村组道路、水利设施等村组公共物品，因而村组等农村基层组织实际拥有土地经营的干预权，外部经营者只有获得本地村民认同才能真正有效地展开经营活动，外部经营主体面临经营的不确定性，不敢长期大规模进行土地经营投入，违背了准则 B；如上文所述，土地流转经营者要想实现规模经营需要面临巨大的交易成本和土地整治困局，权利各方难以实现有效合作，土地难以充分开发利用，从而违背了准则 C 和 D。

概而言之，既有的土地权利配置在宏观上尚未理顺国家与社会、政府与市场的关系，表现在农地作为重要的生产要素却被赋予了相应的社会功能，经济功能和社会功能发生冲突；农村土地家庭承包没有价格和竞争，土地优化配置过度依赖于土地流转市场。在微观上土地所有权、承包经营权和（流转）经营权的权利内容不清、边界模糊，表现在土地所有者无土地剩余控制权，承包经营权具有物权性质，一定程度上侵蚀了所有权，但承包地在承包期内仍可能被调整甚至收回，土地经营自主权受到限制等。因此，适应农业现代化的要求，我们需要进一步完善土地制度，调整土地关系，明确土地权利。

第三节　农村土地资源优化配置的实现路径

一　调整土地权利，落实和完善三权分置

改革开放以来，进一步解放和发展农业生产力，优化土地资源配置成了农地政策嬗变的主线，政策演进过程充分呈现了改革开放以来农地政策调整的经济效率导向，但各项政策仍十分重视农地的社会功能，强调稳定承包关系、保护农民的土地权益对农民生计的重大意义，政策的调整一方面把农地作为重要生产要素，为实现农地规模经营和推动农业现代化开创制度条件，另一方面坚持农村基本经营制度，着力保持农村经济秩序稳

定。概言之，改革开放以来，农地政策演进旨在维护或不削弱农地社会功能的同时更加充分地发挥农地的经济功能。三权分置的提出是改革开放以来农地政策演进的结果，是在农民人地分离日益突出的社会经济条件下，在坚持基本土地制度和农村基本经营制度的前提下，为实现土地规模经营和推动农业现代化发展并保持农村经济社会稳定的政策与制度主张。自《关于引导农村土地承包经营权有序流转发展农业适度规模经营的意见》（后文简称《意见》）颁布以来，党和国家就三权分置改革提出了多项指导性意见，其主要的政策论述详见表 3.11。

表 3.11　　　　　　　　　　　三权分置改革的政策论述

政策文件	改革定位	三权分置论述	政策意旨
《关于引导农村土地承包经营权有序流转发展农业适度规模经营的意见》	巩固和完善农村基本经营制度	坚持农村土地集体所有，实现所有权、承包权、经营权三权分置	构建以农户家庭经营为基础、合作与联合为纽带、社会化服务为支撑的立体式复合型现代农业经营体系
《关于加大改革创新力度加快农业现代化建设的若干意见》（2015年中央一号文件）	健全农村产权保护法律制度	明确现有土地承包关系保持稳定并长久不变的具体实现形式，界定农村土地集体所有权、农户承包权、土地经营权之间的权利关系	增添农村发展活力
《关于落实发展新理念加快农业现代化实现全面小康目标的若干意见》（2016年中央一号文件）	深化农村集体产权制度改革	稳定农村土地承包关系，落实集体所有权，稳定农户承包权，放活土地经营权，完善"三权分置"办法，明确农村土地承包关系长久不变的具体规定	增强农村发展内生动力
《关于完善农村土地所有权承包权经营权分置办法的意见》	家庭联产承包责任制后农村改革又一重大制度创新；农村基本经营制度的自我完善	落实集体所有权，稳定农户承包权，放活土地经营权	农村土地农民集体所有权不能虚置；稳定现有土地承包关系并保持长久不变；赋予经营主体更有保障的土地经营权

《意见》提出的"实现所有权、承包权、经营权三权分置"的改革命题，并把三权分置改革作为巩固和完善农村基本经营制度的举措，力图通过制度完善为构建立体式复合型现代农业经营体系创造条件，《意见》把"农村土地经营权有序流转，发展适度规模经营"作为"培育新型农业经

营主体"、"创新农业经营体制机制"的重要手段。2015 年中央一号文件把"明确现有土地承包关系保持稳定并长久不变的具体实现形式，界定农村土地集体所有权、农户承包权、土地经营权之间的权利关系"作为健全农村产权保护法律制度的重要内容，通过产权制度的完善增添农村发展活力。2016 年中央一号文件继续把"完善三权分置办法"作为深化农村集体产权制度改革的内容，并以产权改革增强农村发展内生动力。《关于完善农村土地所有权承包权经营权分置办法的意见》（后文简称《办法》）对落实集体所有权，稳定农户承包权，放活土地经营权的具体内容进行阐述，把三权分置改革作为家庭联产承包责任制后农村改革又一重大制度创新和农村基本经营制度的自我完善，《办法》认为农村土地农民集体所有，是农村基本经营制度的根本，必须得到充分体现和保障，不能虚置。农户享有土地承包权是农村基本经营制度的基础，要稳定现有土地承包关系并保持长久不变。赋予经营主体更有保障的土地经营权，是完善农村基本经营制度的关键，从而基本确定了制度创新不能突破的边界。

表 3.12   三权分置的政策目标

政策要点	农地功能实现
坚持土地集体所有权（坚持农村土地农民集体所有）	保留集体对土地处分权能，从而便利集体提供公共产品，实现治理功能； 集体监督农地使用，实现耕地保护的政治功能
稳定农户承包权（稳定现有土地承包关系并长久不变）	维护农民利益，发挥稳定功能； 保留农民工的承包地发挥保障功能； 维护农村基本经济秩序，实现治理功能
放活土地经营权（维护经营主体从事农业生产所需的各项权利，使土地资源得到更有效合理的利用）	适应多种形式的土地流转，适应多种形式的农地经营方式，为非农户的农业经营主体经营农业提供便利，更加充分的发挥农地经济功能； 农地可以流转、可以抵押，实现土地的财产功能和融资功能等经济功能

通观多项政策论述，党和国家把三权分置改革主要围绕农村经济发展展开，其政策意旨是适应现代农业发展和多种形式的农业经营模式，为农村引入和培育新的经营主体、新型生产要素等创造制度性条件，优化农地的功能结构，更加充分地发挥农地的经济功能，挖掘更多的附着在农地上的经济机会，从而增强农村内生发展动力。依上文分析，三权分置旨在为土地流转及土地资源优化配置创造制度条件，核心目标是通过土地关系的调整和土地权利的明确更加充分地发挥农地经济功能，同时确保农地其他

功能的实现（详见表3.12）。

在三权分置的政策论述中"落实集体所有权，稳定农户承包权，放活土地经营权"虽然没有对所有权、承包权和经营权的权利性质和权利内容进行界定，但所指称的法律关系和所指向的政策目标是较为明确的。落实集体所有权就是依据宪法规定的集体所有制内在要求，坚持农村土地农民集体所有。集体所有权使集体保留了一定的土地处分权能，从而便利集体开展一定的农田整治和小型水利设施建设；土地农民集体所有也是一定范围内农民共同利益的纽带，有利于促进农民有效合作，实现相应的治理功能；法律赋予了农地发包方监督农地使用的权利，有利于耕地保护。稳定农户承包权所指的是稳定土地承包关系。稳定现有的承包关系并长久不变的政策取向在于赋予农民或农户更充分的土地权利，稳定农心；同时稳定承包关系也有利于农村经济秩序稳定，减轻基层治理负担；保留农民工的承包地的政策初衷在于使农民工有最后的生存依托，一旦农民工在城市就业失败，还可以返乡依托土地谋生，从而发挥土地保障功能。放活土地经营权所指称的是一方面增强土地经营权的可交易性，另一方面维护经营主体从事农业生产所需各项权利，增加土地实际经营者使用土地的灵活性。放活土地经营权是土地权利体系适应多种形式土地流转和多种土地经营方式，为农业企业、农业经营大户以及合作社等普通农户之外的农业经营主体提供更多的土地经营便利，从而更加充分地发挥农地的经济功能；活化土地经营权，有利于农户通过土地流转获得土地租金收入、通过土地抵押获得融资，从而更加充分地实现土地的财产功能。法律关系的本质仍然是人与人之间的关系，三权分置政策论述中所有权、承包权和经营权所指称的权利内容最终体现在土地所有者、农民和土地经营者等权利主体之间的法律关系上。因此，三权分置的法律含义就是调整或重新配置土地权利，使土地所有者、农民和土地经营者等权利主体之间的关系更加协调，更加有利于农地功能优化和农业现代化发展，以此为基础进行相应的法律构造。

三权分置的法律构造就是要通过法律手段协调不同土地权利主体之间的利益，实现农地功能优化等政策目标。所有权具有完整性，拥有最为丰富的权能，在民事权利体系中，众多权利都是基于对所有权的限制即在所有权上设定权利负担而实现。土地权利的调整或重新配置应以土地所有权为中心，围绕政策意旨与政策目标，一方面审查对土地所有权限制的合目的性，另一方面辨析基于特定目的应对所有权进行怎样的限制。宪法规定农村土地除由法律规定属于国家所有以外属于集体所有，因而集体土地不能通过市场化手段转让所有权（国家土地征收可以视为集体土地只能转让给国家，但并不遵从市场原则），农民集体土地是农民的生存之基，通过宪法性约束限制所有权转让土地的处分权能，具有一定的合理性。但《土地承包法》等法律中对土地所有权的众多限制已经不符合农业现代化发展的实际。其一，对土地发包对象的限制在农业现代化背景下已经没有必要。土地承包法第三条规定除四荒地外，农村土地只能由农村集体经济组织内的家庭承包。然而，当前农民已经有了丰富的非农职业选择，农户有承包地但不实际经营的情形大量存在，该条已无法实现立法初衷"土地承包经营"。农村经济状况千差万别，一些地方农民非农化程度高而另一些地方农民仍然主要依靠农业经营谋生，非农化程度高的地区家庭承包经营已不是主流，农业经营大量依靠土地流转，若无该条限制则土地流转经营主体特别是规模经营主体可以直接从土地所有者那里获得经营的农地，因而该限制条款徒增土地市场化配置的交易成本，背离了三权分置放活经营权的政策意旨。非农化程度低的地区，农民经营农地的诉求通过相应的优先承包权即可满足，并不一定需要该限制性条款来保障。

其二，承包期限的规定、延包政策以及一系列强化土地承包经营权的措施，增强了承包经营权对抗所有权的能力，限制了所有权主体处分土地的权利，然而，这并不能通过合目的性审查。强化承包经营权旨在稳定家庭承包经营并以此激励农户保护耕地和增加农地投入，由于农民代际职业的变化，农民子女非农化趋势在城镇化背景下日益加剧，大量农户的农业经营周期限定在一代范围内，即使是农户农业经营代际传递也可以通过设定优先承包权实现继续经营，过长的承包期固化了农地的碎片化占有却并不是稳定家庭承包经营的最佳选择。此外，不少农户不经营农地而是通过土地流转获得土地收益，此种情形与农民以集体成员身份分享土地收益类似，强化承包经营权并不是维护农民利益的唯一选择。其三，对发包方机动地比例的规定和调整承包地的约束，虽然一定程度上有利于保护农民利益，但限制了农民集体的经济决策。虽然家庭联产承包责任制已实施多年，但仍有南街村等集体统一经营模式存在，在司法实践中也并未判断为非法，在土地确权过程中也照顾了地方实践的差异，存在"确权确地"与"确权确股不确地"两种形态，然而，虽然承认了统一经营和确权确股不确地的现状，但"机动地的规定和调整承包地的约束"使得其他地方收回承包地转为集体统一经营、打破地块边界重新确权成为非法行为，"过去做了的现在可以继续，过去没做的现在却不能做了"也有损公平。符合三权分置政策目标的集体土地所有权应解除强加于上、有悖于政策意旨的权利负担和公法约束，其法律构造如表3.13所示。

表 3.13　　　　　　　　　三权分置的法律构造

权利名称	权利主体	权利来源	权利行使主体	主要权能
所有权	农民集体	法律赋权	集体经济组织	占有、处分、使用、收益
成员权	农民	法律赋权与集体确权	农户	优先承包、收益分享、民主管理
承包经营权	土地经营者	发包合同与流转契约	合作社、农户、农业企业	使用、收益、有限处分

农民集体拥有土地所有权，其权利由法律赋予，所有权具有占有、处分、使用、收益等丰富的权能，权利的行使应由能体现所有者意志的集体经济组织来承担，三权分置改革中应赋予农民集体更为充分的处分权和具有一定程度的土地发展权。农民集体作为土地所有者不仅发包土地，而且应具有土地整治、在土地规划范围内改变土地用途等较为广泛的土地处分权。着眼中国发展的大局，工业化、信息化、城镇化和农业现代化"四化同步"发展战略必须充分高效地利用农村土地，而农村集体建设用地、宅基地和农业用地等三种不同性质的土地相互转化及开发使用无法在既有的农地权利配置中妥善解决。土地用途转换所产生的土地增值收益不仅无法转化成农业现代化投入甚至农民直接分享的土地增值收益也十分有限，因此，在农地权利调整过程中既要重视保护耕地，也要关注土地资源利用的总体优化。随着农民生产生活条件的改善、与现代农业相适应的非农产业的发展，集体建设用地、宅基地、农地之间的布局也不得不相应地改变，在土地规划允许的范围内，农民集体作为土地所有者应具有相应的土地发展权即农地用途变更的决定权及相应的土地增值收益权。此外，农民集体作为土地所有者应具有使用土地特别是农业经营的天然权利。农民作为集体经济组织成员，其成员权由法律赋予但还应由集体加以确认，由于家庭是最基本的经济和生活单位，农民的成员权可以由农户来行使，成员权主要权能包括优先承包、收益分享和民主管理等。随着非农就业的机会

增加，农民对土地的依赖减少，可在适当时机去除家庭承包的强制性要求，在农村土地承包方式的选择上可以更多地考虑效率因素，扩大招标、拍卖等市场竞标等承包方式的适用范围，随着市场化承包方式的扩展，逐渐凸显土地承包的私法契约性质，农民获得承包地的特权适时转化成优先承包权和便于量化的土地收益分享权。优先承包权如何落实、土地收益如何分配都可以交由农民集体自主决策，从而适应千差万别的基层实践。家庭承包的土地仍然可以使用、经营和流转。农地实际经营者所享有的权利仍可称为承包经营权，但其权利来源既可以是发包合同也可以是流转契约，土地经营者可以使用土地并获得收益，同时为了经营的需要可以有限地处分土地，包括平整土地、开挖水渠等。

一旦解除了强加于农民集体所有权之上的权利负担和不当约束，不仅有利于促进涉农主体之间更有效的合作、激励各利益主体更积极地农业投入，而且有利于国家土地用途管制政策执行，改善乡村治理。首先，一旦强加的权利负担解除，作为土地所有者的农民集体就能通过土地整治、土地经营获得独立的经济利益，农民集体就有走出"空壳化"、重新组织化的动力和压力，农民集体组织化后集体决策的内容更加丰富，其决策对集体成员的利益影响增加，农民将更加积极地参与集体决策，通过经济民主实践积累利益妥协、民主协商的技巧，从而促进农民之间的有效合作。作为土地所有者的农民集体一旦拥有了土地发展权，农地用途的擅自改变就是对农民集体利益的侵害，集体代理人和集体成员将更有动力监督土地违法行为。其次，没有强加的权利负担和相应的公法约束，土地所有者就能自主地扩大土地承包的市场竞标范围，从而显化和增加土地价值，有利于农民分享更多的土地收益。如果农民的承包地不是自己经营而是通过流转获得收益，那么土地承包经营权的经济实现方式与集体成员分享集体土地收益完全一致，前者是先通过集体成员资格获得承包经营权，然后通过土地流转分享土地实际经营者的土地收益，后者是直接用集体成员身份分享集体土地收益。在土地流转日益普遍的背景下，通过招标、拍卖等方式让集体土地利益最大化，农民能分享更多的土地利益。最后，加强的权利负担和公法约束解除后，农地所有权主体和其他农地主体就可以详细地约定相互之间的权利与义务，各得其所，各尽所能地进行农业投入。当土地所有者和家庭承包的农户能够分享土地经营收益后，土地所有者和农户就有动力和能力进行土地整治，为连片规模经营、大型农机、先进水利设施、新技术的使用创造条件，释放农业投资空间，吸引新型农业经营主体和新型农业生产要素。

二 推进农村土地制度变革，增强集体决策能力

法律修订的具体内容应充分考虑当前经济社会条件，一个总的态度是面对现实、立足长远、小步疾行。当前，农民制约村庄代理人的能力有限，担心村庄代理人侵害农民利益，国家对赋予农民集体更多的权利有所顾忌。农民制约代理人的能力需在参与村庄选举和村务决策中形成，有限的集体权利、集体决策范围狭小导致了农民参与村务的机会不多，农民对村务冷漠使得代理人更容易滥权，因此，从长远来看，提高农民制约代理人的能力恰恰需要扩充集体权利和集体利益。从法理上讲，政府应正确处理与自治机构的关系，村民自治的自治内容过于稀少将会导致自治机构变成行政的附庸。乡村治理结构的改善和集体决策空间的扩大应是一个良性互动的过程，短期内可通过大学生村干部等多种形式的精英下乡来改善乡村治理结构，但长远来看则要通过落实土地所有权、扩大集体决策范围来改善乡村治理。

土地所有权负担和约束的解除应与土地所有权行使主体的构建相适应。当前农村经济的一个突出问题是土地所有权主体虚化及相应的农村集体经济空洞化，集体虚化导致个别集体成员的突出才华和经济业绩往往只能由个人和家庭享用，集体及集体其他成员难以分享。既然集体土地所有制来源于改革前的合作社，那么，集体所有权主体可以重新按照合作社原则建构①，但必须保障自由退出权作为合作社的安全阀，建议以共同利益纽带清晰、伦理约束强、邻里互助容易实现的村民小组或自然村为合作范围，先赋予合作社土地所有权行使主体地位，再通过优先承包权赋予农民退社自由，然后通过合作社的土地运营（包括流转、有偿承包等）实现土地收益，最后，农民再根据合作社的规则分享土地收益。当以合作社为代表的集体经济组织能够凝聚集体意志、形成有效的独立决策时，三权分置法律构造的所有权就能得以经济上的实现。

现代农业无法承载过多的劳动力，为促进土地规模经营，可以通过赎买的方式让进城务工人员放弃承包地，但当前农民工还无法获得与城市工

---

① 马俊驹、宋刚：《合作制与集体所有权》，《法学研究》2001年第6期。

人同等的社会保障待遇，农民工还无法完全融入城市，因此，赎买农民工承包地的节奏应与社会保障制度的完善、农民工融入城市的节奏一致。同时，政府应把农民工是否愿意融入城市的决策权、是否已经融入城市的判断权交给农民，也就是说，一方面农民工可以根据自身城市生活状况决定是否放弃承包地，另一方面，作为发包方的农民集体可以根据不同农民工不同的城市生活状况与之签订不同的土地承包合同。国家法律和政策可以规定土地承包的原则与程序，但土地承包合同的具体内容应是村民自治和农民集体决策的内容，行政权不能侵蚀自治权。当前既有的土地承包合同应受到严格保护，但通过后续的不断法律修订，应逐步允许作为土地所有权主体的农民集体与农民及其他农地经营主体签订个性化、差异化的土地承包合同，在集体成员优先承包的前提下，允许其他具有农业经营资质的经营主体承包农地，在土地承包合同的签订过程中引入更多的市场竞争因素。一旦发包方与承包方能自主自由契约，那么，随着城市化的进程，农村人口的自然衰减就能产生农地规模经营效应，就能摆脱对土地流转的过度依赖，激励现代农业要素投入。土地权利嵌入在相应的经济社会之中，国家权力、法律法规、地方性知识、农民认知等都会影响实际的土地权利结构。土地权利转变和完善，应适应农地功能的演变，一方面农地经济功能的强化需要进一步推进土地市场建设，优化农地资源配置，另一方面农地社会功能的弱化需要进一步推进社会保障制度及其他相关社会制度建设，提高农民的保障水平，用社会保障替代土地保障，用集体福利和社区福利降低农民的分地需求，用土地收益分享权替代一系列不利于土地资源市场配置的农民土地占有特权。

中国经济学界受美国影响巨大，在经济实践中已经受到了美国经济学理论的巨大的影响，而法学界受英美法学理论影响较小，在立法上也采纳了欧陆的物权法体系而不是英美财产法体系。因此，美国经济学与法学融合发展产生法经济学等新制度经济学，而中国则出现了巨大的经济学与法学的理论张力，三权分置提出以来，这一理论张力得到了充分体现。经济实践要求法律规范指导，另一方面，法律法规要适应经济实践的需要。不是实践适应理论概念，而是理论适应实践发展而丰富。用物权概念和物权理论去判别实践中出现的权利配置的权利内容、性质和权利关系并不科学。三权分置的法律完善不应局限于理论概念和特定理论框架，而应以司法实践为导向，以确定可欲的法律关系为依归即以司法实践中能做出稳定一致的符合立法预期的判决为依归。

三权分置的完善，需适时修订《农村土地承包法》、《土地管理法》、《物权法》等一系列法律法规。首先，土地承包应是获得土地经营权的方式，不再区分家庭承包和其他方式承包，发包方式和发包对象由农民集体通过合法程序决定，但可沿用"承包经营权"概念，以免导致司法混乱，建议土地承包法第二章改为"农民集体和农民集体成员"，第三章相应地改为"土地承包"。其次，在"农民集体和农民集体成员"一章中对农民集体进行界定，对农民集体的决策范围、决策程序等进行详细说明并联动修改村民委员会组织法、农民合作社法，对农民集体成员的民主决策权利、监督权利、利益分享权利等进行规定，其中应特别规定农民集体成员的土地优先承包权及其具体内容。再次，在"土地承包"一章中，规定土地所有者和土地承包者的具体权利与义务，对现有土地承包法中"家庭承包"、"其他方式的承包"的有关内容进行合并，详细规定土地承包的条件、程序和必需的承包合同条款。与农民集体决策的有关规定相适应，去除"其他方式承包"的前置条件，具体条件交由农民集体议定。最后，在"争议的解决和法律责任"一章中强化土地承包合同的约束力，删除现有土地承包法第二十六条的有关内容，承包者没有违背承包合同约定，在承包期内无论承包者地位身份如何变更，发包方也无权收回承包地。为防止农民集体代理人的滥权行为，应增设重要集体决策（关涉公民权利和集体成员权利的决策）的备案和审查的有关规定。

三　弱化农地的社会功能，强化农地的经济功能

农地作为生产要素，产生相应的经济收益，具有经济功能。农地又有促进社会良性运行的社会功能，其社会功能如前文所述主要体现在保障功能上。农地的经济功能与社会功能的关系随经济社会条件的变化而变化。当社会生产力还不发达，农业还是国民财富的主要来源，人们的主要经济目标还在追求温饱时，农民只能通过农业谋求生存发展，农民获得农业收入也仅能维持基本生活，农地产出的最大化也是农民的生存安全的最大化，农地的经济功能与社会功能统一，农民的农业劳动投入主要由自然环境和生存要求决定，农地功能目标的差异对农业经营的影响十分有限。随着生产力的发展，农业不再是国民财富的主要来源，第二、第三产业在国民经济中的比重不断提高，第二、第三产业的就业人口的比例也不断提

高，农民亦有了务工经商等更多的谋生手段，人们有了更高的生活要求。农民有了多种收入来源渠道，农地产出最大化并不与农民收入最大化一致，农地的经济功能与社会功能呈现出紧张关系。一方面，部分农民可以依托农地确保生存安全的同时依靠务工经商实现经济收益最大化，并不追求农业收益最大化，农地劳动与资本投入少，农地的社会功能凸出而经济功能却不能充分发挥，另一方面，部分农民则主要通过经营农业获得收入，小规模农地经营无法满足农民增收的要求，为实现农业收益的最大化希望转入更多的农地，部分兼业农户把农地作为安全保障不利于推动土地流转，实现规模经营，农地的社会功能影响了经济功能的发挥。

在农地经济功能与社会功能关系紧张时，农户会根据自身禀赋条件而主动选择农地利用的功能目标。部分农户经营小块农地，既不能也不愿依靠经营农地获得主要收入来源，但并不放弃农地，以农地作为生存依托或风险规避手段，即农地利用具有土地保障倾向，此时，农户有非农收入来源，并不追求农地产出，农地劳动投入和资本投入都十分有限，相反部分农户主要收入来源是农业，追求农地经济功能，农地劳动投入和资本投入都相对较多。相应的，判断现阶段农地经济功能与社会功能是否存在紧张关系，需通过实证分析评估农地劳动投入的差异，若具有土地保障倾向的农户农业劳动投入显著少于其他农户，则能揭示当前社会功能影响了经济功能的发挥。

"土地流转和农业现代化进程中的基层政府职能研究"课题组在2014年7月至2015年8月期间的入户调查，截至2015年8月底，课题组共入户访问湖南、山东、安徽、甘肃、四川、重庆、浙江、内蒙古、河北、贵州、陕西、广东、河南、云南等省市农户815户。调查通过对农户户主进行结构式访谈结合问卷调查收集农户家庭经济信息。主要信息包括家庭人口特征、农业承包地和实际经营地、农业现代化水平和现状以及乡村治理等相关信息。由于中国幅员辽阔，地区差异巨大，特定样本要代表全国情况十分困难。然而，由于此处样本涵盖了东部、中部、西部省份，既包括经济发达省份和经济欠发达省份，也包括平原地区和丘陵地区，因而样本信息能够基本体现各类经济社会条件及不同地形条件下农户的土地保障倾向对农户农业劳动投入的影响，揭示出农户的土地保障倾向对农业劳动投入的效应，此处涉及的主要变量数据定义及赋值情况如表3.14所示。

表 3.14　　　　　土地保障倾向、农业劳动投入相关变量设置及赋值

变量	符号	含义及取值
户主年龄	Age	以调查日期减出生日期取整年
家庭人口数	POP	家庭总人口数量
户主初中文化	JHS	初中及以上 = 1；初中以下 = 0
户主高中文化	HS	高中及以上 = 1；高中以下 = 0
家庭总劳动时间	WWT	家庭人口农业劳动及非农劳动时间总和；单位：月
家庭农业劳动时间	AWT	家庭人口农业劳动时间总和；单位：月
家庭劳动力数	NLF	总劳动时间 3 个月以上的人数
实际经营耕地数量	ACL	家庭实际经营的耕地面积；单位：亩
家庭总收入	FTI	家庭一年中总收入；单位：元
农业经营收入	AOI	家庭一年内农业经营性收入；单位：元
家庭总支出	TFE	家庭一年中总支出；单位：元
农业经营性支出	AOE	家庭一年内农业经营性支出；单位：元
机耕率	TPP	机耕面积/实际经营耕地面积
机播率	MSP	机播面积/实际经营耕地面积
机收率	MHP	机收面积/实际经营耕地面积
农户的土地保障倾向	LSF	户主对农地价值的态度（见下文）没有 = 0；有 = 1

　　由于农民劳动时间自由、劳动强度不被约束与劳动者年龄不受限制，因此本项研究的劳动投入不是以年龄界定的人口学的劳动力定义，而是根据家庭实际农业劳动时间来判断，一般把能获得维持自身生存资料和劳动收入者作为劳动力，很多农业生产一般以一季度为生产周期，根据经验法则，按农民习惯，此时把一年内劳动时间 3 个月以上者界定为劳动力。其次，为降低回答的主观性，提高问卷调查数据的准确性和真实性，在获取农户的土地保障倾向这一数据时，并未直接向农民提问是否认为自己具有土地保障倾向，而是在问卷调查中以考察农民对土地价值的基本看法为题，设置五个备选项，分别为没有土地农民就没活干、有了土地就有了基本生活保障、家庭收入的重要来源、现在没什么价值，但以后一旦转为非农用地或政府征地就值钱了、其他。本项选题要求被调查者选择所认为最重要的三项，本项研究将土地价值最重要的三项中均没有"土地收入是家庭收入重要来源"这一选项的农户视为不重视农地的经济功能，具有土地保障倾向。农户对土地价值的基本看法如表 3.15 所示。

表 3. 15　　　　　　　　　　土地价值的基本看法描述性统计分析

问题	选项	N	响应百分比（%）	个案百分比（%）
您对农村土地价值的基本看法	a 没地农民没活干	375	18.8	48.2
	b 基本生活保障	662	33.2	85.1
	c 家庭收入重要来源	456	22.9	58.6
	d 现在不值钱，等征地或非农用地	412	20.7	53.0
	e 其他	88	4.4	11.3
总计		1993	100.0	256.2

在本项调查中，选择有了土地就有了基本生活保障的农户占被调查农户总数的 85.1%，在对农村土地价值基本看法的总选项中占 33.2%；58.6%的家庭认为农地是家庭收入的重要来源，占总选项的 22.9%；53%的农户认为现在土地不值钱，等政府征地或转为非农用地就值钱了，该观点占所有选项的 20.7%；48.2%的农户认为没有土地农民就没有活干，占所有选项的 18.8%；在所有接受调查访问的农户中，共有 11.3%的农户选择了其他，认为土地的价值还体现在保护耕地、出租以实现集约化生产及自给自足等方面，也有农户认为土地价值不大甚至没什么价值。占总选项比例的 4.4%。在本次调查中，对农村土地价值的基本看法居于前两位的是土地的基本生活保障作用和家庭收入的重要来源，分别占被调查农户的 85.1%和 58.6%。农户的土地保障倾向是不以农业收入为家庭收入重要来源，且对土地持有有了土地就有了基本生活保障及没有土地农民就没有活干的观念，在对农户的土地保障倾向定义时，认为 1 代表农户具有土地保障倾向，0 代表农户无土地保障倾向。

课题组采集有效样本 815 份，调查内容主要包括农户的家庭特征、经营耕地数量、农业劳动投入情况等，针对所调查的样本，进行描述性统计分析，如表 3.16 所示。

表 3. 16　　　　　　　　　　　样本的描述性统计

变量名称	均值	标准差	变量名称	均值	标准差
户主年龄	50.4288	11.05943	家庭人口数	3.93	1.384
户主初中文化	0.67	0.472	户主高中文化	0.21	0.410
家庭总劳动时间	33.0276	17.59393	家庭农业劳动时间	10.975	9.0441
家庭劳动人数	2.9	1.587	实际经营耕地数量	10.0254	60.49880

续表

变量名称	均值	标准差	变量名称	均值	标准差
家庭总收入	61207.77	67587.093	农业经营收入	11586.00	20192.207
家庭总支出	33510.19	32348.319	农业经营性支出	4788.40	6718.616
机耕率	0.5268	1.10685	机播率	0.3019	1.06993
机收率	0.4904	1.10155	农户的土地保障倾向	0.35	0.477

表 3.16 描述了样本的基本情况，共有有效样本 815 份。其中调查农户中，户主平均年龄为 50.43 岁，67% 的户主具有初中及以上文化程度，21% 具有高中及以上文化程度；其次，家庭成员平均值为 3.93，其中劳动人数均值为 2.9，每年总劳动时间平均约为 33.03 个月，其中农业劳动时间平均为 10.98 个月，占总劳动时间的 33.24%；家庭总收入均值约为 61207.77 元，其中土地经营收入平均约为 11586.00 元，约占家庭总收入的 18.93%；家庭总支出均值约为 33510.19 元，其中农业经营性支出平均为 4788.40 元，约占家庭总支出的 14.29%；家庭在农业机械化使用情况中，机耕率高于机收率，机收率高于机播率；从农户对土地基本价值看法中了解到约 35% 的农户具有土地保障倾向。

为讨论土地保障倾向对农业劳动投入的影响，将农业劳动时间作为被解释变量加以考察。首先，为了考察农户的土地保障倾向对农业劳动投入是否存在显著性意义，采用了独立样本 T 检验的方法。将家庭总的农业劳动时间作为检验变量，农户的土地保障倾向作为分组变量，得出独立样本 T 检验结果（表 3.17）。据方差方程 levene 检验中 F 值和 P 值可知，土地保障倾向和家庭农业劳动时间的方差具有同质性，当方差相等时，土地保障倾向与家庭农业劳动时间两组平均值的差异通过了显著性（双侧）水平检验，在家庭农业劳动时间的问题上，倾向土地保障的家庭和倾向土地经济价值的家庭具有显著性的差异，具有统计学意义。

表 3.17　　土地保障倾向家庭总的农业劳动时间独立样本 T 检验

		方差方程的 Levene 检验		均值方程的 t 检验		
		F	Sig.	t	df	Sig.（双侧）
家庭总的农业劳动时间	假设方差相等	0.273	0.601	3.097	0.813	0.002
	假设方差不相等			3.082	573.056	0.002

　　描述性统计分析显示有土地保障倾向的农户同其他农户相比家庭总的农业劳动投入有显著差异，但这仅是一种现象概括，为揭示土地保障倾向对农业劳动投入的影响，需较全面考察农地劳动投入，辨明其中的因果机制，本项研究在模型构建中还纳入了相关的控制变量，以便凸显土地保障倾向对农户农业劳动投入的影响，详见模型（3.1）。

$$AWT = \beta_0 + \vartheta LSF + \sum \beta_i X_i + \varepsilon \quad AWT = \beta_0 + \vartheta LSF + \sum \beta_i X_i + \varepsilon \ (i = 1, 2, \cdots\cdots, n) \tag{3.1}$$

　　其中，AWT 是被解释变量家庭总的农业劳动时间，β_0 为截距项，LSF 为农户的土地保障倾向，ϑ 为土地保障倾向对家庭农业总劳动时间投入的影响程度系数，X_i 是第 i 个影响家庭总的农业劳动投入的控制变量，β_i 表示相应控制变量系数，ε 为模型的随机误差项。控制变量的选择是模型（3.1）的关键，本项研究选择了其他直接影响农户农业劳动投入的因素作为控制变量，包括实际经营耕地数量、机耕率、机收率和机播率。一般来说，实际经营耕地数量越多的农户，需要农业劳动投入相对较长。随着社会经济的高速发展，农业机械能一定程度上替代劳动，因此机耕率、机收率和机播率是影响农户农业劳动投入的重要因素。上述控制变量之间、控制变量解释变量之间可能存在着相关关系，但本项研究并不是为预测和精准测定各系数，而只关心土地保障倾向这一关键变量的符号，即关注土地保障倾向是否显著降低了劳动投入，因而，本项研究没有对变量间的共线性进行特殊处理。纳入控制变量后，模型（3.1）转换成模型（3.2）。

$$AWT = \beta_0 + \vartheta LSF + \beta_1 TPP + \beta_2 MSP + \beta_3 MHP + \beta_4 ACL + \varepsilon \tag{3.2}$$

　　模型（3.2）AWT、β_0、LSF 与模型（1）中相同，TPP、MSP、MHP、ACL 分别代表机耕率、机播率、机收率和农户实际经营耕地面积，对模型（3.2）采用 OLS 估计，估计结果如表 3.18 所示。

表 3.18　　　　　　　　　　模型（3.2）估计结果

解释变量	系数	标准误差	标准系数	t 值	P 值
常量	11.137	0.428	—	26.039	0.000
农户的土地保障倾向	-2.271	0.659	-0.120	-3.448	0.001
机耕率	3.002	1.158	0.367	2.593	0.010
机播率	0.144	0.766	0.017	0.188	0.851

解释变量	系数	标准误差	标准系数	t 值	P 值
机收率	−2.171	1.160	−0.264	−1.871	0.062
实际经营耕地数量	0.007	0.005	0.047	1.371	0.171

注：被解释变量：家庭总的农业劳动时间，$R = 0.186$；$R^2 = 0.035$；$F = 5.825$。

如表 3.18 所示，农户的土地保障倾向、机耕率、机播率和机收率等都对农业劳动投入有显著影响。但估计显示决定系数 R^2 较低，说明还有重要的影响农地劳动投入的因素没有纳入模型。家庭人口规模与特征、区域发展水平、土地细碎化程度等都会影响农地劳动投入，但本项研究并不是关注农地劳动投入的影响因素，而是考察土地保障倾向对农业劳动投入的影响，在选择控制变量时遵循了简约性原则，尚不符合基本观测条件的额变量暂不纳入，对估计的结果稳定性的影响将通过稳健性检验进行评估。

在引入影响农户农业劳动投入的控制变量进行回归后发现，农户的土地保障倾向对家庭总的农业劳动投入影响显著且系数为负，有土地保障倾向的家庭总的农业劳动投入更少。社会经济水平的提高使农民就业更多选择，家庭收入更加多元。农民经营土地的主要目的不是为了获取经济收益，而是为了满足生产生活需求，因而农户家庭农业劳动投入较少。机耕率、机播率对家庭农业劳动投入的影响为正，机耕率、机播率越高，家庭总的农业劳动时间越长，而机收率对劳动投入的影响为负，这说明机械既有可能对劳动进行替代（减少劳动），也有可能与劳动形成互补（促进劳动投入），不能简单地认为农业机械化程度提高会降低农业劳动投入的重要性。从实际经营耕地数量对家庭总的农业劳动投入回归结果来看，实际经营耕地数量在统计水平上不显著且系数趋近于零，这可能是因为存在两个相反作用互相影响后产生的结果。一般来说，家庭总的农业劳动时间会随着实际经营耕地数量的增多而增加，但当土地经营面积达到一定规模后，为提高劳动生产效率，一般会采用机械化生产方式，从而节约家庭总的农业劳动时间，此外，土地保障倾向与农户的实际经营农地面积有关，则也会导致估计系数的不准确，本项研究中未能准确反映实际经营耕地数量对家庭总的农业劳动时间的影响，土地实际经营面积对家庭总的农业劳动时间的影响表现为不显著。

调查样本的分布未必满足随机性要求，基于样本的实证分析结论的适用范围还需进一步考察。本项研究样本覆盖范围广，但样本数量偏少，因此，为排除样本选择性偏误，评估未观测的因素对模型估计的影响，本项研究随机抽取50%的样本对模型（3.2）进行稳健性检验。检验结果如表3.19所示。

表3.19　　　　　　　　模型（3.2）的稳健性检验

解释变量	系数	标准误差	标准系数	t	Sig.
常量	10.713	0.688	—	15.583	0.000
农户的土地保障倾向	−1.990	0.953	−0.103	−2.087	0.038
机耕率	5.420	1.889	0.306	2.870	0.004
机播率	0.565	1.390	0.027	0.407	0.684
机收率	−4.831	1.954	−0.264	−2.473	0.014
实际经营耕地数量	0.004	0.005	0.040	0.802	0.423

表3.19中的估计结果显示，农户的土地保障倾向对农户农业劳动投入仍有显著影响且系数仍然为负（系数为−1.99，且1%的水平下显著），与表5中的数值（−2.271）相差比较小；机耕率对农户农业劳动投入的影响系数是5.420，且通过了1%的显著性水平检验，与表5中的数值（3.002）相差较大；机播率对农户农业劳动投入的影响系数是0.565，但不具有统计显著性，与表5中的数值（0.144）相差稍小；机收率对农户农业劳动投入的影响系数是−4.831，且通过了1%的显著性水平检验，虽然与表5中的系数（−2.171）也有较大差别，但影响方向完全一致；实际经营耕地数对农户农业劳动投入的影响系数是0.004，仍不具有统计显著性，与表5中的数值（0.007）相差比较小。虽然在稳健性检验中，机耕率、机收率的系数相差较大，但是由于数据采集地区分布不均，地区间地形、地区经济发展水平、地理环境等差异导致农户对土地保障的倾向和对农业劳动投入情况等有较大差异，在稳健性检验中会存在系数的差别，但通过显著性检验的解释变量未发生变化，且影响方向完全一致。因此，实证结果是稳健的，研究结论具有一定程度代表性，能够为决策提供有效信息。

实证分析表明，土地保障倾向对农户农业劳动投入具有显著影响，且影响方向为负，即具有土地保障倾向的农户，家庭总的农业劳动投入更少，这说明农地的经济功能与社会功能在当前经济社会条件无法统一，存在紧张关系，农地的社会功能影响了经济功能的发挥。除农户的土地保障倾向对农业劳动投入显著外，机耕率、机收率对家庭总的农业劳动投入也有显著影响，机耕率与家庭总的农业劳动投入呈正相关，即机耕率越高，家庭总的农业劳动时间越多；而机收率与家庭总的农业劳动投入呈负相关，即机收率越高，家庭总的农业劳动时间越少。

实证结果表明，为强化农地经济功能，弱化农地社会功能，需创造条件改变农户的土地保障倾向。首先，完善社会保障制度，用社会保障替代土地保障，让农村人口在失业、疾病、年老等风险事件发生时能够依托社会保障项目获得收入和生存保障，从而缓解农民对农地的依赖，弱化其土地保障倾向，减少农户低效占有和经营农地，从而提高农地的经济价值。其次，增强农户承包地的财产功能，从而增加低效经营农地的机会成本，弱化农户的土地保障倾向，通过完善土地流转制度，使农户能够直接通过流转农地获得收益，农户转出土地后分享流转经营者的土地经营收益，使农户低效占有和经营农地变得不合算，大大弱化了农户的土地保障倾向，有利于推动土地流转和规模经营，发挥土地的经济功能。最后，培育利润导向的新型农业经营主体，鼓励新型农业经营主体通过租赁、入股等形式将农地集中起来，规模开发，集约经营，实现劳动力、土地、资本、信息和技术等生产要素的优化配置，使要素价值得以充分实现，从而提高农地生产效率，增加农业经营利润。

第四节　基层政府在农村土地资源优化配置中的职能

农村土地资源配置既要重视效率又不能忽视公平，既要充分发挥土地的经济功能，又不能忽视土地的社会功能，农村土地资源配置过程中市场机制与政府机制共同发挥作用。虽然基层政府处于政权的末梢，在土地权利界定与土地制度变革中不起主导作用，但在农村土地关系调整、土地利用和土地市场和乡村治理中发挥着重要的作用。概而言之，上文所述"调整土地权利，落实和完善三权分置"、"推进农村土地制度变革，增强集体决策能力"、"弱化农地社会功能，强化农地经济功能"等优化农村土地资源配置的战略措施均一定程度上依赖基层政府履行相应的职能，提供具体而微的繁多公共服务。

一　产权落地职能：促进国家法与民间法融合

土地产权由国家明文规定相关法律和政策界定，但实际土地产权秩序和土地利用则由包括法律政策、产权认知和产权保护和行使的能力等多种因素共同决定，也就是说，实际产权不仅由国家规定，而且受民间法约束。民间法是一种非正式规范，具有重实质正义、地域性、自发性及内控性等特征，民间法与国家法存在互动关系。[1] 在乡村实践中，国家政策、村干部决策、集体意志和当事人约定等都可能成为影响土地规则的重要因素，但并不必然成为决定性因素，规则选择过程依赖权力、信息、力量对比和控制竞争。[2] 基层政府是直接与农民打交道最多的行政力量，基层政府的立场、行为和态度会直接影响农村土地产权及其行使。

为了农村土地资源更加充分有效地利用，基层政府应合理利用其影响力，促进农村土地产权朝有利于土地资源优化配置的方向发展。首先，基层政府要正确处理与自治机构、市场组织等其他治理主体的关系，既不干涉村民自治组织和农业经营组织的内部事务，又要以公共利益维护者的身份审查村规民约及其他组织章程的合法性，给予适当引导，防止以集体和组织之名侵犯公民权利，例如基层政府对土地承包权易受集体和组织侵犯的妇女、入赘者等在村内话语权较弱的少数群体的保护。基层政府既要尊重村庄内部的土地调整，但又要检查相关决策程序，要求其符合村民议事规则，体现村民的普遍意志。基层政府既要尊重农业企业等市场主体土地经营决策自主性，但又要执行国家耕地保护和土地用途管制政策，对其土地开发利用进行合规性检查。其次，法律只有得到普遍遵守才能实现立法目标，农户的产权认知即农民对土地法律政策的认识受到基层政府的巨大影响，基层政府通过土地纠纷仲裁、进村指导工作、土地政策宣讲等途径引导农民的土地产权认知，为维护法律的权威性，基层政府在调解土地利益纠纷中既要讲求方式方法，又要自觉维护法律的严肃性和一致性，在宣讲土地法律与政策时，既要精准地掌握法律词条，采用严谨的法律表达，又要在准确理解法律含义和政策意旨的基础上，充分考虑农民的理解能

①　鲍秋楠：《民间法与国家法的互动关系及其司法运用》，《法制博览》2018 年第 18 期。

②　张静：《现代公共规则与乡村社会》，上海书店出版社 2006 年版，第 249—254 页。

力，采用适合本地农民习惯的表达方式，在进村指导工作过程中，应保持相对的独立性，不要陷入具体的土地利益之争中。最后，基层政府并不仅仅是被动地执行和宣传法律政策，而且是改进和完善相关法律政策的重要力量。由于经济社会的变迁，土地占有与利用也会相应地变化，当前土地制度与土地关系哪些方面已不适应生产力的发展，基层政府由于接近农业生产一线，相对比较清楚，因此，基层政府可以通过多种形式的下情上传，推动法律修订和政策调整。此外，各地大量的土地经济实践，有着许多有益的经验，这些有益的实践和尝试，有些通过基层政府的总结和凝练，逐渐上升到了法律的高度。

二 改善乡村治理、促进有效合作职能

农村土地资源的优化配置一定程度上依赖于良好的乡村治理，一方面，良好的乡村治理是维护土地经济秩序的基础，只有良好的乡村治理才能有效维护土地所有者、土地经营者的利益，才能激发各类要素所有者积极贡献相应的生产要素，增强农村土地经济活力，另一方面，良好的乡村治理是政府机制和市场机制有效发挥作用的重要前提，农村土地资源配置中政府作用的充分体现和市场功能有效实现均依赖良好的乡村治理。基层政府因在改善乡村治理中扮演重要角色，而对农村土地资源优化配置产生影响。首先，正如前文所述，合理的土地产权安排仰赖一定的乡村治理条件，减少农村土地集体所有权之上强加的权利负担需要与村民制约村庄代理人的能力相适应，而村民制约村庄代理人的能力提升需要基层政府给予相应的帮助。一方面，基层政府与村民畅通的沟通渠道，既可以让基层政府倾听民声，了解村民所思所想与得失顾虑，便于在适当的时机行政介入，又可以直接对村庄代理形成威慑和制约，有利于防止村庄代理人的滥权行为，另一方面，基层政府可以通过派驻进村干部，主持村民代表大会和村委会选举与换届等众多具体措施，确保村民自治落在实处，使村委会体现村民意志与利益。其次，在农业现代化进程中，农村土地利用主体日益多元化，良好的乡村治理，农业企业及外来土地经营者、本村农业经营大户、普通农户之间和谐相处，不仅有利于农村稳定，而且有利于形成农业生产技术应用、农村公共设施建设等方面的共识，促进农村土地资源高效利用。基层政府可以通过提供土地流转合同范本、审核外部受地主体的农业经营资格、进行信用担保等多种措施，促成外部经营主体与本地村民

和谐共处。最后，良好的乡村治理，乡村内部秩序井然，人们诚信守法，履约成本等交易成本低，有利于市场的培育，更加充分地发挥市场在农村土地资源配置中的作用。基层政府可以通过广播宣传、教育培训特别是典型示范等方式提高本地民众的法治意识和契约意识，推进中介服务组织的形成，从而促进农村土地市场特别是农地流转市场的健康成长。

三　土地整治与产业规划职能

土地具有永续利用的特性，土地用途转化面临较高的机会成本，因此，农村土地资源的优化配置不仅要着眼于当前而且应立足于长远。即使同为农业用地，土地经营也面临较大的空间毗邻效应，即一块农地的经营受周边农地的种植或养殖的品类影响较大。笔者在湖南农村调研走访时，常有农户抱怨：本来我这块以前是种水稻的，但周边的地是别的农户的，他们陆续改种棉花了，我引水不方便，也只得改种棉花。广大农民群众在实践中也发现了某些作物之间"相克"，不能毗邻种植。因此，在农户分散经营的情形下，为充分发挥土地生产力，需要协调农户之间的农业生产。农村土地资源有多种类型，包括农地、宅基地、经营性集体建设用地和农田水利道路交通等基础设施用地、四荒地等，随着社会经济发展，农村各类型土地的用地需求也会发生变化，因此，农村土地资源优化配置还涉及不同类型土地的相互转化问题。

基层政府在农村土地利用规划及不同类型土地统筹利用、农业产业布局和农户农地经营行为引导等方面均能发挥举足轻重的作用。首先，基层政府可以利用其信息优势，在遵循上级政府土地利用规划的基础上，结合本地道路交通、农地水利基础设施建设要求，对本辖区范围的土地作出详细的可操作的用地规划。一方面，基层政府可以统筹考虑耕地保护、土地复垦和荒地开发利用、宅基地和集体经营性建设用地的使用权市场化、土地流转与土地整治，基于当地经济发展特征作出切合当地实际的具有前瞻性的土地利用规划，另一方面，基层政府也是执行和落实土地利用规划的重要力量，只有基层政府积极主动及时地干预和制止土地违法行为，才能维护土地利用规划的权威性与约束力。其次，基层政府也是农业产业布局的重要设计者和推动者，基层政府引导和推动"一乡一业、一村一品"等产业布局，既可以产生良好的规模效应，更好地与市场对接，也有利于根据具体的农产品生产要求完善农业基础设施，既有利于协调农户之间的生产经营行为，减少农业生产中的毗邻效应的消极作用，又有利于促进农业社会化服务成长，农业产业分工的细化。分散零星的经营格局不便于开展农机服务等社会化服务，而且由于市场空间小，难以诱发有效的社会化服务供给，因此，"一乡一业、一村一品"等产业布局，有利于产生服务需求的聚集效应，诱发有效供给，提升农业的专业化分工。最后，基层政府是农村土地整治的主导力量，在乡村土地利用规划的约束与指导下，基层政府参与或引导村集体进行土地整治，促进节约与集约用地，提高土地资源利用效率。通过土地整治，结合多种形式的土地流转，拆除大量田埂地垄边界，减少荒沟荒滩，增设机耕道，既有利于农田水利基础设施建设，又有利于减少农地细碎化，促进农地规模经营，为大型农机、农业高新技术等农业投资开拓市场空间。

概而言之，基层政府通过服务、引导、调节、规划和公共物品提供等多方面的具体职能，改善政府机制，培育市场机制，促进农村土地产权的有效界定与交易、改善乡村治理、减少土地闲置与提高土地生产率，从而优化农村土地资源配置。

第五节　土地信托流转：益阳实践的思考[①]

土地流转是土地资源优化配置和城镇化发展的必然要求，早在 1984 年，中央一号文件《关于一九八四年农村工作的通知》就提出鼓励土地逐步向种田能手集中，然而当时土地流转面临诸多法律障碍，宪法第十条第四款明确规定"任何组织或者个人不得侵占、买卖、出租或者以其他形式非法转让土地"，因此，土地流转只能通过承包权的调整实现，农户因无力耕种或转营他业而要求不包或少包土地的可将土地交给集体统一安排，也可以经集体同意，由农户自找对象协商转包。1988 年宪法修正案把第十条第四款修改为："任何组织或者个人不得侵占、买卖或者以其他形式非法转让土地。土地的使用权可以依照法律的规定转让"，从而为土地流转的丰富实践扫除了法律障碍，出租、转包、反租倒包、土地入股、土地合作等多种形式的土地流转逐渐出现。1990 年代，农村土地关系出

---

① 本案例由笔者根据调研材料编写，已入选中国专业学位教学案例中心案例库，略有删减与调整。

现了前所未有的变化，一方面，人多地少的基本格局并未改变，另一方面，由于农民税费负担沉重，工业化发展引致农民外出务工的经济机会增加，从而出现了较为严峻的土地抛荒现象，基层政府及村庄领袖基于解决土地抛荒问题、增加乡村收入等目的有意识地推动农村土地流转，在此过程中出现了随意改变土地承包关系、强迫流转、侵犯了农民的承包经营权等问题，土地流转秩序急切需要加以规范，2001 年底，中共中央发布《关于做好农户承包地使用权流转工作的通知》，提出了"农户承包地使用权流转必须坚持依法、自愿、有偿的原则"等规范性要求，2002 年颁布并于 2003 年 3 月 1 日起施行的《中华人民共和国农村土地承包法》一方面强调保护农户的土地承包经营权，另一方面对土地承包经营权的流转进行了相应规范。2005 年农业部发布并于 3 月 1 日起施行的《农村土地承包经营权流转管理办法》进一步规范了土地流转秩序。2007 年《中华人民共和国物权法》颁布，土地承包经营权的流转获得物权保障。2008 年底农业部发布《关于做好当前农村土地承包经营权流转管理和服务工作的通知》指导各地土地流转实践，强调政府在土地流转中的行为规范和职责要求。通过 20 多年法律法规的修改完善，土地流转基本上实现了有法可依，为各地土地流转的实践探索提供了制度条件。

一　益阳市试点土地信托流转

益阳市是湖南省省辖市，位于长江中下游平原南岸的湘北洞庭湖区域，地处湖南省境内，自古是江南富饶的"鱼米之乡"，是湖南省典型的农业大市。益阳市辖 3 县（安化、桃江、南县）、1 市（沅江）、3 区（资阳、赫山、大通湖区）和益阳高新区，15 个乡、70 个镇、11 个街道，1781 个村，215 个社区。其中赫山区辖 10 个镇、两个乡、4 个街道。资阳区辖 5 个镇、1 个乡、两个街道。南县辖 10 个镇、两个乡。桃江县辖 11 个镇、4 个乡。安化县辖 18 个镇、5 个乡。沅江市辖 11 个镇、1 个乡、两个街道。大通湖区辖 4 个镇、两个街道。益阳市高新区下辖 1 个镇、1 个街道。2009 年益阳市市委委托著名投资银行家王世渝起草了土地信托流转方案，并选择在沅江市草尾镇进行试点，草尾镇是沅江市最大的镇，属于湖区镇，主要产业为农业，离益阳市市区和沅江市城区均较远，因而，选择在草尾镇试点能够较好地防止土地流转中触碰"土地流转不得改变土地农业用途"的红线。

为了积极稳妥地推进信托流转，镇政府组织了土地流转意向问卷调

查，对 862 户户主进行了调查，调查显示：知道土地流转的农户有 472
户，占被调查户数的 86.9%，不知道的仅 39 户，占被调查户数的 7.18%，
听说过的为 32 户，占被调查户数的 5.89%；愿意流转的 392 户，占被调
查户数的 72.2%，不愿意流转的 108 户，占被调查户数的 19.9%，等别人
流转后再流转的 43 户，占被调查户的 7.9%；认为土地流转的合适时间应
为 1 年的 37 户，占被调查户的 6.8%，3 至 5 年的 372 户，占被调查户数
的 68.5%，5 至 10 年的 41 户，占被调查户数的 7.6%；认为土地流转的
合适价格在 300 元左右的 1 户，占被调查户数的 0.18%，500 元左右的
187 户，占被调查户的 34.4%，700 元左右的 264 户，占被调查户数的
48.6%；要求土流转定价一年一定的 94 户，占被调查户数的 17.3%，一
次性定价的 261 户，占被调查户数的 48.1%，5 年一定的 93 户，占被调
查户的 17.1%；土地流转合意对象为种田大户的 141 户，占被调查户的
26%，企业老板的 131 户，占被调查户的 24.1%，合作组织或协会的 28
户，占被调查户的 5.2%，村或政府的 147 户，占被调查户的 27.1%；认
为土地流转合同的履行由村委会担保的 151 户，占被调查户数的 27.8%，
由政府担保的 232 户，占被调查户数的 42.7%，交押金的 65 户，占被调
查户数的 12%；认可政府先以合适价格将农户承包地全部收回然后由政
府统一租赁给其他老板的 361 户，占被调查户的 66.5%，反对的 33 户，
占被调查户数的 6%，无所谓的 85 户，占被调查户数的 15.6%。[1] 在调查
摸底的基础上，2009 年镇政府选择土地流转意愿较为集中的村组，邀请
一些农业公司老板与当地农户、村组干部洽谈土地流转合同，促成一些公
司老板与农户达成了为期一年的土地流转协议。经过一年的土地流转试点
观察和经验总结，2010 年 7 月，沅江市草尾农村土地托管投资有限公司
（2012 年更名为沅江市香园农村土地承包经营权信托有限公司）成立，土
地信托流转在草尾镇正式试点展开。

　　草尾镇试点的基本做法是：政府出资在乡镇设立农村土地承包经营权
信托有限公司，镇政府抽调专业技术人员成立土地流转服务中心，同时，
发挥村组干部组织、协调和收集信息、发动农民的优势，在村组设立相应
的土地流转服务站点，从而形成了土地信托公司、镇政府土地流转服务中
心和村组土地流转服务站点为主体的全方位的土地流转服务体系。农民在

---

[1]　除特别说明外，数据均来自当地党政部门的统计数据和内部资料。

自愿的前提下将土地承包经营权委托给信托公司，并签订土地信托合同，农业企业或大户再从信托公司连片租赁土地从事农业经营开发，并为农业公司、农业合作社和大户提供土地连片整理、农业技术支持、纠纷调解等社会化服务，从而连接市场、农业公司（农业合作社、大户）和农民。

2010年7月，沅江市人民政府注资200万元，草尾镇人民政府承接并成为注册出资人，系国有独资公司。成立两会：即董事会和监事会。董事会下设董事长、副董事长、董事，监事会下设监事长、监事。建立公司经营班子：设总经理、副总经理。其中党委副书记、副镇长任董事长，分管农业的副镇长任副董事长兼总经理，纪委书记任监事长。下设八个部：企业策划部、土地储备部、市场信息部、项目产业部、财务部、社会服务部、纠纷调处部、城乡统筹部。公司制定了规范土地信托流转的详细程序：农民向组长申报填表签字—组长代表农民向公司申报—公司受托—实地考察与农民协定信托协议—发布信息—老板申请受地—实地查看协议事项—签订合同—合同更正—交付土地、兑现租金—资料归档。公司制定了信托申报制度、受托制度、合同制度、风险防范制度、利益分配制度、资金管理制度、产业审定制度、资格审查制度、国家项目循环有偿使用制度、资料归档制度等完整制度体系。

公司为了营造信托流转氛围，十分重视宣传，发动农民参与。公司人员下到村、组召开群众代表会议、广泛宣传土地信托流转的目的、意义、好处、流转方法和流转后的权利和义务，使农民自愿地参与到土地信托流转工作中来。信托公司对机关干部进行土地信托流转知识培训，使机关干部都了解农村土地流转的政策、原则、程序、意义和要求。镇政府抽调机关干部组成土地信托流转知识辅导组，对村组干部、党员和村民代表进行了专项培训，受培训者以组为单位召开户长会对全体村民进行了宣传，从而通过层层培训宣传，使尽可能多的农民了解土地流转政策。党委、政府通过召开专题会议，动员、召开广播会、出动宣传车宣传，印发了资料宣传，组织农户巡回演讲等形式，使农民通晓土地信托流转知识、意义。多次组织镇村干部、农户和村民代表到山东、江浙、川渝等地考察土地流转、现代农业建设，开阔视野，提高干部群众开展土地流转的积极性。

为了有效推动农村土地信托流转，公司不断强化规范运行操作，在土地流转实践中，严格按程序进行：首先，有意愿参与土地信托流转的农户必须写出流转申请书，明确流转面积和面积坐落方位，以组为单位，由组长收集、统计后上报到村或公司；第二，意向流转面积达到80%以上的组则由组长到公司申请公司托管，公司签订受托手续；第三，公司到托管的村、组进行实地考察评估，根据土地的属性、地理位置、耕作条件，确定租赁价格，同农户签订流转意向；第四，公司将受托的土地情况通过网络发送、信息发布台，宣传栏等形式向外发布信息，引进受地人；第五，公司对受地人经营规划、耕作技术、资金情况进行考证，同时受地人向公司预交一定的受地押金；第六，公司带受地人到托管的村、组进行土地的实地考察，商议租赁合同事项；第七，公司统一制作了《土地租赁合同》、《土地信托合同》、《土地流转授权委托书》等合同范本，在受地人愿意受地后，公司首先与农户签订土地信托流转合同，然后同受地人签订土地租赁合同，再到公证单位进行合同公证、公示，随后让地方（农户）将土地交付给受托方（公司），受托方按合同要求付给让地方租金，受托方再将土地交付给受地方（受地人），受地方按合同要求付给受托方租赁金。

为了扎实推进土地流转、防范风险并产生效益，信托公司与基层政府、村组干部等建立了相应的工作网络与工作机制。首先，为了保护农民利益、防范风险和维护社会稳定，一方面，信托公司与基层政府一道对土地流转的受地方的资质进行严格把关，着重选取有资金实力、有良好信誉、有农业生产和管理经验的大户（公司）经营信托流转土地，同时规范受地者的经营行为，要求受地的大户（公司）的生产经营必须符合规划要求，以发展高效农业、特色农业为主，要求大户（公司）做到农地农用，不得改变流转土地的农业用途，珍惜土地、不断提高地力，不得破坏地力，另一方面，公司建立了相应的风险防范制度，要求受地方在履行合同的同时，第一年必须向受托方交纳100元/亩的保证金，保证金可作最后一年的租金，但受地方中止合同保证金不退，农民土地租金每年按早晚两季付清，同时建议受地者购买农业保险。其次，构建和完善镇、村、组三级土地流转信息网络，明确村会计、村民小组长担任村组土地信托流转专职信息员，定期或不定期的传递土地信托流转信息，镇政府利用土地信息流转网站、信息发布平台、宣传窗口等定期发布土地流转信息。再次，基层政府开展多种形式的社会服务，一方面政府组织协调土地信托流转中的各类矛盾，特别注重协调好大户与村组、大户与部门之间的关系，确保大户能拿到连片整合的土地，尽量减少大户生产经营成本，另一方面组建与土地信托公司配套的信托流转服务中心，大力开展产前、产中、产后服务，以村为服务单元，为大户（公司）提供农机、疫病防治、季节劳务、机械耕作、技术推广、农资联销直销等各类专业化服务。最后，为推动土地流转，基层政府建立了项目整合机制，对土地流转进行项目支持，将涉农项目资金更多地整合到土地信托流转基地，完善水、电、路等基础设施建设，完善物流、冷链、储藏等产业设施。

在沅江市草尾镇信托流转试点试行的基础上，益阳市政府总结经验，对草尾模式加以鼓励推广，2011 年 2 月颁布《关于进一步推进农村土地信托流转试点工作的意见》（益办发【2011】8 号），对土地信托流转加以规范引导和鼓励，提出在确保农村家庭承包责任制不变、农村土地集体所有性质不变、土地用途性质不变的前提下，农村土地信托流转试点坚持政府引导、市场主导、企业运作和互利合作四个原则，试点机构设置采取"1+1"，即市、区县（市）、乡镇依托农村经营管理部门分别设立农村土地流转服务中心，区县（市）或试点乡镇成立农村土地信托投资公司，并且把草尾模式的实践经验升华总结成明确的试点机构职责和规范的农村土地信托流转试点工作流程。

二　益阳市土地信托流转的效应

益阳市土地信托流转一定程度上推动和加速了土地流转，以首先试点的沅江市草尾镇为例，2010 年成立"农村土地托管投资有限公司"，开始试点土地信托流转，2011 年底，该镇"农村土地托管投资有限公司"已正式签订信托流转合同 38 个，信托流转面积 36000 亩，信托储备土地 1.25 万亩，全镇流转面积共 84000 亩，占耕地面积的近 60%，其中信托流转面积占流转面积的 42.8%，至 2013 年底，全镇各种形式的土地流转面积达 9.25 万亩，占耕地面积的 61.7%，信托流转面积达 5.8 万亩，占流转面积的 62.7%，涉及农户 13000 户。（沅江市草尾镇人民政府公报）。课题组 2014 年暑期对湖南省 176 户农户进行了入户调查，其中 32 户属于益阳市开展了土地信托流转的村，调查显示，开展了土地信托流转的村的农户土地流转率远远高于没有开展信托流转的村的农户（如表 3.20 所示，其中有两户没有回答相应的问题）。

表 3.20　　　　　　　　　受访农户土地流转情况汇总

	有转出	有转入	既有转入也有转出	没有土地流转	合计
无信托流转地区	16	31	5	90	142
信托流转地区	25	3	2	2	32
合计	41	34	7	92	174

土地信托流转在一定程度上促进了农民增收，仍以草尾镇为例，土地流转后，农民可获得三笔收入。一是土地租金每亩 600 元左右，二是国家粮食补贴亩平 135 元左右，三是劳动报酬。一般来讲，50 岁以下的精壮劳力可安排外出务工，年收入在 3 万元以上。50 岁以上的中老年劳力可为农户、基地老板打工，男劳力年均收入在 1.2—1.5 万元之间，女劳力年收入在 0.8—1.2 万之间。全镇 9800 多个土地流转户共有劳力 2.9 万个，其中外出打工的有两万多个，年劳务收入达 2 亿多元，为农户和基地老板打工的有 9000 余人，年收入近 1 亿元。流出户年劳务收入近 3 亿元，户均 3 万多元。比土地流出前户均增收 1.5 万元以上。（沅江市草尾镇人民政府公报）。

（一）土地信托流转与项目进村

在费税改革后，项目制成为县域政府治理的新模式。政府借助网络化的"项目平台"组织方式来经营辖区。这一平台采用"行政—政治—公司"三位一体统合机制来勾连和动员与城市化有关联的地方机构和组织，项目对于地方政府的吸引力，不仅表现在项目所含的资金量，更在于它如同是一种催化剂，没有它，政府行为就不可能潜在地转化为经营行为，不可能营造更大的经营空间，获取更大的收益。[①] 在村庄治理场域中，形成了"项目治村"的特色指向，即村庄经营性的凸显，它指的是将对项目的经营和维持作为村庄治理的重要手段，这种项目治村的模式表征出的就是一种经营性治理模式，具体表现在两个方面。一方面，村庄的项目运动和项目秩序的形成。以项目为抓手，项目带动发展成为村庄发展的宣传口号。[②] 在推行国家目标和调动地方资源的双重目标下，上级政府对地方基

---

① 折晓叶：《县域政府治理模式的新变化》，《中国社会科学》2014 年第 1 期。

② 谢小芹、简小鹰：《从"内向型治理"到"外向型治理"：资源变迁背景下的村庄治理———基于村庄主位视角的考察》，《广东社会科学》2014 年第 3 期。

层政权在某些特定领域进行非科层的竞争性授权，采用项目制等一系列超越行政科层制的方式，以便在集权模式下让自下而上的市场化竞争机制配合自上而下的分权原则①，在新农村建设的总体背景下，项目进村十分常见。

土地信托流转大大加速了项目进村，一方面土地流转本身就是一个项目平台，另一方面，土地信托公司又能充分发挥项目整合作用，从而大大促进项目进村。2011 年 3 月沅江市委市政府决定在草尾镇试点的基础上扩大试点范围，明确其他十个镇每镇选择一个村开展农村土地信托流转试点工作，市政府对每个试点村安排 10 万元工作经费，优先安排信托流转首个试点镇涉农项目资金 2600 多万元，重点打造核心产业区两个，对信托流转面积优先安排涉农项目资金进行扶持，草尾镇政府也积极鼓励各村结合本村实际，积极申报项目。LY 村 2009 年开始引进农业公司和大户进行土地流转，2010 年试点土地信托流转，2012 年 4 月被确定为湖南省省级新农村示范点，全村辖 21 个村民小组，712 户，2680 人，总面积 6100 亩，耕地 4850 亩。全村土地信托流转面积 4600 亩，占耕地总面积的 95%，引进公司和大户 8 家，2011—2013 年的三年多时间，全村共投入资金 1500 余万元，其中水利建设项目投入 540 万元，土地平整 350 万元，蔬菜基地建设 200 万元，农居更新 300 万元，美化亮化工程 100 余万元，其资金来源主要是进村项目资金，2012 年该村共筹措资金 2000 余万元，完善了基础设施建设，硬化道路 5 公里，新建桥梁 5 座，更新改造大小机埠 8 处，疏浚渠道 5 公里，整理土地 240 亩。对 225 户民居进行了提质改造。种植绿化树木 1100 株，新建垃圾池 43 个。该村 2013 年 1 月至 2014 年 6 月共申报项目 25 项，获批 9 项，包括集中居住、绿化带改造、村组道路亮化、村级文化中心建设、标准公路桥梁建设、水利设施工程、电力提质扩容工程、蔬菜大棚建设、冬季农业生产竞赛等，投资金额共 2055 万元，支持单位包括住建局、林业局、城建开发、农村部、能源办、交通局、水利局、发改局、国土局、农业局、电力局、物价局、农开办、财政局、蔬菜办、改革办等。

---

① 折晓叶、陈婴婴：《项目制的分级运作机制和治理逻辑——对"项目进村"案例的社会学分析》，《中国社会科学》2011 年第 4 期。

（二）　土地信托流转与资本下乡

土地流转后，改变了单靠国家投入的现象，国有资本、企业资本、工商资本、银行资本、社会资本纷纷进入农业市场。2009 年土地流转试点开始到 2012 年上半年益阳市全市已引进规模经营企业 44 家，其中经营500—1000 亩的企业 28 家，经营 1000 亩及以上的企业 16 家。草尾镇党委、政府先后组织到山东、深圳、长沙等地进行土地招商，成功引进外省企业（公司）8 家。其中山东（中国）新联投资公司是一家从事进出口柳编工艺业务的创汇企业，2012 年 3 月落户草尾镇，发展杞柳种植 1300亩。大通湖区 4 个试点镇 2012 年初包装连片土地 1.7 万亩进行土地招商，成功引进湖南乡土农业发展有限公司、珠海艺景投资有限公司种植蔬菜，共信托流转土地 7000 余亩。资阳区长春镇引进湖乡生态农业示范园项目。农业公司的进村即资本下乡活跃了农村投资，以首个试点镇草尾镇为例，2011 年全镇农业投入共达 7500 多万元。其中基地老板投入 3000 多万元。沅江市大地农业发展有限公司，在乐元村租赁土地 1100 亩，共投入资金650 万元，建立钢架大棚 200 多个，对 2.5 公里基地主干道进行了硬化。艾青大蒜专业合作社，投资 200 多万元，对 600 亩大蒜生产基地全部安装了喷灌。

由于许多项目需要配套资金，甚至一些项目在获准立项的前提条件之一就是安排好了配套资金，在大多数地方，组织农民十分困难，向农民筹资也面临巨大障碍，因此，在实践中项目进村和资本下乡往往相互配合、相互促进，益阳市土地信托流转中，土地信托公司利用其整合项目资金的特殊优势，创造性地把项目进村和资本下乡有机融合，设计了"国家项目资金有偿循环使用办法"，先针对某一基地申请项目资金，并与基地老板签订项目资金有偿使用合同，当基地建设产生效益后，基地老板分年度偿还项目资金给信托公司，信托公司则投入相应的资金建设下一个基地或为申请下一个项目预备配套资金，从而使项目资金能够循环使用，并产生相应的杠杆效应，撬动更多的项目资金投入和基地老板投资。

（三）　土地信托流转与农业现代化

土地信托流转适应了现代农业适度规模经营的要求，引入和培育了新型农业经营主体，激活了农村技术、资金和劳动力等生产要素市场，提高了农产品商品率，延长了农业产业链。

至 2011 年，益阳市各土地信托流转镇农产品综合商品率达 85%。其中粮食加工能力由 2009 年的 19 万吨扩增到 45 万吨，粮食储备能力由 2009 年的 7.5 万吨扩增到 16.5 万吨；蔬菜加工能力由 2009 年的 1.6 万吨扩增到 13.5 万吨。蔬菜冷冻从无到有，至 2012 年度，建有冷库 6 个，冷藏能力达到 8.7 万吨。为了使租赁的信托土地效益最大化，农业专业经营公司都倾注全力使农业朝高科技含量、体系化的方向发展，普遍走上了种植与加工、产出与销售、生产与科研相结合的路子，其农业生产经营不再局限于产业本身，其产前、产中和产后涉足到了农业科研、农技培训、农产品加工和运输、冷链仓储等二、三产业领域，现代农业产业体系粗具雏形。同时，农业的功能不再局限与满足人们"吃"的需要，观赏、休闲、美化的功能得到挖掘开发，观光休闲、假日旅游、生态保护、文化教育等农业形态开始呈现，2011 年益阳市 12 个土地信托流转镇共投资 24257 万元进行农业产业链建设，其中设施农业 14 处、农产品企业 57 家、农产品物流设备 87 台、农业批发市场 8 个、观光休闲农业 3 个、高新技术示范园两个。[①]

三　益阳实践的解读与评价

益阳市的土地信托流转实践引起了社会各界广泛关注，北京、江西、四川、福建、山东、浙江等众多地方官员到益阳参观访问学习交流，一些地方借鉴益阳经验建立了土地信托流转公司（如福建沙县），学界、媒体和政府对益阳实践进行解读、报道和评价。

2011 年 7 月，人民日报特邀益阳市委书记马勇和著名学者、中科院地理资源研究所研究员刘彦随解读益阳实践。[②] 马勇把益阳市的做法概括为：三个不变、政府平台、信托原理、产业结合、要素市场等五个方面，并就此展开了说明，认为在益阳的土地信托流转，通过基层政府主动介入农村土地流转，成立农村土地信托流转平台，以此形成农业、农民、农村与市场、资本的无缝对接，农村基层组织在农民中的威信也大大提高了，

① 益阳市农村土地信托流转研究课题组：《农村土地信托流转实证研究》，湖南人民出版社 2013 年版，第 55 页。

② 马勇、刘彦随：《破解"三农"难题需要优化"人地关系"》，《人民日报》2014 年 7 月 21 日。

夯实了政权基础。刘彦随认为农村土地信托流转是一项与农村土地制度、与农民切身利益密切相关的制度创新，农村土地信托流转本质上既是一种土地使用权财产管理的制度安排，也是一种土地承包人与受托人之间的权利义务的法律关系，农村土地流转制度创新，还需要更加宽广的视野，面向统筹城乡发展和新农村建设的宏观战略，应围绕破解农村空心化、村庄空废化、主体老弱化难题，探究以废弃宅基地为主的农村建设用地有偿退出的新机制，有序推进田、水、路、林、村整域性的土地综合整治与流转。

新华社也对益阳实践进行了正面报道和评述①，记者引述益阳市农村工作部工作人员的论点，概括了益阳土地信托的三个特点：一是通过"三角形"关系形成了更为稳定的土地流转契约关系，农民把承包经营权信托给政府后，在随意退出方面受到制约；二是政府作为中间人，积极发挥整合项目、提高土地资源利用效益等功能；三是可以兼顾多方面利益特别是保障农民利益，而且这种信托关系可以继承，具有稳定和长期的特性。新华社记者用具体例证说明了益阳信托流转"一举三得"破解土地流转瓶颈即破解土地抛荒问题、破解大户不敢投入问题、破解农民增收问题，肯定了采取政策措施对症下药防范"三个风险"，一是规避政治风险，考虑到经济波动中可能出现大量农民工返乡，要解决他们的隐性失业和生活保障问题；二是减少稳定风险，随着土地收益不断提高，与土地相关的纠纷越来越多，在土地流转中更要做好各种矛盾调处化解，从体制机制上保障农民的权益；三是减少行政风险，政府介入后，要防范对农户可能造成的权力侵害，比如对土地流转中"钉子户"采取强制措施等行为，针对这些风险，益阳市陆续出台了一些针对性措施。一是通过土地确权，让农民放心，二是建立矛盾调处机制，化解不稳定风险，三是政策设计上建立退出机制，防范可能出现的强迫行为。

《南方周末》对王世渝的益阳市土地信托流转实验和李昌平的信阳市郝堂村的内置金融实验进行了比较②，作者基本保持了中立立场，较为客

---

①　佚名：《益阳：以政府信托探索土地流转新模式》，2013 年 10 月，新民网（http：//biz. xinmin. cn/2013/10/18/22358404. html）。

②　樊殿华、王萍：《资本下乡 VS 村社互助：农地流转的两派试验》，《南方周末》2014 年1 月 16 日。

观地呈现两派实验的现状、优势和制约因素，侧重于对两种方案本身特点的凸显。王、李二人都反对土地私有，反对土地向单一、垄断的大资本集中，都反对以各种变通方式触犯农业用地，坚持要"守住农业用地的底线"，但在解决"流转给谁、怎么流转、钱从哪来"的问题上，两人产生了莫大的分歧——李昌平主张效仿台湾农会制度，主要通过"内置金融"在村庄内部解决；而王世渝则认为，遍观全世界的土地制度，"土地信托流转是中国今天的环境下最好的模式"，他力挺资本下乡推动农业产业化，辅之以外部金融。在王世渝的方案里，建立信托平台只是第一步。第二步，给每个参与信托流转的农户颁发一个权证，相当于有价证券。第三步，建立益阳市土地流转市场，权证可以抵押、担保、交易。流转只是第一步，如何能让沉睡的土地变成资本，才是真正的难题。然而，土地金融面临诸多困难，对大多数商业银行而言，即便土地确权颁证到户，这些土地证似乎仍然只是废纸一张——给农民放贷，一是成本不合算，二是很难管理，万一出现问题，可不像拍卖企业资产那么简单，难以变现。王世渝也认为益阳模式还处于"试验阶段"，"很多地方还不成熟"。如果要复制推广，必须设计更科学的治理结构，"让农民来参与监督，让农民当中的先进分子参与到监事会，避免土地流转通过招商引资开后门"。同时，要有对经营不善的风险控制，要引进全面的社会保险。另外，也要避免土地向大资本、大财团集中。

《21世纪经济报道》则揭示了益阳市土地信托流转的隐忧[1]，该报记者深入草尾镇调查，了解到资本下乡成片经营农地的"益阳模式"背后，亦存在着不为人知的隐忧：由于流转费用过低，土地流转事实上已令部分农民利益受损，而执行中，如何使信托工具真正产生造血功能仍有待探索。该报引用中国政法大学法制新闻研究中心研究员、法学博士陈杰人的分析认为"与成都、浙江等地农地流转中农民可以通过入股获取资本收益不同，益阳模式对于如何全面盘活土地的资本价值缺乏前瞻考虑"，其所谓信托流转，如果执行中融资造血功能缺失，就会成为一种"伪信托"。该报采访了解到加入政府出资的土地信托公司环节，一直被视为益阳模式的最大特色。而实际中，仍停留在交易撮合原始阶段的香园公司，

---

① 夏晓柏、彭立国：《湖南益阳土地流转调查：资本下乡的信托真相》，2013年5月31日，和讯网（http://trust.hexun.com/2013-05-31/154697737.html）。

由于缺乏造血功能，而没有真正实现信托的价值。按照益阳市的设想，成立土地信托公司是想在规范土地流转的同时，通过资本运作获得收益，投向农村和农业基础设施的建设和完善。不过，目前益阳信托公司的运行模式，似乎离这一目标相去甚远。尽管政府设想依托信托平台，通过发行土地债券、信托投资基金等形式到资本市场融资，但一则公司资本金偏小，二则地处不发达地区的农村，金融环境落后，益阳信托公司根本不具备"造血"功能，农民分红无从谈起。不同的是，在成都、浙江等地，记者了解到，当地农地流转，部分采取土地入股的方式，农民可以获得"股权+红利+工资"三重资本收益。

安邦资讯也直言"土地信托流转模式需要警惕负面问题"，指出益阳市草尾镇的土地信托流转存在部分农民利益受损、信托工具未能真正产生造血功能、土地租赁大户并未获得想象中的收益等问题。[1] 安邦研究人员发现这一模式至少存在三个方面的不足：第一，政府和信托公司角色混合后的矛盾。政府应当承担促进地方经济整体发展的职责，促进附着在流转土地上的产业的发展，对土地经营主体给予扶持，促使更多具有创新精神的企业家出现。而信托公司应促进土地收益的增加，更多地保证农民的利益。短期内，由于资金所限，这两个角色所代表的利益无法一致。如上面所提到的经营大户所交的风险保障金仍用于扶持经营大户。第二，不能更科学地体现农民的收益。成都、浙江等地的农地流转，部分采取土地入股的方式，农民可以获得"股权+红利+工资"三重资本收益。而益阳模式下，仅能获得流转费用。无法获得土地在集约化、多样化经营下的土地增值收益，同时还放弃了农产品价格上升后的价格差和国家补贴。这一收益方式，也使得农民在签订土地流转的年限时只能是短期的。第三，不能使流转效益最大化。一是未能形成土地规模经营的竞争态势，筛选更有能力的经营者；二是缺乏农业经营贷款、农业保险、农技服务等保障服务体系；三是未能设计合理机制保证土地的可持续利用，避免掠夺式经营和耕地污染；四是未能设计使信托机构过渡到让更有能力的组织来运营的环节。安邦咨询认为益阳的土地信托流转模式，尽管遏制了严重的耕地抛荒潮，但现在可以说是危机重重，到了需要变革的阶段。而从制度本身的合

---

① 安邦资讯：《土地信托流转模式需要警惕负面问题》，（http://www.nctudi.com/news_show.php/id-33622）。

法性角度也有学者认为信托流转存在一定的法律风险。① 由于法律没有明确排除信托流转方式不受《承包法》、《流转办法》限制，立足于保护农民的利益，从《承包法》、《流转办法》的立法目的出发，应该遵循法律的规定，不能特殊对待信托这种流转方式，因此，信托这种流转方式也涉及土地承包经营权的转让问题，应该与一般的转让方式一样适用对受让方的资格限制。这样就意味着作为土地承包经营权的受托人必须为农户。在信托财产管理阶段，同样是对作为信托财产之土地承包经营权的转让、转包、出租、入股等，同理，也需要受到受让方资格的限制，从而使信托流转模式存在一定的法律风险。

四　益阳实践中当地干部群众的朴素观点摘举

2014 年 7 月至 8 月，课题组对益阳市土地信托流转进行了实地调查，走访了大量涉农部门政府工作人员、基层官员、村干部、农户、合作社，查阅了大量的相关部门和组织的统计资料、调研报告和会议记录，进一步了解了益阳实践的动态和干部群众的意见与看法。

益阳市土地信托流转已试点四年有余，总体社会反响较好，为何不能形成正式的制度，仍然称之为"试点"，益阳市农村工作部某工作人员解答了这一疑问，他认为土地问题非同小可，事关重大，政府持非常慎重的态度，当前政府主要的顾虑是政府的兜底责任风险过大，一旦有老板不能按期支付农民的土地租金，将会引发巨大的社会风险，政府必须负兜底责任，政府对受地者的资质把关固然重要，但土地经营是一个长期过程，当前经营得好不一定以后经营得好，符合资质条件要求的农业企业毕竟有限，进一步推动信托流转的难度加大，相关制度仍然进一步完善。不过，现实中尚未出现老板拖欠农民土地租金的情形，农民也普遍相信老板们"不差钱"，然而，不少农民认为基地老板这几年农业经营未必赚到了钱，LY 村村民 L 先生肯定地说至少有两位老板这几年经营亏损，搞蔬菜的 W 老板的蔬菜由于这两年雨水多，蔬菜烂在地里，肯定亏了，外地老板 F 老板种水稻，第一年种双季稻，早稻大概亩产 600 斤，晚稻则由于农忙时节雇请不到相应的工作人员，赶不上季令而基本上没有收成，第二年后改

---

① 姜雪莲：《农村土地承包经营权流转信托的法律问题——以中信安徽宿州农村土地承包经营权信托为中心》，《北方法学》2014 年第 4 期。

种一季稻，亩产目测应不到 1000 斤，除去租地成本和其他费用，应该是亏了。L 先生还提出异议说，最近项目多了，但村里的项目都给牛打滚（即社会混混）承包了。对于项目进村，LY 村的村民也有顾虑，该村正在洽谈一个生猪养殖项目，也有初步意向，某一村民小组也愿意进行土地流转执行项目，但另一村民小组居民区与项目选址接近，担心一旦项目达成会对生活环境造成巨大破坏，村里也做了相关动员，也已组织相关村民参观考察生猪养殖项目，已参观的村民大多认为已有生猪养殖场离生活区有五公里左右而 LY 村人口密度较大，意向生猪养殖项目地址离生活区太近，不适合搞生猪养殖，虽然项目还没启动，但由于村委会没有明确表态不搞，且有传言说上级政府支持此项目，因此，项目附近村民已经十分关注和担心。一些农民对基地老板既欣赏又同情，某些老板为了和当地农民搞好关系，农户摆酒席老板随份子钱甚至随得比一般农户还多，但他们的稻谷没有地方晾晒，只得晒在公路上，他们的苗木卖不出去，农民还找他们的麻烦，最后达成协议，老板承诺租期到后连树带根拖走。

　　某合作社聘用的经理 Z 先生也认为他们的合作社没有赚到钱，老板亏了。他们合作社在 LY 村租地搞大棚豆角，大棚豆角与露天豆角比较，产量的差别不大，但质量差别很大，比如露天豆角会有很多斑点，大棚豆角则斑点极少，然而，大棚豆角和露天豆角的价格差别则很小，但 Z 先生认为当地搞土地信托流转的确促进了农民致富，农民除了获得土地租金外，六七十岁甚至 70 多岁的农民仍可以为基地老板打工，日工资在 80 元左右，他认为这么大年龄的农民在外面是找不到活干的。S 合作社为 2014 年国家级示范合作社，该合作社理事长 X 先生认为合作社三五年内无法赚钱，合作社只有形成产品标准，构建了品牌才能赚钱，合作社经营过程中抢种抢收和日常田间管理都不得不雇佣本地农民，但农民可能因走亲访友或其他一点小事说不干就不干，因此，给农民的工资要尽可能的高，土地租期要尽可能地长，通过长时间的磨合形成习惯，让合作社与农民形成稳定的关系，他认为合作社要生存与发展需要有雄厚的资金，他希望他们合作社能租地 20 年，但租期不能超过承包期。

五　益阳实践的思考与启示

　　市场经济条件下市场在资源配置中起决定性的作用，但发挥市场的功能需要有充分有效的市场信息、拥有产权并有契约精神和契约意识的合格的市场主体、相对低廉并能够承受的交易成本。土地是一种重要的生产要素，应让市场发挥配置土地资源的作用，但在过去相当长的一段时间内，土地承包权经常调整，农民的产权主体地位不清晰，农村土地使用权市场不健全，交易范围十分有限，土地流转仅限于本村本组的自发流转，一般以口头协议为主，容易产生土地纠纷，"有人没田种"与"有田没人种"的矛盾不能很好地解决，土地作为生产要素没有得到优化配置。益阳市针对过去农村土地自发流转中的问题，一方面加快农地的确权颁证，另一方面搭建土地信托流转平台，既可以收集土地流转意向信息，又可以通过一定的担保机制保证土地流转契约的执行，益阳市的做法实际上通过发布市场信息、降低谈判、履约等交易成本培育了土地流转市场，促进了土地流转，一定程度上促进了土地的优化配置。

市场因为信息不对称、垄断等原因产生市场失灵，市场的优化资源配置的功能无法有效发挥，同时，市场还无法解决收入分配等社会公平问题。在农村土地流转中，一旦有外部市场主体进入，信息不对称问题就会产生，农民对其他农业经营者的农业经营能力和土地利用态度无法充分了解，农民在土地流转时除了考虑土地的即期收益即土地租金外，还要考虑土地承包经营权的长期收益即土地的永续利用和长期使用价值。与此同时，外部市场主体在租赁农民的土地时也难以对农民的履约态度、村或村民小组提供公共物品的态度等充分了解，而外部农业经营公司在进行农业生产经营过程中，不仅用水用电、运输等需要村或村民小组提供公共物品，而且有些生产经营需要从本地劳动力市场获得劳动力，当地农民的支持对其生产经营活动十分重要。因此，农民和外部市场主体的这种信息不对称会制约土地流转。益阳实践中，基层政府介入到土地流转中，整合土地流转信息，对农业经营企业的资质进行把关，引导农业经营企业、村组干部、农户之间的协商和议价，进行合同管理和帮助契约履行，有利于消除信息不对称，克服土地流转市场失灵。

虽然政府是矫正市场失灵的重要力量，但政府本身并不总是有效的，政府也有失灵的时候。政府是公共利益的代表，应以维护公共利益为己任，但政府行为目标与社会公共利益之间存在差异，政府机构不是没有自身利益的超脱在利益纷争之外的组织，政府官员的利益诉求常常反映在政府行为之中，政府官员及政府的代理人的利益往往内化为政府的利益，因而，政府行为可能偏离公共利益目标。在益阳市推行的土地信托流转过程中虽然再三强调操守政策底线，维护农民利益，但仍然受到了一些诟病，包括信托流转的造血功能不足、农民无法分享土地的增值收益等。即使益阳市各级政府出于公共利益目标推行土地信托流转，也可能由于政府信息能力的有限性，政府决策所依据的信息常常是不充分的而导致政府失灵，使相应的决策偏离公共利益目标。益阳土地信托流转实践表明，政府职能的履行是一个复杂的系统工程，既要注意矫正市场失灵又要避免政府失灵，政府和市场需要相互配合、取长补短。

土地是重要的生产要素，但在家庭联产承包责任制实施时，农户的承包地并不是按价高者得的市场原则进行分配，而是按人口平均分配，农户的农业经营能力与土地经营面积不匹配，基于提高土地效率的角度看，中央早在 1984 年就出台政策鼓励土地向种田能手集中，20 世纪 90 年代，农民费税负担重，民工潮兴起，农地抛荒现象凸显，"有人没田种"和"有田没人种"的现实矛盾更为突出，为优化农地资源配置，各地采取了调整承包权、鼓励土地流转等措施加强农地利用，我国实行土地公有制，农地不能买卖，而调整土地承包权则容易破坏既有的土地关系，产生过多纠纷，因此，农地资源的优化配置主要依赖土地流转实现，21 世纪以来，我国已出台了多项法律、政策推动土地流转。虽然从中央到地方各级政府主要基于效率理由推动土地流转，但对农民来说农地不仅是一种生产要素，而且具有特殊的社会功能，一旦非农就业失败，农民便可回家种地，一旦农业经营效益差，农民便可退回到自然经济形态，放弃高投入、高风险的农业经营，采用低投入、低风险的策略，主要种植粮食蔬菜，仅从土地获得基本生活资料，因此，土地对农民来说还是一种最后的生活保障手段，土地流转不仅事关效率也事关公平。政府在介入土地流转时不仅要基于效率理由优化资源配置，而且要基于公平理由进行收入分配。益阳市土地信托流转实践中政府的介入仍然以追求效率为主，维护公平为辅，政府介入的方式与程度、政府与市场的关系等都必须结合实践中的问题具体分析和评价。益阳市土地信托流转实践是政府培育市场、政府利用市场的实践，也是政府配置土地资源、调整利益关系和协调收入分配职能的体现，为我们合理定位政府职能、正确处理政府与市场的关系提供了丰富的启示。

由于农户承包地是按人口分配，承包土地普遍具有规模偏小、田块细碎、布局分散的特点，随着工业化、城镇化的快速发展，农村劳动力大量转移，农村人口非农化和农村人地关系发生显著变化，大量农村青壮年离开农村弃农后，农村空心化、农业劳动力老弱化等问题突出，在我国土地公有制下，通过土地流转逐渐集中土地、实现适度规模经营、便利农业机械化运用是实现农业现代化和繁荣农村的必由之路。土地流转即农地承包经营权的流转可以采用转包、出租、互换、转让或其他方式实现，但若没有政府的适度介入，则土地流转往往局限于农户之间的自发流转，农业企业等外部经营主体难以与众多拥有承包地的农户同时达成流转协议，即使达成协议，违约风险也难以控制，此外，村组公共物品的提供也具有不确定性，因此，没有政府介入，自发形成的土地流转市场无法形成土地规模经营，农业现代化也将无法实现。益阳市土地信托流转实践中，政府介入到了土地流转之中，政府出资在乡镇设立农村土地承包经营权信托有限公司，乡镇政府抽调专业技术人员成立土地流转服务中心，同时，发挥村组干部组织、协调和收集信息、发动农民的优势，在村组设立相应的土地流转服务站点，从而形成了土地信托公司、乡镇政府土地流转服务中心和村组土地流转服务站点为主体的全方位的土地流转服务体系。农民在自愿的前提下将土地承包经营权委托给信托公司，并签订土地信托合同，农业企业或大户再从信托公司连片租赁土地从事农业经营开发，并为农业公司、农业合作社和大户提供土地连片整理、农业技术支持、纠纷调解等社会化服务，从而通过政府的介入连接市场、农业公司（农业合作社、大户）和农民。

益阳市土地信托流转中，政府实际上扮演了多重角色，首先是土地流转信息的收集者、整理者和发布者。有意愿参与土地信托流转的农户提交流转申请书，明确流转面积和面积坐落方位，以组为单位，由组长收集、统计后上报到村或信托公司，这样实际上起到了信息收集的作用；意向流转面积达 80% 以上的组则由组长到公司申请公司托管，公司签订受托手续，这样实际上整理出了可以连片流转的信息；信托公司将受托的土地情况通过网络、信息发布台及宣传栏等形式向外发布信息，引进受地人，实际上起到了发布信息的作用。其次，政府扮演了中介人的角色。政府构建信托平台后，主动招商引资，引入受地的农业企业，引导受地企业与农户、村、村民小组协调讨论土地流转问题，实际上发挥了土地流转双方的中介作用。再次，政府扮演了担保者和监督者的角色，担保合同有效和监督合同执行。信托公司统一制作了《土地租赁合同》、《土地信托合同》、

《土地流转授权委托书》等合同范本，在受地人愿意受地后，公司首先与农户签订土地信托流转合同，然后同受地人签订土地租赁合同，再到公证单位进行合同公证、公示，随后让地方（农户）将土地交付给受托方（公司），受托方按合同要求付给让地方租金，受托方再将土地交付给受地方（受地人），受地方按合同要求付给受托方租赁金。信托公司还要求受地方在履行合同的同时，第一年必须向受托方交纳 100 元/亩的保证金，保证金可作最后一年的租金，但受地方中止合同保证金不退，农民土地租金每年按早晚两季付清，这样土地流转契约从合同文本的制作、合同的签订和合同的执行都有政府的全程参与，是契约的担保者和监督者。复次，政府除了是一般公共服务者外还为土地流转提供个性化服务。乡镇政府组建与土地信托公司配套的信托流转服务中心，大力开展产前、产中、产后服务，以村为服务单元，为大户（公司）提供农机、疫病防治、季节劳务、机械耕作、技术推广、农资联销直销等各类专业化服务。最后，政府还是土地经营者和开发者。土地信托公司通过项目打包的方式整合项目资金，进行土地开发，产生土地增值收益并使涉农项目资金有偿循环使用。所谓打包是指按照某种发展规划和意图，把各种项目融合或捆绑成一种综合工程，使之不仅可以利用财政项目政策来动员使用方的资源，而且可以加入地方意图，借项目之势，实现目标更加宏大的地方发展战略和规划。涉农项目资金有偿循环使用有两种办法，一是信托公司与规模经营主体签订合同，项目资金五年内分年度由规模经营主体返还给信托公司，再投入其他地块；另一办法是先实施项目，完善水、电、路等基础设施，通过竞标方式显化土地价值，溢价部分由信托公司循环使用。虽然项目资金最终投向规模经营主体所使用的土地，直接服务于规模经营主体的农业生产经营，但土地增值收益则由政府建立的信托公司获得，因此，这一项目打包整合项目资金和循环使用项目资金的过程也是政府的土地经营开发过程。

政府同时扮演多重角色，若不小心处理就会产生角色冲突，在益阳土地信托流转实践中，基层政府的一般公共服务者和土地流转个性化专业化服务者之间，土地流转契约的担保者、监督者和土地经营开发者之间都可能产生角色冲突。一般公共服务是政府常规职能的体现，具有普遍性和公益性，而个性化、专业化服务则具有服务对象的选择性，是经营性服务，具有营利性，公共服务和专业服务的界限容易模糊，操作不当或认识不清都可能产生政府失灵，或者公共服务搭专业服务收费，产生政府牟利，或者专业服务借公共服务之名免费，产生公共财政补贴特定服务对象的财政损失。作为土地流转契约的担保者和监督者，政府应超然于流转双方之外，为避免契约执行遇阻而负担保责任应严格审核受地企业资质，对土地流转持谨慎态度，然而，作为土地经营开发者则希望引入更多项目，开发项目产生土地增值，而只有土地成片流转才能引入更多的涉农项目，此时，政府对土地流转又持乐见其成、尽力撮合的态度，这两种角色冲突的强度会因申请涉农项目的具体要求的变化而变化。

土地对农民来说还是一种最后的生活保障和就业保障手段，农地的配置还必须考虑国家粮食安全，因此，政府在介入土地流转时不仅要基于效率理由优化资源配置，而且要基于农村、农业实际状况协调利益关系、执行国家战略。益阳土地信托流转的政策设计者和执行中一再强调坚持政策底线，土地集体所有制性质不变、农民承包权不变、农用地属性不变，让农民、政府和受地企业满意，但在土地流转中，优化资源配置、理顺利益关系和执行国家战略如何有机统一却是一个不小的难题。益阳市土地信托流转虽然在推动农业现代化、提高农民收入等方面均取得一定的成效，但仍然存在一些隐忧：农村的基础设施和社会化服务难以适应规模经营和农业现代化的要求，如农忙季节农业公司无法雇佣到足够的劳动力、稻谷等没有合适的晾晒场地、蔬菜等仓储设备不够等；农业公司的可持续经营能力存疑，土地连片流转的成果难巩固，农业经营面临自然风险和市场风险的双重风险，一些农业公司盈利能力低甚至亏损，租地经营难以长期坚持；农业公司以追求经济利益为目标，并不会主动承担国家战略任务，土地流转规模经营中难免出现非粮化，即使有基本农田制度的政策保护，也可能因为一些经营项目对土地利用的长期影响而不利于国家的土地储备和粮食安全，如一些花卉苗木的经营项目对土地质量的长期影响难以做到准确评估；土地信托公司、农民难以分享土地增值收益和农业现代化成果，土地信托公司仅收取农业公司土地流转的固定服务费，而农民也仅收取合同约定的土地租金，二者均不具有农业经营的剩余索取权，农民在农业现代化进程中的主体地位丧失，长久来说，难以实现农村稳定繁荣；此外，项目进村过程中的政府动机、项目分布的不平衡和不合理都可能产生相应的社会问题。

然而，益阳土地信托流转实践中的问题并不是益阳市的特殊问题而是中国农业现代化进程中如何处理政府与市场关系的普遍性问题，对益阳实践的求全责备本身意义不大，讨论益阳实践需要了解我国总体的经济社会条件和基层政府的政策空间，在农业现代化进程中推动土地流转、优化资源配置、理顺利益关系和执行国家战略不仅需要基层政府勇于实践、大胆创新，而且需要国家战略布局和制度变革完善。

第四章　农村金融发展与基层政府职能

现代农业是利润导向性农业，并不是简单的土地与劳动结合，需要投入大量新型生产要素，在市场经济条件下，生产要素具有一定的价格并能在市场中获得，因此，生产要素的投入常常表现为资本投入。为扩大农业再生产，提高农业效率，需充分利用金融手段，合理配置农业生产要素。在三位一体的农业现代化进程中，农村金融是繁荣农村经济、促进农业发展、提高农民收入的重要手段，农村金融发展是农业现代化建设的必然要求，基层政府应在农村金融发展中履行相应的职能。

第一节　农业资本的主要来源

一　农业资本积累

资本积累是把包括货币收入在内的劳动成果重新投入在再生产过程中的过程，资本积累既可表现为再生产中货币资本投入的增加，也可以表现为实物资本的增加及其相应的劳动积累。农业资本积累就是农业生产中的资本积累，由于农村经济的货币化程度较低，农业资本积累中除农业资金投入增加外，还存在大量的实物和劳动积累。首先，农业生产经营过程中不少固定资产和流动资产并不完全来自于市场，其数量的增加和质量的提高不能直接用货币价值衡量，包括农民自选自留种子、自制和改进生产工具、土地平整和改造以及小型水利设施建设等，均是农民的劳动积累转为实物资本。其次，在小规模的以家庭为经营单位的农业经营中，农民既是资本投入者，又是劳动者和消费者，投资、生产和消费在众多情形下并不能完全分开，一些耐用消费品也具有实物资本的特性，如房屋既可居住也是仓库，车辆既是交通工具也是运输工具，农户这类耐用消费品的增加也可以称为资本积累。再次，一些县乡基层政府、村、村民小组等基层组织以农民义务出工的形式，组织农民巩固堤防、疏通与开挖水渠等改善农业生产条件，这种农业基础设施的改善是农业经营者自身劳动积累的结果，属于农业资本积累。最后，农产品的商品化程度相对工业品较低，大量农户留存粮食、蔬菜、家禽家畜用于自我消费，当农户自我消费的农产品增加时，即使农户的家庭可支配收入没有增加，也由于农户消费支出的减少而使农户可用于生产经营的货币资本增加。概而言之，农业资本积累并不仅仅表现为农户的货币形态的农业投入，还体现在农户的多种形式的劳动积累，最终体现为农业再生产内部形成的生产要素增加和生产条件改善。

图 4.1　近年来全国农户农业投资总额

数据来源：中国固定资产投资统计年鉴（2009—2017）（2013 年相关数据缺失）。

如图 4.1 所示，农户近年来农业投资额并没有明显的增加，说明以农户为基本生产经营单位的中国农业资本积累缓慢，以维持同等规模的生产经营为主，扩大再生产较少。但如图 4.2 所示，农户的生产性固定资产包括农业生产性固定资产原值却呈现逐年上升的趋势，从而表明，一部分农户的农业投资转化成了固定资产，同时，农户有一定程度的实物积累。

农业资本积累缓慢的原因大致有如下几个方面。首先，由于城市特有的要素聚集效应，加之当前中国城乡二元经济社会体制的制约，城市相对农村具有巨大的经济吸引力，农村大量具有创富动力和能力的青壮年离开农村进城谋发展，大量农地由机会成本较小的老年人耕种，一方面他们劳动投入和资本投入的能力有限，另一方面，不少老年人经营农地以维持基本生活为目标，没有扩大再生产的动力。其次，大量农产品生产周期长，价格信号传递相对滞后，当供给弹性大而需求弹性小时，易产生"蛛网震荡"，市场可预见度低，市场风险大，同时农业又对自然环境的依赖较

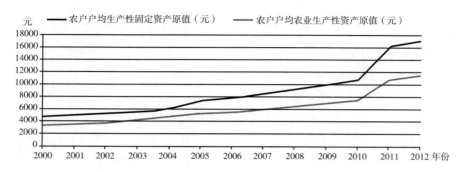

图 4.2　农户 2000—2012 年生产性固定资产原值

数据来源：国家统计局数据查询系统：http：//data. stats. gov. cn

大，市场风险和自然风险的叠加导致农业投资回报不确定性过大，农民兼业现象普遍存在，在存在多种收入来源和多种投资领域时，不少农民把工作重心放在了非农产业上，从而影响农业资本积累。再次，中国农村实行土地承包经营制度，规模经营过多依靠于土地流转，土地细碎化严重，细碎的小块农地经营不仅获取利润的能力有限，而且难以吸纳较多的有效投资，农户的收入增长不能有效地转化农业增量投资。最后，农户家庭经营中，生产基金和消费基金并没有严格的界限，在农民可支配收入还不是很高的条件下，农户的收入以满足当前急切之需为主，可以用于农业扩大再生产的资金并不多。然而，农业资本积累缓慢并不是注定，随着土地制度不断变革、社会保障不断发展、市场日趋完善，制约农业资本积累的经济社会条件亦会逐渐消除，农业资本积累亦将不断加速。

二　财政支农

由于农业生产具有市场风险和自然风险的双重风险，政府基于公共利益的需要而介入农业生产经营，现代国家一般都对农业生产经营给予相应的财政支持。财政支农是国家无偿的对农业生产经营给予资金支持。财政支农资金是公共资金，以提高农民收入、确保粮食安全、改善生态环境等公共目标为导向，无法充分考虑微观经济主体特殊的资金需求，因而，一般以一定的项目形式拨付资金，具体项目品类众多，从农业产业链来看，包括产前、产中和产后各个环节；从财政资金的直接受益者来看，包括农业经营者（农户、农业合作社、种田大户、土地流转经营者、农业企业），农资供应者、农业社会化服务者（农机与农技服务者等）以及基层组织（村、村民小组等）；从资金使用来看包括农业综合开发、农田水利基础建设、乡村道路等多个方面。财政支农在改善农业生产基础条件，以及解决灾后重建、移民搬迁等特定问题上厥功甚伟，但财政资金一般采用对口定向拨付的方式，专款专用保障其安全性的同时也存在比较严重的部门分割现象，资金使用的灵活性不够，效率不高。

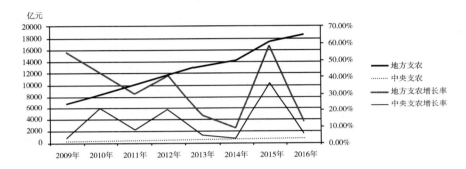

图 4.3　2009 年以来中国财政支农支出及支农增长率

数据来源：中国统计年鉴。

如图 4.3 所示，财政支农资金近年来迅速增长，特别是地方财政支农资金不仅基础量大而且持续增长，2016 年达到 17808.29 亿元。运用2012—2016 年 31 省市的面板数据（数据来源于历年中国统计年鉴），考察财政支农对农业产值和农民收入的影响，得到回归方程 4.1 与 4.2，括号内为标准误。

$$AGDP = 8.680427 * AFINANCE - 745.2634 \tag{4.1}$$
$$\qquad\quad (0.52482) \qquad (270.1977)$$
$$R^2 = 0.641267 \quad S.E = 1416.385 \quad P = 0.0000$$
$$RINCOME = 2.32611 * AFINANCE + 9706.59 \tag{4.2}$$
$$\qquad\quad (1.499263) \qquad (771.788)$$
$$R^2 = 0.015496 \quad S.E = 4045.739 \quad P = 0.122767$$

回归方程 4.1 与 4.2 中，AGDP、FAINANCE、RINCOME 分别代表农业产值、财政支农资金和农村居民人均可支配收入。运用 Eviews 的 Redundant 固定效应检测发现，时期和截面的截距均不相同，因而采用时期和截面固定效应估计，估计结果显示：4.1 式不仅通过显著性检验，而且决定系数较高，相反，4.2 式不仅没有通过显著性检验，而且决定系数较低，因此，可以认为财政支农显著地提高了农业产值，但对提高农民收入没有显著作用。财政支农资金作为专项资金，其拨付使用是建立在相应的行政决策基础之上的，其合理配置依赖于充分畅通的需求表达机制和民主科学的决策程序。财政支农资金在增加农业产值方面比较有效率，一方面说明既有的决策机制能够较为准确地判断农业生产条件改善的现实需求，相对容易明确资金投入的方向，另一方面也说明农业基础设施仍然有改进空间，财政支农资金在改善区域性或全局性的生产条件上将仍然有所作为。相反，财政支农资金在增加农民收入方面没有显著作用，主要是因为农民收入的提高在市场经济条件下更多地依赖于农户等微观经济主体的经营活动，不同的地区，不同的市场环境和供需关系，农民资金需求的数量和投入的方向各不相同，财政资金还难以适应灵活的多变的市场关系、难以满足农民的多样化资金需求，进而言之，农民持续增收不能依靠也不应依靠财政支农，农民在农业生产经营过程中的资金短缺应主要运用市场机制，通过金融渠道解决。

三　农业信贷与资本下乡

农业自身资本积累无法满足农业再生产的要求，农业信贷是解决农业生产经营资金不足的重要途径。通过多年的农村金融基础设施建设和大量有力的政策支持，中国已形成了以商业银行和农村信用社为主体，包括政策性银行、村镇银行、小额贷款公司、资金互助社等多类型、多层次的农业信贷供给主体。商业银行追求利润，有分析市场和筛选项目的动力，但商业银行配置资金的效率一定程度上依赖于既有征信系统及其相应的信息处理能力。商业银行因承受风险的能力有限，无法提供风险高、额度大和周期长的贷款。政策性银行不以盈利为目标，既有经营性业务也有政策性业务，兼有企业性和政策性，能把间接融资的灵活性和政策导向的原则性有效结合，既能避免财政无偿拨款诱发资金过度需求和低效率使用，又能克服商业银行基于信用风险而忽视社会效益的局限，从而提高资金配置效率。作为三大政策性银行之一的中国农村发展银行近年来在粮棉油收储、农业基础设施和重大水利工程等方面给予大量的信贷。在中国农业发展银行的信贷业务中，地方政府通常是借款举荐人、担保者甚至是组织者，因此，农业发展银行的贷款绩效需要正确处理与地方政府的关系。农村信用社（一部分农村信用社改组改制成农村商业银行或农村合作银行）由于贴近农民，农村网点多，一定程度上保障了农业贷款的可及性，农业信用社（农村商业银行或农村合作银行）是农村金融服务的主力军，截至2016年12月，全国金融机构农林牧渔业贷款余额36627亿元，其中农村商业银行12828亿元，农村合作银行730亿元，农村信用合作社10920亿元，三者合计24478亿元，占全国金融机构贷款余额的66.83%。[1]然而，农村信用合作社（农村商业银行、农村合作银行）的不良贷款仍然较多，其资金配置效率仍需不断提高。中国农业小规模家庭经营仍然十分普遍，存在大量零星分散的小额资金需求，商业银行等大型金融机构由于管理成本方面的考量，无法满足这些小额、短期和分散的资金需求，为改善农村金融服务，中国自2005年起开始鼓励建立村镇银行、小额贷款公司等新型农村金融机构，各类新型农村金融机构在政策支持、监管要求、组织形式和产品类型等方面各不相同，经营业务有所差异，满足了不同金融需求，他们在活跃农村金融市场、增加农业资本供给等方面发挥了举足轻重的作用。

　　除了通过信贷方式间接融资外，近年来，农业经营中的直接融资也逐渐活跃起来。一方面，随着资本市场的发展和中国相关涉农扶持政策的出台，一些农业企业通过发行股票、债券等方式直接获得融资，2015年1月1日至2016年12月31日，共有4家农业企业首次公开发行股票上市融资16.35亿元，33家农业企业完成再融资，融资331.38亿元，2016年全年，涉农企业共发行48只债券，融资344.1亿元。[2]另一方面，更为重要的是大量城镇工商资本通过发展订单农业、直接租赁土地开展农业生产等方式参与到农业经营过程中来，这一现象常被称为资本下乡。资本下乡不仅大大增加农业经营的资本供给，而且把新技术、新要素带到了农村，促进了农业生产经营的技术创新和组织创新。然而，资本下乡本质上是城市工商资本下乡追逐或分享农业经营利润，资本下乡的持续推进有赖于农业经济良好的发展前景，同时，资本具有巨大的流动性，下乡的工商资本追逐农业利润具有一定的短期化倾向，对农业可持续发展形成一定的挑

---

　　[1]　中国人民银行农村金融服务研究小组：《中国农村金融服务报告2016》，中国金融出版社2017年版，第6页。

　　[2]　同上书，第51—52页。

战。推进资本下乡需坚持农地农用，正确处理资本与农民的关系，协调各方面利益，健全相关制度，把资本逐利行为约束在有利于农民增收、农业发展和农村繁荣稳定的范围内。

第二节　中国农村金融抑制的表现与原因

一　中国农村金融抑制的表现

20 世纪 70 年代，肖（S. Shaw）和麦金农（I. Mckinnon）在其关于经济发展与金融关系的著作中提出了金融抑制①与金融深化理论②，他们详细讨论了金融与经济发展的关系，认为良好的金融体制能够促进经济发展，把金融抑制看做一种不利于经济再生产的金融体制，在金融抑制下有大量的政府不当管制与干预，显然，金融抑制理论是一种特定市场经济理论，它承认金融市场的有效性，强调金融市场对经济发展的积极作用，把金融市场的积极功能不能发挥的一种金融市场状况概括为金融抑制，概而言之，金融抑制就是金融市场发育不良或受到政府不当干预的破坏，金融市场促进经济发展的积极功能不能发挥的一种金融现象。肖和麦金农等金融抑制理论的开创者关注的金融抑制主要有政府的不当管制，特别是对利率的管制，严重的通货膨胀以及政府直接配置金融资源等，但实际上金融抑制原因和表现形式远不止这些，金融就是资金融通，金融市场联系着资金的供给者与需求者，使闲散资金转化成生产基金，用于再生产，金融市场的基本功能就是促进资本集中与社会再生产，金融抑制就是对金融功能的抑制，凡是不利于资本集中与社会再生产的金融体制都存在金融抑制。

中国农村金融抑制除了具有金融抑制的共性外，更重要的表现为特定的金融排斥。金融排斥是特指金融机构或金融服务具有某种倾向性，使得特定的群体无法享受到或较少享受到金融市场服务，围绕金融排斥概念，虽然没有形成严格的理论体系，但几乎所有相关文献都反映了一种平等主

---

① 　罗纳德·I. 麦金农：《经济自由化的顺序——向市场经济过渡中的金融控制》，李若谷、吴红卫译，中国金融出版社 1993 年版。

② 　爱德华·肖：《经济发展中的金融深化》，邵伏军、许晓明、宋先平译，上海三联书店 1988 年版。

义理念即认为金融市场对所有人应平等开放，任何人应该都能从金融市场中获益，金融排斥使金融市场的功能扭曲，金融排斥是金融抑制的特定表现形式，一部分人群被排斥在金融服务之外，不能获得充分的金融服务，反映了金融市场的分割性和不完善性，金融排斥仍然是一个经济社会体制问题，一般接受 Kempson 和 Whyley 的判断金融排斥的五个标准[1]，首先是可及性排斥，即通过风险评估或其他条件限制，使得特定人群无法获得相应的金融资源；其二为条件排斥，即金融产品附加特定的条件使之不适合特定的人群，如对获得贷款的抵押、担保要求使无特定抵押物或没有担保者的资金需求者无法获得贷款；其三为价格排斥，即通过价格特别是高价格来筛选特定客户，使部分人群在特定的金融产品与服务之外；其四为营销排斥，即目标市场选择局限在特定人群，从而使其他人无法获得适应他们需求的金融服务；其五为自我排斥，即特定人群因意识观念和实际获得金融服务的可能性小，而主动远离金融市场。

金融排斥与市场分类分层有着本质的区别，首先金融排斥不是基于金融产品的差异性，不是对不同需求的满足导致不同的金融产品价格及金融产品附加条件，而是针对特定人群的市场回避或限制，不是金融市场充分有效的结果而是金融市场不完善的体现；其次，基于需求多样性的市场分层分类，在市场供给面的反映是企业行为，多样化的需求与多样化的企业供给行为相对应，而金融排斥表现为企业行为具有某种趋同性与指向性，一部分人群的金融需求无法在市场中充分反映；再次，金融企业基于利润最大化目标通过风险评估程序筛选客户是一种市场行为，但在风险评估准则中渗入户籍身份、地理位置及产业属性等非经济因素则是一种偏离商业原则的金融排斥；最后，市场的边界、业务范围、交易成本等受到相关政策法规的约束，企业的私人效益最大化并不意味着社会效益最大化，某些金融排斥虽然表现为金融企业的市场行为选择，但根本原因在于金融体制的选择。农业再生产是经济再生产与自然再生产的统一，农业扩大再生产既受到资本、劳动力等经济要素投入的制约，也受到气温、水资源等自然条件的影响，面临市场风险与自然风险的双重风险，而中国农业存在大量的家庭小规模经营，对资本的需求量小而分散，大量金融机构以服务于城市的经营管理方式开拓业务，在农村展业面临较高的运营管理成本，因而

---

① 　王志军：《金融排斥：英国的经验》，《世界经济研究》2007 年第 2 期。

不增加甚至压缩农村金融网点，农民难以接触金融资源。2014 年至 2015
年，"土地流转和农业现代化进程中的基层政府职能研究"课题组在湖
南、山东、安徽、甘肃、四川、重庆、浙江、内蒙古、河北、贵州、陕
西、广东、河南、云南等省市共 815 户农户进行入户调查，调查显示三年
内仅有 45.5%的发生借贷行为，而有借贷行为的农户中大多数（65.5%）
选择向亲朋好友借款，向银行贷款的农户仅占 32.5%。中国农村存在金
融的可及性排斥。中国农村实行土地集体所有制，农民大量财产附有一定
的身份属性，房屋（宅基地是按户分配）、承包地（要求具有集体成员身
份）的交易限定在本村范围内，难以作为抵押物进行有效处置，农户贷
款既缺乏抵押物也难以寻找到合适的担保者，农民贷款往往难以满足金融
产品附加的特定条件，中国农村存在金融的条件排斥。国家统计局数据查
询系统数据显示，2016 年城镇居民人均可支配收入为 33616.2 元，农村
居民人均可支配收入仅为 12363.4 元，仅为城镇居民的 36.78%，农民的
收入水平要远远低于城市居民，对金融产品的价格承受能力相对较低，而
金融机构因考虑信用风险问题，服务农村的价格相对较高，商业贷款的执
行利率近年来一般在 4%—6%，而农户贷款的执行利率一般在 6%—9%，
在我国农村金融实践中，农村商业化金融机构的实际贷款利率与基准利率
相比，向上浮动的范围及执行较高利率的比例均比非农贷款大[1]，因而出
现了农村金融的价格排斥。大量金融机构把经营重点放在城市，事实上存
在农村金融的营销排斥。此外，农民在面临农业经营资金困难时，常常借
助于家庭家族支持，把自己隔离于金融市场之外，因而也存在农村金融的
自我排斥。

如图 4.4 所示，以贷款相关比率即当年贷款余额与生产总值的比率反
映该产业的金融渗透水平，三大产业中，仅有第三产业贷款相关比率在一
倍以上，而作为第一产业的农业贷款相关比率最低，一直在 0.2 倍以下，
显然，在三大产业中，以贷款表现的金融利用水平，农业最低，这一状况
再次显示了农村存在广泛的金融抑制。

运用《中国统计年鉴》、《中国金融年鉴》的有关数据，构建 2014—
2015 年两期 31 省市面板数据，分别考察农业贷款（农林牧渔业贷款，

---

① 中国人民银行农村金融服务研究小组：《中国农村金融服务报告 2008》，中国金融出版
社 2008 年版，第 30 页。

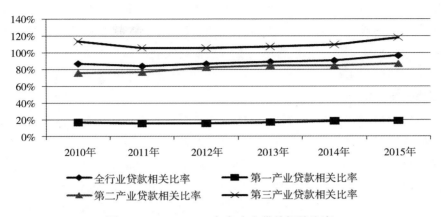

图 4.4　2010—2015 年各产业贷款相关比率

数据来源：中国统计年鉴、中国金融统计年鉴

ALOAD）、农村贷款（县及县以下贷款，RLOAD）、农户贷款（HLOAD）对农村居民人均可支配收入（RINCOME）、农业产值（AGDP）的影响，模型中 C 为通用的常数项或截距。通过 Redundant 固定效应检测，采用截面固定效应估计，估计结果如表 4.1 所示。

表 4.1　　　　　　　　　　　涉农贷款相关模型估计结果

被解释变量	解释变量		系数	标准误	P 值	决定系数
RINCOME	模型 4.1	ALOAD	0.220077	0.706899	0.7577	0.982235
		C	11143.86	797.8500	0.0000	
	模型 4.2	RLOAD	0.981402	0.141969	0.0000	0.981402
		C	4895.436	941.3917	0.0000	
	模型 4.3	HLOAD	2.205310	0.363151	0.0000	0.992005
		C	7297.650	676.9209	0.0000	
AGDP	模型 4.4	ALOAD	−0.071751	0.158216	0.6535	0.997582
		C	3455.940	178.5724	0.0000	
	模型 4.5	RLOAD	0.215678	0.032815	0.0000	0.999002
		C	1948.128	217.5948	0.0000	
	模型 4.6	HLOAD	0.461438	0.087652	0.0000	0.998735
		C	2519.129	163.3858	0.0000	

　　如模型 4.1 的估计结果所示，农业贷款对农民收入没有显著影响（P

值远远大于 10%），而如模型 4.2 与模型 4.3 估计结果所示，农村贷款和农户贷款均显著增加了农民收入，且模型的决定系数均较高，解释力较强。如模型 4.4 估计结果所示，农业贷款对农业产值没有显著影响，而模型 4.5 和模型 4.6 的估计结果显示，农村贷款和农户贷款对农业产值均有显著影响，模型的决定系数较高，解释力较强。根据模型 4.1 到模型 4.6 的估计结果综合判断，农业贷款的效率较低，对农业产值和农民收入均没有显著影响，而农村贷款和农户的贷款的效率相对较高，对农民收入和农业产值具有显著促进作用。农业贷款一般是项目导向，其贷款效率低说明商业银行对农业项目的鉴别能力相对较低，另外，农业贷款也涉及大量农业基础设施，与地方政府行为密切相关，而与农民等农业微观经营主体的联系较为松散。农村贷款和农户贷款较少涉及资金投入较大的固定资产投资，一般满足的是农村微观经济主体的流动性的资金需求，直接激发了微观经济主体的经济行为，虽然商业银行也可能因为信息有限和资信审查失误产生呆账和坏账，但农村微观经济主体的经济活动得以展开，较少有项目失败的沉没成本，资金的总体利用率较高。因此，为提高农村金融的效率，农村金融应进一步向基层下沉，尽可能多地满足农户和农村其他微观经济主体的资金需求，而部分农业贷款特别是涉及区域性农业基础条件改善的农业项目，可以转为财政支农的方式。虽然从总量上看，农业生产获得的金融资源已经不少，但其金融资源使用效率较低，特别是以农业贷款形式的金融资金偏离市场效率原则，在增加农民收入和农业产值方面均没有产生显著影响，这种农村金融的效率也是农村金融抑制的表现形式之一。

二　中国农村金融抑制的原因

中国自 1992 年确立"建立社会主义市场经济体制"的经济体制改革目标后，市场机制不断完善，已初步形成了市场主导型的金融体制，商业化金融机构是服务农村、农业和农民的主力。中国农村金融抑制的核心原因就是商业化金融机构还不能适应农村经济和农业发展的现实要求，而政策性金融尚不能有效弥补此类市场失灵。商业化金融机构以盈利为目标，对金融需求反应敏感，其适应市场的能力不仅由盈利模式决定，而且受其组织管理过程的影响，以商业银行为主体的农村商业化金融机构还有诸多不适应农村经济与农业发展的地方：首先，各金融机构特别是大型金融机构农村业务不仅起步晚而且不是其主要利润来源，没有形成独特的农村业务经营管理方法，在风险评估、经营管理等方面仍然比照城市金融业务展开。在以贷款利率为重要收益来源的金融信贷领域，由于放贷者并不能详细了解投资项目的品质，因而借款人本身投入的项目资金的比例，承担相应的风险是放贷者评估项目风险的重要依据，因而，在市场均衡的条件下，较多财富者能够为较大且品质较低的项目获得融资，然而，同样规模和同样品质的项目，较多财富者将付较低的利率[①]，显然，农村居民的收入水平相对较低，按当前流行的市场规则和营销方法，农村贷款往往需要承担较高的利率或获得较少的数量，在我国农村金融实践中，农村商业化金融机构的实际贷款利率与基准利率相比，向上浮动的范围及执行较高利率的比例均比非农贷款大，商业化金融机构的盈利模式尚不能适应服务三农的要求。

其次，虽然一些商业银行如中国农业银行开始关注农村金融人才的选拔与储备，但农村金融机构普遍缺乏农村金融专门人才，一些大型金融机构由于农村业务开拓困难而撤并网点，农村金融的发展不仅需要政策扶持，而且更需要人才支撑；再次，不仅大量商业化金融机构主营业务不在农村，没有立足农村经济与农业发展的长远规划，国家扶持的新型农村金融机构的覆盖面仍然有限，截至 2016 年末，村镇银行县（市）覆盖率为 67%，而新型农村金融机构 2016 年资本利润率仅为 7.64%[②]，盈利水平较低。近年来，金融机构适应农村市场方面已有进步，在贷款抵押、农村金融产品开发、信用风险控制、人才培养与储备等方面有所创新与突破，但根本的市场组织架构与盈利模式尚未有重大转变，难以从根本上解决问题，一些金融机构虽然把营业网点延展到农村，但由于其主体业务在城镇，金融产品的结构类型、金融服务的方式方法仍以城镇金融为样板，在价格确定、金融产品附加条件、风险评估程序等方面没有适应农村特点，以银行业为例，现有的商业模式以贷款利息作为重要盈利来源，银行的贷款项目审查中必然主要关注借贷者的

---

① Samuel Bowles：*Microeconomics Behavior*, *Institutions and Evolution*, Princeton New Jersey：Princeton University Press, 2004, p. 318.

② 中国人民银行农村金融服务研究小组：《中国农村金融服务报告 2016》，中国金融出版社 2017 年版，第 8—10 页。

还款能力与信用，为了便于执行，往往需要容易变现的抵押物或相应的连带责任担保，较少关注项目本身的品质、借贷者的教育、技能、技术等人力资本和实际创收能力①，而在农村，农民的收入水平相对较低，其还贷能力则主要体现在其人力资本和创收能力上而不是物质资本，同时，农村的农业承包地、宅基地、房屋等有形资本市场范围有限，其变现能力较差，不是最佳抵押物，而农民寻找合适的担保人也比较困难，因此，现有银行的盈利模式将大量农民排除在金融服务之外，实际上，大量农户的资金需求量不大，还款能力及其相应的抵押、担保不是主要问题，应侧重关注信用风险本身。

中国的政策性金融亦取得长足的进步，在支持三农方面发挥了重要作用，但尚未能有效弥补金融市场在三农领域的市场失灵。首先，政策性金融是以国家信用为基础采用的特殊融资手段，一般围绕特定的宏观经济目标展开，它一般只是增加了农业等特定产业的金融支持力度，偏重于基础设施的建设、粮棉油收储等特定领域，并不改变既有金融机构的盈利模式、组织结构和产品类型，因而并不改变金融市场既有的在三农领域的市场失灵。其次，虽然近年来已初步形成了货币信贷政策、财政税收政策和监管政策为主体的农村金融扶持政策体系，但无论是差别化的存款准备金率，涉农贷款定向奖励与补贴，还是对农村金融机构实行差别化的监管指标要求，都是支持金融机构本身即资金的供给方，而对资金需求方的农户等却难以采取有效的支持措施，农村金融既有的自我排斥尚不能有效解决。再次，虽然农产品期货市场能一定程度上对冲由于农业具有生产周期长的特点产生的价格波动等市场风险，但期货市场局限于大宗交易，大量农户等小生产者面临的市场风险难以寻求金融途径分担；虽然农业保险提高了农业生产经营者应对自然风险的能力，但一方面农业保险的总体覆盖率还有限，截至 2016 年，农业保险的村级覆盖率仅为 48%②，另一方面农业保险的农产品保险产品有限，承保品种还不能满足不同农业生产经营者的需要。农产品期货市场和农业保险虽然近年来得到了国家大力扶持，

---

① 刘远风：《农村金融发展的路径选择——基于资本供求的视角》，《武汉金融》2014 年第 6 期。

② 中国人民银行农村金融服务研究小组：《中国农村金融服务报告 2016》，中国金融出版社 2017 年版，第 12 页。

但它们均遵循市场原则，涉及大量完善市场机制的基础性制度建设工作，并不会仅仅因为政策优惠而在短期内根本改观。最后，农村金融抑制问题不仅嵌入在城乡二元经济社会体制的大背景中，而且与农业本身的弱质性、农民契约意识、信用意识低相关，短期局部的政策措施虽然有助于改进农村金融服务，但从根本上解决农村金融抑制问题既需系统性地改变城乡二元结构，又需系统性地构建适应农村农业特点的金融市场体系，并非一日之功。概而言之，中国农村金融抑制存在的原因是中国金融市场尚不能适应农村金融需求，既有的政策措施只能局部改进农村金融，不能从根本上矫正当前的农村金融市场失灵。

第三节　中国农村金融深化与金融发展

与金融抑制、金融排斥相对的是金融深化与金融发展，所谓金融深化就是金融市场自由化、完善化，包含如下几个方面的含义，首先，金融自由化，金融体制转变为市场主导型，逐渐放松和消除不当管制，金融资产规模不断增加，金融产品不断丰富；其次，金融市场不断完善，金融在国民经济中的地位日益重要，对生产生活的影响日益突出；再次，逐渐消除金融排斥，金融服务空白日渐减少，金融需求逐渐得到有效满足；最后，金融法规日益完善，良好的金融秩序逐步建立。金融深化本身就是金融抑制的逐渐消除和金融发展的过程，但金融发展不仅体现为市场自由化和完善化的金融深化过程，而且体现在金融结构的完善、金融机构工具和金融产品的丰富以及金融机构适应经济发展的能力增强。农村繁荣、农业兴旺和农民增收必然要求消除金融抑制，促进金融发展。

一　农村资金需求的特征

只有充分全面地了解农村资金需求的特点，才能为满足农村资金需求提供高效的金融产品和服务，从而进一步明确农村金融发展的方向。农业是农村最重要的产业，农村资金需求很大程度上表现为农业产业的资金需求。大量农业生产是在开放环境下的动植物再生产过程，受区域性地理自然气候条件影响巨大，水涝干旱等自然风险大，农业资金需求因而存在定时定点集中爆发的特征，即某一区域范围内（某地区特定作物）、某一特定时间段（季节性的生产性投入和自然风险等风险事件发生时）相对集中的大量的资金需求。即使在分散独立的不同所有者和经营者的土地之上，农业经营也常常需多个经营主体共享道路、水利等农业设施，这种农业设施由于其非竞争性和非排他性仅局限于毗邻地块的少数经营者，因而难以作为纯公共物品进行提供，但由于共享共用，其投资主体不清晰，因而，在缺乏相应组织创新的条件下，农业还有大量资金需求隐蔽而没有显现。农业生产中自然再生产和经济再生产相结合，季节性强，环境影响巨大，因而，生产经营主体对生产过程的可控性相对于流程化的工业生产来说也低得多，大量资金需求具有临时性、紧急性和不可预测性。农产品品类庞大，即使同一品类在不同的水土自然环境下，也呈现不同的生长规律和产品特性，一些农业项目在资金需求评估时，一方面因其风险性难以预后，投资回报难以确定，另一方面因其对环境的依赖性而难以有统一的评估尺度。

农村资金需求也是农村居民和农村其他经济主体的资金需求。农民是农村最重要的经济主体，农民集生产者、消费者、劳动者于一身，他们的生产基金与消费基金并未完全分开。由于农民的收入水平不高，常有因患病等产生生活上的急切之需而抑制生产性投入的情形，农民的一些资金需求并不在农业生产规划的范围内，而是由生活消费的不特定大额支出产生，具有临时突发的特征。农民的资金需求往往是为了应对不时之需，具有短期、分散的特征，一方面不易通过正规的金融渠道获得资金支持，另一方面，农民本身也不善于、不习惯于通过金融渠道获得短期资金，而偏好通过亲人近邻朋友等熟人网络获得资金支持。农民不仅自身收入水平低、缺乏有效的抵押物、难觅担保人，而且总体来说，农民的信用意识还比较薄弱，银行等金融机构向农民提供资金支持面临着征信条件不够的难题。少数通过正规金融渠道满足资金需求的农民也过度依赖银行等金融机构的授信。农村集体经济在保障集体成员的生产生活条件方面发挥着举足轻重的作用，但当前农村集体经济存在空洞化现象，村组集体在提供村组道路、小型水利设施等方面的职能不充分，然而，由于农村大量集体经济组织不是独立的核算单位和法人实体，不享有独立的民事权利，资金需求常常向成员集资解决，很少通过金融渠道满足其资金需求。少数集体经济较为发达的地方，如浙江、江苏等地部分农村地区有大量的非农产业，集体经济不再是聚落形态和土地连接起来的村组经济，集体经济具有了公司化、企业化运作的组织结构和法人实体，其资金需求因其资信水平较高而能通过银行等正规金融渠道满足。农民合作社把农民组织起来，有利于提高农民的抗风险能力和市场议价能力，因此也得到了大量的政策扶持，农民合作社具有法人资格，其资金需求区别于一般资金需求，一般是为了满足生产经营的需要，能够通过正规金融渠道获得资金。此外，无论是表现为农业产业的资金需求还是农村经济主体的资金需求都受到农村既有的金融条件限制。农村金融基础信息数据缺乏，信用体系、融资担保体系等农村金融基础设施建设还相对落后，一定程度上制约了农村资金需求的满足。

二　当前促进农村金融发展的主要措施及其效果评价

市场主导的金融体制并不排斥市场机制之外的机制发挥应有的作用，政府机制、合作机制在中国农村金融中也发挥着重要作用，然而，市场主导型体制应承认市场在资源配置中的决定性作用，政府机制、合作机制的运用以维护与促进市场健康成长为重要目标，促进市场有效，另一方面在市场失灵领域发挥积极作用，克服市场缺陷与失灵。以促成市场有效和克服市场失灵为判断标准，中国市场主导型农村金融体制在不断完善之中，市场机制、政府机制与合作机制的有效组合与运用已取得了一定的成绩，但也有尚需改进的一面（详见表4.2）。

表 4.2　　　　　　　　近年来中国农村金融体制改革

目标	拟解决的问题	相关措施	简短评论
促进市场有效	农村金融网点少，有效供给不足	放松管制，降低准入门槛，扶持新型农村金融机构建立	金融机构的能力建设比机构的建立更为关键
	农村金融业务拓展困难，贷款风险大，交易成本高	农业银行、中国邮政储蓄银行设立三农金融事业部，涉农业务的资本、信贷、核算、拨备管理、资金、考评激励等从其他业务中独立出来	关键在于农村金融专门人才的培养
	农民收入水平低，资金需求额度小而分散，抵押品少，个人信用评估困难	扩大抵押担保范围；发展小额信用贷款和农户联保贷款；农村信用体系建设	有益尝试，应进一步完善
	农业受自然条件制约，风险较大	农业保险与农产品期货市场建设	农业保险分散风险的能力有限，应重点发展农产品期货市场

续表

目标	拟解决的问题	相关措施	简短评论
克服市场失灵	提供农村公共物品，促进农村基础设施建设	农业发展银行业务扩展至农村基础设施建设贷款业务、重点水利工程、农业产业化项目等	一定程度上混淆了财政职能与金融功能
	农民收入低，无法承受高利率	扶贫贴息；扶贫再贷款；IPO审批优先	无法反映市场效率；覆盖面有限
	农村金融业务风险大，收益低	对相关金融机构进行财政补贴，奖励，税收优惠；差别化的货币信贷政策	注意监管能力；激励应与约束并重

近年来，中国在推动农村金融改革，完善农村金融激励扶持政策，加强农村金融基础设施建设，创新农村金融服务与产品等方面已取得长足的进步。为解决农村金融有效供给不足，金融服务网点少，竞争不充分，农民贷款难的问题，自2006年中国银监会发布《关于调整放宽农村地区银行业金融机构准入政策更好支持社会主义新农村建设的若干意见》后，国家降低了农村金融机构准入门槛，并在6省（区）试点推动鼓励创建村镇银行、农村社区性信用合作组织等，越是贴近农村基层，其注册资本金要求越低，随后又出台了扶持新型农村金融机构的具体办法，如中央财政对新型农村金融机构进行定向费用补贴，这系列政策有利于活跃农村金融市场，增加有效供给，截至2016年末，全国已有1259个县（市）核准设立村镇银行，县（市）覆盖率为67%，村镇银行法人机构1443个，营业网点4716个[①]，但机构的创立与数量扩展只是起步，新型农村金融机构能力建设更为关键，其适应市场与开拓市场的能力决定了其是否达到有效服务三农的目标；由于农村资金需求零散，交通不便，金融契约执行困难，贷款风险大，交易成本大，许多大型国有商业银行从农村收缩业务，把经营重点放在城市，农业银行作为大型国有商业银行，迎难而上，于2008年设立三农金融事业部，中国邮政储蓄银行利用其网点众多，接近农村的优势，于2016年筹建了"三农"金融事业部，拟建立专业化的涉农贷款审查审批机制。商业银行把涉农业务独立出来，无疑有利寻找更加

---

① 中国人民银行农村金融服务研究小组：《中国农村金融服务报告2016》，中国金融出版社2017年版，第8页。

契合农村特点的经营方略，有利于农村业务的拓展，是一种值得肯定的做法，但农村业务的拓展，关键在于有大量熟悉农村业务的经营管理人才，人才的培养更为重要，三农金融事业部的设立虽然在激励机制上有利于农村金融人才的成长，但农村金融人才的招募与培养不能在这一创新实践中充分体现。

由于农村资金需求特别是农户资金需求往往额度小、需求比较紧急，不能承受较长时期的审批过程，而农民往往没有个人信用记录，抵押品也较少，因此满足农村特定的金融需求一方面需要扩展抵押品的范围，另一方面需创新贷款形式，近年来，我国在这些方面均有所突破，如一些地区农村承包土地（林地、耕地等）经营权抵押贷款、农民住房财产权抵押贷款等试点，增加了农村抵押贷款的可及性；发展小额信用贷款适应农户资金需求的特点，实行农户联保贷款减少了信用评估难度和降低信用风险；建设农村信用体系，开创良好的农村金融市场环境。这些都是农村金融市场建设的有益探索，是促进金融市场健康发展的积极措施。农业受自然条件的约束，特别是洪涝、干旱等自然灾害对农业生产影响巨大，农业生产面临自然风险与市场风险双重风险，保险是应对风险的重要手段，期货市场有利于对冲市场风险，缩小价格波动范围，然而，农业保险虽具有风险补偿功能，但风险分散功能不明显，自然灾害具有地区性，农作物大面积的受灾减产的风险是一种不可保风险，实践中实际的风险补偿额度也往往不是根据风险事件概率事先约定，因而一定程度上脱离了市场原则，其风险补偿功能与国家救灾救济功能重叠，政府补贴保费等用于农业保险的资金完全可以在其他方面得到更好的利用，因此，针对农业风险，应以化解市场风险为主，在继续扩展农业保险承保范围之外应重点发展农产品期货市场，自然风险的应对则在市场范围之外通过救灾救济解决。

农村基础设施建设落后已严重影响了农村的生产生活，加强农村基础设施建设势在必行，基础设施具有公共物品性质，市场供给严重不足，提供公共物品是政府的重要职能，农业发展银行把贷款业务扩展到农业基础设施建设贷款、重大水利工程及农业产业化项目，有利于增加农村公共物品的供给，具有一定的积极作用，但实际贷款者以地方政府为主，地方政府特别是基层政府提供公共物品的能力不足是财政体制问题而不是金融体制问题，农业发展银行的业务扩张一定程度上混淆了财政职能与金融功能。公共物品具有区域性和层次性，农业发展银行作为政策银行，应着力支持政府解决不了的，行政村或村民小组提供公共物品的资金需求，行政村和村民小组为农业转型、农业基础条件改造和其他生产经营条件改善所作投入，虽然表现为公共物品提供，但直接与农村经济再生产相关联，作为一个独立的民事决策单元，其投入具有固定资产投资的特点，具有投资回报性质，适应金融融资，但商业性金融机构难以对其进行风险评估，适合由政策性银行融资。农民特别是贫困地区的农民收入水平低，无法承受较高的贷款利率，向农民提供低利率的贷款符合农村的实际。扶贫贴息是扶贫开发与金融政策有机配合，旨在帮助贫困地区的农民获得低利率贷款，发展能够带动低收入人口增加收入的劳动密集型企业等，但对于贫困地区农民来说，好的项目比获得低息贷款更为重要，一旦有了好的项目，利率的高低就不再是个问题，扶贫贴息贷款总体上针对性不强，且覆盖面十分有限，由于脱离了市场利率，一定程度上干扰了市场秩序。扶贫项目对资金的需求也应适应市场的要求，以便扶贫资金管理更加明晰，便于绩效管理与评估。

由于农村资金需求与农村经济社会条件的特殊性，农村金融业务风险大而收益低，国家为了推动农村金融业的发展，采取财政补贴、奖励、税收优惠以及城乡差别化的信贷货币政策等多种措施，包括财政部门对县域金融机构涉农贷款增量按一定的比例进行奖励，中央财政对新型农村金融机构按上年贷款余额一定比例进行补贴，对金融机构农户小额贷款（10万元以下）的利息收入免征营业税，且只按90%纳入应税所得额，农村信用社、村镇银行、农村资金互助社、县以下农村合作银行和商业银行的金融业收入，可选择适用简易计税方法，按照3%的征收率计算缴纳增值税；县域农村商业银行执行12%的存款准备金率，农村合作银行、农村信用社、村镇银行执行9%的存款准备金率，比大型商业银行分别低5和8个百分点，上述机构中满足新增存款一定比例用于当地贷款的，其存款准备金可再降1个百分点。① 对农村信用社等农村金融机构执行较低的存款准备金率，贷款利率浮动范围更大，对县域法人金融机构新增贷款一定比例用于当地贷款的再存款准备金率、业务申请及市场准入等方面给予政策优惠，这些对农村金融服务和金融机构的奖励与扶持有助于克服农村金

---

① 中国人民银行农村金融服务研究小组：《中国农村金融服务报告 2016》，中国金融出版社 2017 年版，第 19 页。

融业的先天弱势地位，克服城乡金融业之间的不平等竞争，具有较大积极意义，但过分注重激励而相对较少地强调已处于竞争优势的金融机构的社会责任及其相关约束，过多的奖励增加了监管的难度，容易引发金融机构的道德风险，套取奖励，应借鉴国外有益经验，更多地强调大型商业银行的社会责任，如美国按《社区再投资法》定期将各金融机构满足其所在社区信贷需求的记录公布于众，监管机构在评估各金融机构申请联邦特许，向存款保险公司申请存款保险、申请总行迁移或建立和迁移分支机构、申请收购其他机构时，都要首先考虑该机构执行该法的业绩，决定是否批准。[①] 总之，中国农村金融体制经过近年来的不断改革完善，在促进市场有效、克服市场失灵方面都取得很大的进展，但仍然存在不适应市场要求的地方，政府机制、合作机制等其他治理机制的利用还很不充分，完善金融体制，发展农村金融任重而道远。

第四节　农村金融发展中的基层政府职能

逐渐消除农村金融抑制和金融排斥不仅要充分有效地利用金融手段满足农村资金需求，而且形成有利于激活农村资金需求的制度条件，让农村金融更好地服务农业的发展、农村的繁荣和农民的增收。概要地说，农村资金需求可以由金融市场和非金融市场两种途径满足，因此，农村金融发展首先应明确农村金融的功能定位，确定金融市场侧重于满足哪些类型的农村资金需求，然后结合农村资金需求的特点，推动供给侧改革，使金融机构适应农村农业和农民的需求。基层政府在农村金融发展中应发挥相应的职能，一方面直接满足当地某些涉农资金需求，或者代表资金需求者向上级有关部门申请资金，另一方面协助市场和非市场类金融供给主体满足农村资金需求。

一　拾遗补阙地满足特定资金需求

基层政府在金融领域亦应发挥服务兜底责任，即在各类资金供给主体仍不能有效满足当地资金需求时，基层政府应主动筹措资金满足相应资金需求。如第一章所阐明的，兜底责任不应是无限责任，要发挥兜底责任首

---

① 孟飞：《金融排斥及其治理路径》，《上海经济研究》2011 年第 6 期。

先应明确其他各类相关主体的责任，此处应明确金融市场的功能定位、一般性财政责任等。金融市场实现资金融通是在资金供求各方利益驱动之下实现的，市场机制的高效运作有赖于利益驱动力的正常发挥，因此，利益驱动力难以发挥作用的如下几个方面应侧重于财政等非金融渠道满足：其一，虽有现实的资金需求，但需求主体不明确或利益归属不清晰，如农业基础设施改善、村组道路、水利等。此类资金需求虽然是现实的、具体的，但资金需求是众多分散的、利益独立的农业生产经营者的集体意志或共同需求，难以有独立的民事行为表达，因而难以产生有效的金融市场交易行为。此类资金需求的充分呈现既然仰仗民意表达机制和需求整合机制，那么资金满足也应侧重于与民意表达机制相对应的治理主体，如地方政府、自治机构等。

其二，虽有明确的需求主体，资金需求也强烈，但资金需求主体简单再生产都难以为继，资金使用方向不明朗的，难以采用金融手段满足其资金需求。在市场经济条件下，金融机构提供资金是要求还本付息以获得资金回报的，在贫困地区，一些农户虽有强烈的脱贫致富愿望，能吃苦耐劳，但苦于没有良好的致富项目，缺资金仅仅是脱贫致富的阻碍因素之一，此时，市场化的金融机构难以提供收益不能预后的资金，此类资金需求可以通过国家扶贫等方式提供，一方面国家财政承担兜底责任，并不谋求直接的资金回报，可以持续地提供资金支持，符合扶贫攻坚的长期性特征，另一方面，扶贫基金在提供资金支持的同时，也会参与到寻找项目和项目规划，有利于全面帮扶贫困农户，从根本上脱贫。

其三，除经济目标外还包含大量社会目标的项目，如防沙化、土地改良、水质改造等，就其经济目标而言，由于涉及具体的土地经营者，利益归属相对清晰，资金需求主体因而明确，然而，由于包含生态环境保护等其他社会目标，与公共利益密切相关，即使资金需求主体清晰明确，也不能主要依靠金融渠道解决。一方面此类项目中个体利益是短期的可估量的，而公共利益是长期的不可估量的，需要政府作为公共利益的代表参与投资或资金投入，另一方面项目往往需要多户联动，项目的实施需要协调，政府而不是金融机构才能够激励资信水平不一的农户集体行动。在以上三类无法通过金融渠道满足的资金需求中，一部分可以通过申领民政部门、环保部门等政府部门的专项资金有效解决，但仍可能有少部分并无明确的政府部门与之对接帮扶，此时基层政府就应发挥兜底责任，拾遗补阙地满足特定的资金需求。

二　协助各类金融机构发挥各自的功能

农村金融适合服务于资金需求主体明确、利益归属清晰且经济效益导向突出的项目。首先，在农业生产经营过程中，自有资金不足时，农户、农业合作社甚至农业企业等经营主体的资金需求可以通过金融渠道解决。农户等农业经营者以追求农业经济收益为目标使用资金，利益归属清晰、资金需求方明确，金融市场中供需双方交易成本相对较小，提高农业资金的使用效率，增进农业收益符合资金供需双方共同目标。相较于财政投入等其他资金供给方式，此时通过金融渠道满足资金需求更能有效地约束资金使用者的行为，促进资金更加合理高效地利用。回归方程4.1与4.2及表4.1中相关模型的实证分析也充分揭示这一点。其次，在农村经济中各相关产业发展中自主经营者的资金需求也应通过金融渠道满足。一方面其利益归属、需求主体清晰明确，适合通过市场途径解决资金需求，另一方面农产品加工业、农村商业等服务业的发展是农村繁荣的重要因素，理应鼓励金融机构积极响应其资金需求。再次，有些农业项目或农村产业相关项目把多个农户、多个经营主体有效联结在一起，其资金需求虽然不是单一主体，但资金的使用以获得相应的生产经营收益为目标，利益归属虽然可能有些许模糊，但多个经营主体之间的权利义务关系亦有相应的契约约定，资金需求虽然要通过集体意志表达，但资金去向明确，因此，金融机构能够通过约定还款方式、连带责任、优先等级措施采用市场机制为此类项目提供资金。最后，一些资金需求虽然不是运用于生产经营活动，但主体明确，在具有一定的资信时，金融机构仍可以向其提供资金。为避免农民因病致贫、因病返贫，除完善社会保障制度外，为避免其陷入绝对困境或误入高利贷陷阱，帮助其渡过难关，金融机构也应有所作为，向具有不时之需的农户提供金融支持，此外，农村发展消费金融的条件也越来越成熟。

农村金融发展就是逐步消除农村金融抑制与金融排斥，完善农村金融体系，提高农村金融效率。基层政府虽然不能设计金融体制改革路线与方案，不能参与金融机构微观事务而改善金融的效率，但基层政府可以利用其接近农村、接近群众的优势，为金融体制改革和金融机构微观经营决策提供有益信息。在农村金融体系中政策性金融、合作性金融及商业化金融应有各自的功能定位，实现有效的功能互补。政策性金融（典型的是政策性银行）兼具政策性和市场化双重特征，既能体现政府的扶持但又不是无偿地使用资金，适合满足由政府或国有企业主导的项目资金需求，如粮棉等大宗农产品收储资金支持、农业保险资金支持、区域性土地整治资金支持等。

在政策性金融支持中，基层政府扮演着重要的角色。首先，一些项目本身是为了贯彻粮食安全、支农惠农等国家意志，地方政府包括基层政府不仅仅代表国家意志与农民群众打交道，而且是相关项目直接的发起者或落地者，虽然采用项目化运作，有独立于政府之外的权利义务主体，但项目运作过程本身不能脱离政府的相关支持，包括基层政府在内的多级政府均对相关项目负有一定责任因而也进行的一定程度的干预，对项目资金需求、资金使用方向均有知情权和相应的影响力，政策性金融机构如何对此类项目支持均会尊重包括基层政府在内的各级政府的态度和意见。其次，政策性金融并不是无偿提供资金，仍需对项目本身进行审查，包括项目合规性审查、项目进度和前景审查等。项目本身是否符合城乡土地利用规划、生态环境保护要求，是否享受政策性金融优惠支持的资格条件等，均一定程度上依赖基层政府提供有益信息或辅助政策性金融机构收集相应信息，协助监管资金的使用。再次，政策性银行虽然不参与市场竞争，但要保本微利，一方面获得低成本的资金来源，离不开各级政府的支持，业务范围及其调整需参考各级政府的意见，另一方面，政策性银行虽然有项目审查和筛选，但其职能决定了其风险相对较大而收益相对较小，为解决风险和收益的不对称性，保证可持续经营，政策性银行需要包括基层政府在内的相关政府承担相应的连带责任。最后，政策性银行发放贷款一般需要地方政府作为举荐人，因而，项目的质量，政策性银行涉农资金的安全和使用效率一定程度上由包括基层政府在内的相关主体的项目甄别能力决定。

合作金融是遵循自愿、民主、利益共享等合作经济原则构建而成的金融组织。农村信用合作社曾是农村重要的合作金融组织，但由于历史和现实的原因，农村信用社逐渐走上了商业化路径，通过多轮改革，农村信用社的合作性质逐渐稀释，不再遵循合作经济原则。20世纪90年代曾经广泛存在的农村合作基金会亦具有典型的合作金融属性，但由于当时金融监管等法律制度没有跟上，农村合作基金也走上了邪路，在发展中逐渐违背互助合作的初衷并爆发了相应的挤兑等金融风险，1999 年政府宣布全国统一取缔。然而，发展农村合作金融是农村繁荣、农业发展和农民增收，三位一体的农业现代化的必然要求，党和政府在新世纪以来出台了多项指导意见鼓励和支持发展农村合作金融，特别是 2014 年《关于引导规范开展农村信用合作的通知》颁布后，新型农村合作金融开始在山东省等地试点，此后，依托农民资金互助社、农民专业合作社、供销合作社等组织的农村合作金融逐渐成长起来。合作金融按合作经济原则组织起来，各社员之间的共同利益纽带十分清晰，社员之间相互熟知，不仅资金供需双方信息对称，可以减少许多贷款项目的审查流程，节省组织管理与运营成本，而且由于社员之间人际互动频繁，有着巨大的共同体内部的伦理约束力，大大降低了信用风险，因而，合作金融在服务三农方面具有巨大的优势。然而，当前农村合作金融覆盖面不广、资金规模小、运行中还存在诸多问题，进一步发展合作金融需要包括基层政府在内的多方努力和支持。

　　基层政府在农村合作金融发展中具有不可替代的作用。首先，要在农村广泛发展合作金融，需要帮助广大农户摆脱合作困境，基层政府在促进合作方面具有不可替代的作用。农民普遍存在着合作的客观需要，但需要没有转化成需求，一方面，农民对共同利益的认识在很多地方还很模糊，另一方面，农村居民即使对共同利益有所认知，也对如何通过合作行为促成共同利益缺乏清晰的构想，基层政府往往能够直接把政府行政力量嵌入到农民的具体生产生活场景，既能清晰地呈现和表达农民的共同利益，又能参与到具体而微的农民合作蓝图的设计之中，基层政府能够一定程度上利用其组织号召能力，有效增进农民的合作意识，促成有效合作的实现。其次，农村合作金融不仅依赖于农民对共同利益的认识，利用相应的集体成员熟人网络的伦理约束力，而且为了避免搭便车行为导致的合作困境，还需要明确的利益分享机制，形成内部有效的激励约束机制，促成增量合作利益的实现和有效分配。基层政府在农民合作组织初创阶段不仅是审核批准者，而且还应扮演孵化者的角色，一方面，基层政府在做合规性审查时就应对相关合作组织规章制度进行了较为全面的梳理，以便有针对性地提出意见，促进合作组织规章制度建设，健全其内部运行机制，另一方面，合作组织持续获得合作利益需要一定的项目支撑，基层政府应在项目扶持过程中发挥相应的作用。再次，合作金融仍需政府有效监管，防止合作组织异化。合作金融虽然可以利用共同利益纽带和熟人关系网络，有效提高成员之间信用水平和减少信息不对称，但合作组织也是独立的民事主体，在与外部交易主体打交道时仍然存在信息不对称和相应的信用风险问题，更为重要的是，组织成员之间可能存在相互护短，合谋对抗审查等，增加了外部主体与组织成员之间的交易成本。合作金融的健康发展需要有效监管。基层政府是对合作组织进行监管的重要主体，基层政府应利用了解农村农民和农业的信息优势，通过界定合作组织经营范围使其保持内部封闭运行，恪守合作属性，防止合作金融组织逐利动机膨胀，超出合作范围吸储和放贷，确立合作金融在存贷利率、准备金率等自主决策的范围，在确保其市场决策灵活性的同时满足监管要求，规避金融风险。最后，在农村合作金融发展中，政府的一系列的扶持和优惠政策需要基层政府落实。合作组织的壮大需要相应人才支撑，在农村设置相关的职业教育培训机构是帮助合作组织提高自助能力的重要途径，基层政府在场地、师资招募或召集、培训对象筛选、培训项目设定等方面均因其信息优势而具有不可替代的作用，在财税优惠政策落实方面，也需要基层政府大量地配合才能真正落实。

三　促进金融机构盈利模式转变与金融业务创新

在市场经济条件下，以商业银行为主要代表的商业性金融机构是满足农村资金需求的最为重要的主体。当前，农村金融抑制和金融排斥最为重要的表现就是商业性金融机构难以有效满足农村金融需求，农村金融发展与金融深化最为关键的就是进行供给侧改革，增加农村金融的有效供给。一方面变革既有商业化金融机构的盈利模式和组织运营方法，使其更加适应农村经济发展要求，满足更多的农村金融需求，另一方面，发展多层次的农村金融市场体系，丰富农村金融机构和金融产品，让更多适应农村经济发展的金融机构创立和成长起来。

当前以商业银行为代表的商业性金融机构在组织管理和盈利模式上尚不适应三农实际特点。当前商业银行在农村仍然以贷款利息为主要盈利来源，银行在贷款项目审查时较少关注项目本身的质量和盈利预期，而较多关注借贷的传统的资信水平，大量贷款需要相应的抵押或担保，而在广大农村，农民收入水平普遍不高，农户自身拥有的可以顺利变现的固定资产亦不多，抵押贷款面临诸多不便，不少资金需求被排斥在金融市场之外，发展农村金融应建立适应农村的资信评价标准，重点发展信用贷款。本质上，商业银行贷款收益最终依靠贷款项目本身的质量，抵押主要从两个方面降低金融机构的风险，一是通过抵押降低借款人的道德风险，使借贷者注重项目的自我审查，从而提高放贷项目总体质量，降低坏账风险，二是在项目失败，借款人无法按期还款时，金融机构通过处置抵押物规避损失。然而，金融机构处置抵押物不仅费时费力，而且抵押物存在价格波动，金融机构对抵押物的估值还存在市场风险，特定情形即使处理了抵押物也可能存在亏损，金融机构盈利不是建立在处置抵押物基础上的，而是大量有效贷款按期还本付息的基础之上，金融机构盈利水平最终由其贷款项目的质量决定。通过盈利模式的转变，使商业银行等金融机构更加重视项目质量本身，从而提高社会资金使用效率。伊斯兰教法禁止利息，但伊斯兰银行仍然能够商业化运作，说明商业银行并不必然依赖贷款利息盈利。若一个项目贷款总金额为 m，贷款利率为 r，则依靠利息的期望盈利水平最多为 mr（暂不考虑坏账风险），而采用伊斯兰银行普遍采用的利润分成方法，若项目的投资回报率为 v，项目失败概率为 P，则期望盈利水平为 $(1-P)$ mv，显然，只要控制项目质量，降低项目失败概率，则利润分成方法将有更高的盈利水平，更为重要的是，采用利润分成方法使金融机构更加关注项目质量，更好地嵌入到当地经济发展之中。在农村金融实践中采用利润分成的盈利模式，使金融机构与三农发展有更多的共同利益，可以有效避免金融机构的脱农化。在既有的商业模式下，由于农户缺乏必要的抵押物，商业银行在农村展业需要有效开展信用贷款业务，规避信用风险是保证商业银行盈利的关键，近年来发展起来的联户贷款是商业银行克服信用风险的重要业务创新。当单个农户的信用风险为 K 时（没有100%的风险因而 K 小于1），一个由 n 个农户组成的联保小组由于负有连带责任，其信用风险就降低为 K^n，更为重要的是联户成员之间实际上存在相互授信，联户贷款项目本身首先会得到联户成员之间的评估，既能降低联户成员的道德风险、提高其信用水平，又能提高项目质量。

　　然而，无论是盈利模式创新还是金融业务创新，商业性金融机构在农村业务有效开展都一定程度上依赖于基层政府相关职能的有效发挥。首先，农村金融业务的展开，需要金融基础设施建设，农村信用体系、融资担保体系甚至支付体系的建设等需要基层政府在信息采集与整理、制度建设、硬件设施投入甚至金融基础知识普及等方面展开工作。其次，基层政府不仅是农村金融服务的公共产品提供者，而且也是农村金融的直接参与者。农村金融发展与农村产业发展密切相关,基层政府在"一乡一业、一村一品"等当地产业规划和产业发展方向凝练方面发挥着举足轻重的作用,基层政府即使不直接参与相关产业项目的微观经营活动,也在产业发展资金筹措中扮演了举荐人甚至担保者角色。在中国农地等生产资料公有制的基本制度背景下,甚至有些项目需要由基层政府直接主导,如盘活农村土地资源的有关土地整治项目等。再次,金融机构在农村有效展开业务通常需要基层政府积极支持与配合,特别是金融机构在贷款人资信调查、项目审查等环节上,没有基层政府的支持几乎难以获得有效信息。以联户贷款为例,联户贷款因连带责任有利于形成农户之间的监督和约束,其核心是农户之间的相互授信,一方面,小组组成的过程也是一个信用评估和筛选过程,农户会寻找诚实守诺,具有较好信用条件的农户组成贷款小组,但另一方面也存在农户合谋骗贷的可能性,虽然从概率上,发现一组多个成员的欺诈行为比发现独立贷款者欺诈行为的概率要大得多,但由于金融机构与农户之间的信息不对称,若没有基层政府利用其乡村组织渠道对贷款小组初步审查,金融机构单独的信息收集和处理能力还难以揭露合谋骗贷行为。基层政府利用在农户信用调查方面的优势,能帮助金融机构提高资金配置效率。最后,基层政府可以利用大量的地方性知识(local knowledge),帮助金融机构融入当地,提高效率。例如,不少地方农民存在攀比观望和占公家便宜的心态,在联户贷款等业务中,一旦有一个农户违约,就面临着集体拒还的风险,基层政府在与农民频繁打交道的过程中积累了丰富的经验,能够拿捏好利用公权力威慑的尺度,基层民警、基层干部在何时何地以何种方式对违约农户进行劝诫等,均需利用大量地方性知识才能达到最佳效果。

四　助推农村金融供给侧结构改革

农村金融发展除了要求商业化金融机构转变盈利模式以适应农村经济外,更重要的是完善农村金融体系,合理运用政府机制、合作机制和市场机制,促进各种类型的金融机构成长,丰富农村资金的供给主体,推动供给侧结构改革,依据农村资金需求本身的特点,充分发挥各类金融机构的优势和特点,满足多种形式的资金需求。基层政府在助推农村金融供给侧结构改革方面仍然应履行不可替代的职能。首先,大量对农村金融的扶持政策需要基层政府落实到位。中央在财税、货币及监管等多个政策领域扶持农村金融业务和农村金融机构，然而，这些扶持政策要落实到位，发挥实际作用却需要基层政府承担起相应的信息传送，组织管理、项目审查、贷后检查等多种职能。如2017年12月1日至2019年12月31日，对金融机构小额贷款的利息收入免征利息税，计算应纳税所得额时，按90%计入总额付税（财税〔2017〕77号），这一政策旨在鼓励金融机构发展农户贷款业务，然而，金融机构发展农户贷款则面临信息不对称，基层政府一方面能够帮助金融机构克服信息不充分问题，另一方面，基层政府可以通过乡村组织渠道提高农户贷款的可及性，如帮助农户推介项目等。在开展土地经营权抵押试点改革中，最为关键的是抵押物的市场价值评估及有效实现，因而最终也依赖于基层政府的确权颁证及对土地经营权流转市场的构建。此外，涉农贷款的真实数据也一定程度上依赖于基层政府的有效工作。在扶持村镇银行、小额贷款公司等新型农村金融机构过程中，国家在财税和准入门槛方面的优惠政策依然仰赖于基层政府积极作为，一方面，相关金融机构创建过程中其发起人常常来自于外部金融机构，需要基层政府等当地组织力量主动物色，甚至需要出台相关配套的优惠政策，另一方面，新型农村金融机构在运营管理过程中，常常需要基层政府提供有效信息和特定帮助。例如，"村镇银行不得向关系人发放信用贷款、不得发放异地贷款"等相关规定，其政策意旨在于使村镇银行真正服务于当地经济发展，但当地村民没有动力进行监督，而银监会等外部监管主体又面临严重的信息不足，只有基层政府既有动力（优先满足本地资金需求）又有能力（对当地信息掌握比较充分）进行有效监督。

　　其次，基层政府是农村金融微观经济决策的重要参谋。金融机构在农村开展业务，要熟悉农村项目、农村人事甚至农村特有的文化习惯等，在此过程中，基层政府既可以通过项目推荐等方式帮助金融机构筛选客户和项目，也可以通过在贷前调查、评级授信、风险评析、贷时审查、贷后检查等金融机构项目实施中的信息传送来帮助金融机构尽快优化有关经济决策。以农户联户贷款为例，农户联户贷款使农户之间具有连带责任，在贷款中，各个农户是资金的需求方也是担保者，然而，于金融机构及联户小组而言，仍是一种信用贷款，金融机构贷款收益依赖于联户成员的人力资本变现，金融机构为有效展开农户联户贷款，不仅需要了解贷款者项目成长情况，更需要了解贷款者的信用信息和人力资本情况，由于基层政府与农户交往较为频繁，掌握了农户在费税、涉农补贴等财税信息，熟悉农户的家计特征，能够在金融机构作出相关决策时提出建设性意见，发挥金融微观经济决策的参谋作用。再次，基层政府是农村资金供需互动机制畅通的重要保障。农村金融的发展最终体现在资金在农村有效融通和使用，资金供需的有效匹配需建立有效的供需互动机制，基层政府在其中扮演着重要角色。基层政府作为国家政权的有机构成，能够合理运用公共权力资源，全面掌握金融机构业务范围、规模与结构和网点分布等基础信息，又熟知政策要求，可以有针对性地对农村居民进行金融知识普及，甚至接受农民的相关咨询，同时，基层政府可以利用广泛的行政组织系统及其受其影响较大的乡村基层组织系统（如村委会、农民合作社等），了解当地资金需求的特征、规模和分布，并可以与相应的金融机构积极接洽，因而，基层政府连接资金供给和资金需求两头，是确保农村资金供需互动机制畅通的重要力量。最后，农村金融不断创新、可持续发展仰赖于基层政府对当地实体经济的有效引导。金融的本质在于资金融通，提高资金使用效率，从而促进资源优化配置，农村金融的发展不仅依赖于农村产业的发展，而且最终在实体经济上将表现为农村产业的发展。正如前文所述，基层政府在引导产业发展方面具有不可替代的作用，产业的发展需要资金，与此同时，金融机构获得经济回报最终分享自相关产业的投资回报，基层政府凝练产业方向、发展特色产品、开拓地域商标、地域品牌，促进当地实体经济发展，也将为促进当地金融发展夯实基础。

概而言之，农村金融发展需要政策性金融、合作金融、商业性金融等多种性质的金融充分发展，各司其职，满足农村不同类型和不同特征的资金需求。基层政府不仅应在各类金融业务开展中发挥着积极作用，而且也在各类金融机构成长中扮演着重要角色。

第五节　合作金融的通川经验[①]

农民资金互助合作社作为一种农民互助式组织，为社员农户农业生产融资提供了便利，为农民创业和创收，推动农村发展创造了有利条件，是解决农村金融服务供给不足的重要途径。党和国家一直高度重视与积极支持发展农民资金互助合作。2006年中央一号文件就已明确提出引导农户

---

① 本专栏经验材料参阅了李传君、孙同全、张庆宁、艾凤梅等人在媒体上公开的报道。

发展资金互助组织，同年 12 月，中国银行业监督管理委员会出台了《关于调整放宽农村地区银行金融机构准入政策若干意见》，准许产业资本和民间资本到农村地区新设银行，批准在农村设立村镇银行、信用合作组织、专营贷款业务的银行全资子公司，并允许农村地区的农民和农村小企业，发起设立为入股社员服务、实行社员民主管理的社区性信用合作组织。2007 年 1 月，中国银行业监督管理委员会印发了《农村资金互助社管理暂行规定》，同年，为规范农村资金互助社的组织和行为，制定了《农村资金互助社示范章程》，此后，党和国家颁布一系列支持、引导和规范农民资金互助组织发展的意见、规章与制度。

一 农村资金互助合作社众生相

农村资金互助合作社的发展虽帮助农民解决了生产中资金周转的大难题，但是在发展中也存在着风险控制和监管等诸多难题。农民资金互助组织缺乏有效监管，导致部分机构打着专业合作社资金互助的旗号，采取高额回扣、金钱利诱等多种形式，变相非法吸收公众存款，河北邢台隆尧县三地农民专业合作社自 2008 年以来的 7 年时间内，非法吸收公众存款涉及全国 16 个省、市，集资金额巨大，涉及集资人数众多，在河北全省涉嫌非法集资 80 多亿元，严重地影响到了社会经济的稳定。2018 年江苏省镇江市丹徒区荣炳农民资金合作社千余万资金也去向不明，其违法行为涉及 155 户农户，资金 1300 多万元。农村资金互助合作社的法律地位还不明确，缺乏法律保障，治理机制还需进一步得到完善。其次，农民资金互助合作社人才、资金等方面还存在困难。在人才方面，农村大量青壮年劳力向城镇转移，农村人力资源不足，整体文化水平素质还需提高，农民资金互助社内从业人员的专业知识可能存在不足，管理能力相对较差，限制了互助社管理水平的提高和作用的发挥；在资金方面，筹资渠道少，且资金互助基本上都是在同一个村或合作社内部进行，成员所从事的产业基本相同，用款时间相对集中，加剧了资金紧张和短缺，一般农户资金互助合作社遵循"入社自愿，退社自由"的原则，大多数情况下农民只要缴纳股金就可以加入，而农民加入资金互助组织大多也只是为了获得贷款或获取入股收益，并没有多大兴趣花费时间和成本关心和参与资金互助组织的治理和运营，即出现"搭便车"行为。而"搭便车"必然导致资金互助组织管理的"内部人控制"。成员都是自愿加入和退出，随时可能抽走股金，导致资金量不稳定，容易发生流动性风险，不一定能满足农民的生产经营资金需求。

二　四川省达州市通川区合作金融效果显著

达州市是四川省下辖的地级市，位于四川省东部，是四川省的人口大市、农业大市。为缓解农业项目发展贷款难，2016 年 10 月底，四川省达州市通川区按照"社员制、封闭性、不对外吸储放贷、不支付固定回报"原则，由通川区绿新蔬菜种植专业合作社发起组建，通川区政府给予了10 万元开办经费，并注入了 30 万元资金作为股本金支持，主要用于贫困户社员补贴，首批吸收其他农民社员 15 人，初期股本金为 170 万元。李德建为双龙镇骑龙村返乡农民工，回乡经营煤炭生意导致严重负债，2012年加入绿新蔬菜种植专业合作社，但由于蔬菜产业用工量大、附加值低，经营三年多未能盈利，先后前往山东、成都、区内磐石镇等地考察草莓种植项目，但苦于没有足够资金未能实施。幸运的是，绿新农村资金互助合作社成立第三天，李德建便第一个贷到了 30 万元，并立马将其种蔬菜的10 余亩地调整为种冬草莓。到 2017 年春节，李德建的草莓卖到了每斤 40元，当年就收入 40 万元，纯利润达 20 余万元，多年打拼终于让他尝到了成功的甜头。2017 年 4 月底，李德建按期归还了 30 万元贷款。双龙镇峨眉村魏建华是第二个向资金互助合作社贷款的社员，2016 年 11 月 1 日，他同样贷到 30 万元，引进优质樱桃 6000 多株，并在樱桃树下套种西瓜，2017 年 20 余亩西瓜就给他带来了 30 余万元的丰厚收益，2017 年 6 月 30日，他便轻松归还了 30 万元贷款。绿新农村资金互助合作社自 2016 年10 月底成立以来，通过社员内部建立一种封闭式的资金互助合作模式，据统计，2017 年，绿新农村资金互助合作社社员贷款发展产业，共实现产值 500 余万元，实现利润超过百万元，带动农民增收超过 50 余万元，经济效益和社会效益双丰收。

三　通川合作金融的基本做法

四川达州通川的合作金融具有自身的特点和优点，其主要做法如下。首先，它依托了具有较为严密组织架构的农民专业合作社。2012 年，通川区在东岳镇丘林村建设优质农产品生态园区，以"大园区、小业主"的模式发展以蔬菜种植为主的多个产业，达州市通川区绿新蔬菜种植专业合作社应运而生。绿新蔬菜种植专业合作社发展到拥有社员 386 户，横跨东岳、双龙等乡镇多个村，拥有固定资产 600 余万元，带动户均增收 5000 元以上，2016 年被供销合作总社评为全国示范社。为解决"小业主"季节性生产资金余缺和传统"融资难、融资贵"等问题，由通川区绿新蔬菜种植专业合作社发起，2016 年 10 月 28 日成立了通川区绿新农村资金互助合作社。

其次，资金互助合作社内部岗位职责明确，制度约束力强。自绿新农村资金互助合作社成立以来，逐步健全了《授信业务管理制度》、《贷款管理制度》、《现金管理制度》等规范性文件，对资金互助范围、担保抵押、投放流程等业务进行制度性约束，合作社必须将所筹集资金存入政府指定托管银行——达州农商银行双龙分行，银行根据互助社的审核结果放款股本金。明确了理事长、经理、信贷员、会计、出纳等一系列工作人员的职责。

再次，资金互助合作社强调合作属性，遵循了封闭运行原则。绿新农村资金互助合作社在运行中，资金流动均只在内部进行，只吸收内部成员股金和存款，也只向内部成员发放贷款，社员贷款方式一般分为小额信用贷款、担保贷款和抵押贷款三种类型，绿新农村资金互助合作社每年度会对每个社员予以授信，社员可在其授信额度内直接申请小额信用贷款，小额贷款程序比较简单，社员本人直接在互助社柜台办理；当社员申请贷款额度超过其授信额度时，需要其他社员担保，贷款社员贷款额度不得超过自己股本金的 15 倍，其他社员担保额度不得超过担保社员股本金总和；申请抵押贷款的，须由合作社资产评估组对社员抵押的财产进行评估，贷款额度不得超过货币资产现值的 90% 和实物资产现值的 70%。互助社还要对社员申请贷款发展的项目进行认真审核论证，严格坚持信用优先、产业优先、制度优先三个优先原则，若项目不符合政策或不具备市场前景，贷款将被否决。

最后，合作金融组织还建立起了一套严格的风险防控体系。绿新农民资金互助合作社在贷款发放之后，互助社还要对社员整个生产经营环节进行跟踪指导和严密监管，一旦其项目发展出现偏差，或资金未用于正当途径，合作社将及时提醒。当发现项目面临收获或社员有了剩余闲钱时，互助社将督促社员尽快还款，以免资金再被挪作他用，同时，绿新农民资金互助合作社还接受其他部门以及群众的监督，通川区供销社作为监管部门，每月收集互助合作社的借贷情况，并每三个月开展一次检查评估、年底开展一次审计，规范贷款手续，了解产业发展，追踪互助合作社资金互助情况，通过自我监督和其他部门监督两种监督方式切实防范和化解互助合作资金运营风险。

四　通川合作金融的主要经验启示

合作金融本身就是为了弥补市场失灵，解决农民贷款难和农村金融服务能力不足而产生，它是农民通过自助途径解决农业项目发展资金的重要金融自主创新。因此，合作金融办得成功与否，关键之处在于能否坚持合作属性。通川合作金融之所有取得显著成效，其中最为重要的一点是坚持了合作属性。为了恪守合作属性，绿新农民资金互助合作社坚持封闭运行原则，资金流动均只在内部进行，只吸收内部成员股金和存款，也只向内部成员发放贷款。合作金融与大中型商业银行相比，人才和组织管理等方面均不具有优势，合作金融在风险控制体系中必须充分利用自身的信息优势和内部伦理约束力，有效控制信用风险。绿新农民资金互助合作社一方面封闭运行，成员之间共同利益纽带清晰，可以相互授信，另一方面，充分利用了其信息优势，关心社员生产经营活动，跟踪资金使用情况，及时掌握资金支持项目的进展，一旦发现项目获得收益和社员已有回流资金，就敦促社员还款，最大限度地降低了信用风险。农村合作金融的功能定位于通过合作途径解决农民生产过程中的资金困难，为避免金融运行中的逐利动机膨胀，走上非法集资、高利贷等邪路，合作金融需严格扎根于实体经济，与当地产业发展高度融合。绿新农民资金互助合作社本身就是依托于绿新蔬菜种植专业合作社，有相应的实体经济支撑，资金互助合作社为实现农业资金循环发展，促进资金滚动扶持更多社员，合作社在对社员进行资金支持的同时，还定期开展产业发展调研，为社员提供农资供应、农业技术、产品营销等产前、产中、产后服务，在促进当地实体经济和产业发展中巩固合作金融成果，维系合作金融可持续发展。

第五章　农村组织创新与基层政府职能

现代农业是利润导向的高效农业，土地、资本和劳动力等生产要素的投入不仅要有效转化农业产出，而且各类生产要素要获得相应的市场回报。以农户为基本生产经营单位的小农经济虽然曾经大大解放和发展了生产力，但在市场经济条件下，小生产和大市场的矛盾在小规模家庭经营中无法完全克服，推进农业现代化，进一步解放和发展生产力，提高农民收入，迫切要求改造小农经济，提升农民组织化程度，使农民依靠更多的组织力量提高市场地位，使农业生产经营中有更多的组织决策，促进农业生产要素的进一步优化配置，提高农业的市场回报。基层政府在农村组织创新中应履行相应的职能。

第一节　中国农民组织化现状

组织是围绕一定的目标，按一定的规则把人员连接在一起的集合体和相对独立的决策单元。组织是人的集合体也是生产要素的集合体，组织围绕一定的目标展开活动，调配组织内部资源与要素，不同的组织对组织成员的影响和约束力不同。农民组织化是农民凝聚共同目标，利用组织手段，采取共同行动的一系列过程。农民组织化有利于农民协同克服生产经营中的困难，有利于农民克服农业经营中的自然风险和市场风险，从而提高农业效益和增加农民收入，是农业现代化的必然要求。农民组织化是现代农民成长的过程，农民对共同利益形成了较多的共识，为追求合作利益而组织起来，这一组织过程本身就是农民处理经济社会事务能力提高的体现。

一　农民组织类型与特征

农民组织是由农民为实现特定的共同利益，围绕一定的清晰界定的目标，遵循相应的行为规范而形成的具有一定边界的农民群体或共同体。农民组织既可以是农民自发形成或组建，也可以是在政府或其他社会团体扶持下组建，但农民是其主要成员。农民组织可以是经济组织、社会组织甚至是政治组织，但本项研究主要讨论与农业现代化密切相关的农民组织。与农业生产经营密切相关的农民组织主要有两大类，一类为农民自我管理、自我服务和自我教育的基层群众性自治组织，通常称为村民自治组织，另一类为农村经济组织，包括农民合作社和农业企业等不同类型的经济组织。村民自治组织为中国基层治理体系的法定核心主体之一，村民自治组织依据《中华人民共和国村民委员会组织法》等相关法律规定的程序和要求构建，实行民主选举、民主决策、民主管理和民主监督，它既要处理人民调解、治安保卫、公共卫生等具有政治属性的事务，也要处理发展集体经济、支持农户农业生产经营的经济性事务。村民自治组织具有如下几个基本特征：首先，村民自治组织的成员是农村居民，村民自治组织的组织管理人员均通过村民选举产生。村民自治组织因而具有一定的区域性和封闭性。其次，村民自治组织是国家法定组织，是基层治理的重要主体，履行一定的公共管理职能，与基层政府关系密切，但又不是一级行政机关。村民自治组织可以依据国家法律对事关村民利益的相关事务进行自主决策。再次，村民自治组织是独立的法人，属于营利法人与非营利法人之外的第三类法人即特别法人，具有独立的民事行为能力，享有相应的民事权利和履行相应的民事义务，在没有农村集体经济组织的地方，可以代行集体经济组织职能，因而，村民自治组织不仅是基层社会秩序的构建者和维护者，在农村经济发展中也扮演着重要的角色。最后，虽然村民自治组织的构成和运行有严格的法律规定和程序要求，但由于突出自治属性，村民自治组织具有很强的地域特色，不同地方村民自治组织的组织运行具有较大差异，特别是处理村内经济事务的能力有巨大的差异，集体经济较为发达的地区村委会调度资源的能力相对较强，提供公共产品的能力也相对较强，而集体经济空洞的地方，村委会在税费改革后调度资源的能力十分有限，难以履行提供公共产品的相应职能。

由于农村自治组织是法定成立的，不仅农民实际参与公共事务的程度无法衡量，而且其组织过程并不能反映农民对"组织起来"的实际需求，各地农民组织化程度的差异也不能通过村民自治组织充分体现。农村经济组织是人们在生产经营过程中自主建立的，有相应的组织目标凝聚和形成过程，能一定程度上反映农民组织化程度。农业企业是营利性法人实体，以获得利润即相应的经济利益为核心目标，农业企业典型的组织特征是科层制，企业家或企业经营管理者利用科层组织结构，资金、劳动力、土地等生产要素通过科层组织决策体系调度和使用，从而通过节省交易成本、提高资源配置效率而获得市场回报。农业企业作为一种典型的农村经济组织在现代农业发展中扮演着越来越重要的角色。农业企业的生产经营决策与农户的生产经营决策过程有着显著的差别，农户的生产经营决策受农户家庭成员智慧与经验制约，一般农户独立作出判断，也较少利用农业专家系统等科学决策工具，农户家庭成员之间的生产经营分工也是粗线条的，专业化水平不高，而农业企业则能充分进行专业化分工，生产经营决策虽然也受到经营管理者个人经验的较大影响，但农业企业既可以利用农业专家系统等多种形式的辅助决策系统，也可以引入咨询机构参与决策，其生产经营决策的质量不仅受企业主个人经验和智慧影响而且更为重要的是与企业内部决策制度密切相关。

农业企业是自负盈亏、独立经营的法人实体，是具有多层决策体系的独立决策单元，农业企业在与其他市场主体打交道时遵循平等自愿公平交易原则，但企业内部资源调配却依靠较为严密的科层等级体系，因而其组织性较强，能够克服分散的小规模经营的一些劣势。农业企业具备快速把研究与开发成果转化为竞争优势的动力和能力，创新收益的内部化程度高，创新动力大，农业资源和生产要素能得以集中而有效地使用。[1] 农业的生产受到严格的自然约束，产品质量信息隐蔽，交易风险较大一系列产业特性决定了农业企业的组织结构的特殊性，农业企业在组织结构维度上，复杂程度高、正规化程度低、专业化和标准化程度低。[2] 由于对农业劳动的质与量难以准确衡量和有效监督，在发挥组织优势，提供相应产品标准的同时，一般给予劳动者较多自主性，在农业企业的内部组织架构中，常常采用大量的非正规的制度约束劳动者，其组织优势一般在生产资料的采购、生产技术与生产工具采用、产品的销售等环节体现出来。农业

---

① 孙天琦、魏建：《农业产业化过程中"市场、准企业（准市场）和企业"的比较研究——从农业产业组织演进视角的分析》，《中国农村观察》2000 年第 2 期。

② 刘秀琴、蔡洁、刘成文：《农业产业特性及其对农业企业组织结构性维度特征的影响》，《华南农业大学学报》（社会科学版）2012 年第 4 期。

企业作为新型农业经营主体近年来受到较多的政策关注和支持，成长较快，但大量农业企业只是生产端在农村，农民只能分享农业产业链价值的低端部分，企业主的个人才华与能力、企业本身的组织优势等不能被广大农民充分利用和分享，农业企业的组建过程通常体现的是企业主对市场的判断和决策，不能充分体现农民自我组织的意愿和能力。

农村社会化服务组织是农业生产经营专业化分工的产物，是农业生产经营提供专业化服务的联合体。农村社会化服务组织除有一部分采用企业化运作外，大量社会化服务组织的组织结构较为松散，并不独立运营，如一些农机队是农机手的联合体，仅仅是信息共享，统一调度使用农机，节省交易成本，但各个农机手分别提供服务，获得收益。概而言之，农村社会化服务组织是专业化分工发展产生的经济组织，本身具有多种形态，不同形态社会化服务组织具有不同的组织特性，为适应农村市场经济发展，农村社会化服务组织本身亦在不断变革之中。

农民合作社是近年来得到大量政策关注和支持的新型农村经营主体，发展迅速，在农村经济中的影响力日盛。农民合作社是农民在家庭承包经营的基础上通过自愿联合形成的互助性经济组织。农民合作社是具有独立经营民事行为能力的法人实体，但不同于农业企业的营利法人，它属于特别法人，农业企业以生产产品服务消费者为目标并获取利润，农民合作社是农民自愿联合体，以服务成员为宗旨，农民专业合作社的盈余依赖于成员对合作社的利用及相应的产品集合，因而盈余需按照相关合作章程返还给成员，没有独立的利润形态。农业企业按科层制组织管理员工，企业与员工的关系由相关劳动契约约定，企业能一定程度支配员工的劳动力，而农民合作社成员地位平等，实行民主管理，农民入社自愿、退社自由，成员仅以其出资额和公积金份额对合作社负责，合作社对成员的约束力较弱，成员能自主决定生产经营的全过程，并自主决定与合作社的交易量。农民合作社充分体现了农民组织起来克服市场风险的意愿，合作社既可以在产前提高农民购买生产资料的议价能力，也可以在产中提供生产技术，还可以在产后通过组织农产品销售提高农民的市场地位。然而，农民合作社相关功能的发挥依赖于农民的自我组织能力和自治水平，在经济实践中，不同合作社，其对外经营能力和对内服务水平存在较大的差异。

村民自治组织及多种形式的农民经济组织在农村经济中发挥着越来越重要的作用，农民通过组织化渠道与其他社会经济主体打交道，一方面有利于更加准确及时地反馈农民的意志、愿望和需求，减少信息不对称，降低交易成本，另一方面有利于农民克服生产经营中的困难，办成农民一家一户不能办成的事情，有效配置资源，提高经济效益。农民组织化的出现和发展增强了农民开拓市场能力，成为引导农户小生产与现代农业大市场有机衔接的重要渠道，对构建新型农业经营体系、提高农民市场竞争力、保护农民利益、推进农业现代化发挥了重要作用。

中国农民组织化是农民追求政治、经济和社会利益的行为，受到社会经济环境的巨大影响，具有相应的社会经济文化特征。中国改革开放后农民逐步走出了被集体化，个体劳动积极性和创造力不断得以释放，在市场经济的洗礼下，农民在不断权衡比较中发现了通过组织化渠道解决市场议价能力薄弱的问题，但大量农民还残存集体化时代组织力量过于强大而碾轧个性的有关记忆，因而对超越于农户之上的组织力量存在些许怀疑和恐惧，因而，中国农民常常借助宗族血缘来构建组织关系网络，以便使组织获得组织成员的信任，随着新生代农民的成长，新型农民对契约和规章制度在组织架构中的作用有了更为全面深刻的认知，基于地缘、业缘关系，依托相关契约和组织章程而构建起来的农民组织特别是农民经济组织日益丰富。中国农民组织特别是农民经济组织成长较快，然而，农民虽然对利用组织提高市场竞争力有直观的认识，但在如何组织及如何开展组织活动等方面还缺乏经验，大量农民组织由个别农村精英或能人发起和主导，组织架构不完整，组织运行过多地依靠少数关键人物，农民对组织的归属感不强，不少农民"搭便车"思想严重，主要关注短期利益，组织能增加个体当前利益则参加组织，一旦组织出现困难，无法确保个体的利益增加，则即刻退出组织，组织成员中除少数领办人和关键人物外，不少成员对改善组织体系，增进组织盈利能力等不够关心，积极性和主动性尚未充分发挥。

二　中国农民组织化程度

中国农民组织化程度可由农民参与组织的数量和开展组织活动等体现出来。农业法人是典型的农业经济组织。在工业化和城镇化背景下，新生代农民纷纷外出务工经商，如前文所述，中国农业从业人员并没有显著增长，然而，如图 5.1 所示，中国农业法人从业人员数则在迅速增长，这说明，中国农业劳动者日益摆脱一家一户的分散经营，逐渐归属在一定的法人组织中开展农业生产经营。

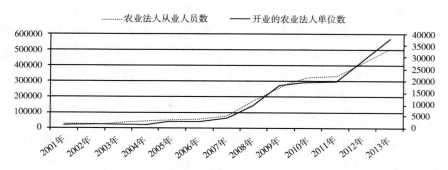

图 5.1　2001—2013 年中国农业法人从业人员与开业的农业法人数

数据来源：国家统计局数据查询系统"第三次经济普查"数据。

　　若以每万人中归属于农业法人的从业人员数来刻画农业法人密度，则如图 5.2 所示，农业法人密度的增长趋势与农业法人从业人员数增长趋势完全一致，一方面农业法人从业人员、开业的农业法人单位数和农业法人密度均在大幅度增长，另一方面，从时间上看，2007 年可以看作是增长的拐点，2007 年以后，各趋势曲线都更为陡峭即三者的增长速度更为迅速。2006 年中国全面取消农业费税，图 5.1 和图 5.2 所示现象可解读为取消农业费税大大增强了农民组织起来的热情和能力，促进了农民组织化程度持续大幅度提高。

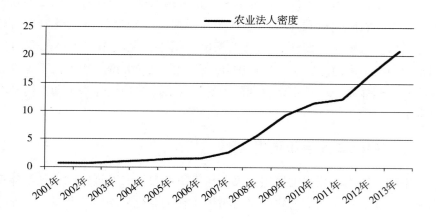

图 5.2　农业法人密度

数据来源：国家统计局数据查询系统"第三次经济普查"数据及年度数据。

　　组织的建立和运行只是农民组织化的体现之一，农民运用组织力量的形式、内容和频次也是农民组织化的重要体现，虽然当前尚未有清晰的数据和衡量标准来反映农民对组织力量的运用程度，但大量事实材料和经验现象显示，中国农民越来越愿意通过组织手段表达诉求和获取利益，更为重要的是：中国农民越来越善于利用组织手段解决问题，特别是经济交易问题，一方面农民通过组织手段解决问题的范围越来越广，另一方面农民主动创建的、可资利用的组织主体和组织力量越来越丰富。从范围上看，农民运用组织力量贯穿在生产资料购买与准备、农产品生产、农产品销售与加工等农业产业链各环节，农民组织可调配的资源包括资金、劳动力、土地等各类生产要素。从组织主体上看，农民组织既有基于生产经营全过程的农民专业合作社、农业企业，也有基于专业化分工，基于生产经营某一环节的社会化服务组织等。

表 5.1　　　　　　　　2016 年各地区农业经营主体数量　　　　单位：户、个

地区	农业经营户	规模经营户	农业生产经营单位	农业专业合作社
全国总计	207431646	3980406	2043566	905146
北 京	423728	3282	11566	4633
天 津	660785	12261	11376	5677
河 北	13479390	137886	117461	62409
山 西	5851227	60967	111929	75038
内 蒙 古	3449991	299330	54076	31105
辽 宁	5526903	126515	62456	31624
吉 林	3085497	146475	58627	39069
黑 龙 江	3285040	552979	48827	30513
上 海	558884	7911	5703	3467
江 苏	10280399	149595	84531	39338
浙 江	6740687	101734	113343	53502
安 徽	10813156	126028	103360	45885
福 建	4750885	131307	69808	17835
江 西	7481697	92481	60465	21146
山 东	17777779	466124	179096	90085
河 南	18446791	270935	124166	60217
湖 北	8720698	183575	98144	36162

地区	农业经营户	规模经营户	农业生产经营单位	农业专业合作社
湖 南	12956000	122135	65853	30640
广 东	8967371	158793	80809	29977
广 西	8758840	77460	75118	19521
海 南	1153173	24448	13859	8222
重 庆	5826200	28486	105383	16652
四 川	16661152	135136	100890	37122
贵 州	7395424	39293	60425	16893
云 南	8407910	79673	84893	22480
西 藏	498025	8486	2141	1076
陕 西	6529211	84432	48440	23902
甘 肃	4445065	35847	39469	23500
青 海	809759	21240	10017	5452
宁 夏	826848	15109	11048	6024
新 疆	2863131	280483	30287	15980
东部地区	64793081	1193341	687552	315145
中部地区	64269569	856121	563917	269088
西部地区	66471556	1104975	622187	219707
东北地区	11897440	825969	169910	101206

数据来源：国家统计局数据查询系统"第三次农业普查"数据。

中国农民组织化程度虽然总体上不断上升，但各地区农民组织化程度呈现明显差异，如表 5.1 所示，在农业经营户数量基本相当的情形下，规模经营户、农业生产经营单位、农业专业合作社均有显著差异，农业规模经营既可以通过自发土地流转形成规模经营户来实现，也可以通过组织化途径，利用组织力量整合土地资源来实现，规模经营户数量能一定程度上反映该地区土地流转市场状况，不能说明该地区农民组织化程度。农业生产经营单位是相对独立的决策单元，虽然不一定有严密的组织形态（特别是其中的未注册的非法人单位），但因为有独立的目标，生产要素的聚合在依托市场交易的同时也运用组织手段，因而农业生产经营单位数量能够一定程度上反映该地区农民的组织化程度，而农业专业合作社则如前文所述，从构建到运行均体现了农民组织化过程，农业合作社数量能够反映该地区农民组织化程度。东部地区农业规模经营户、农业生产经营单位和农业专业合作社数量均大于中部地区和西部地区，因而说明东部地区的市场化程度和农民组织化程度均高于西部和中部地区，中部地区的农业生产经营单位数量少于西部地区但农业专业合作社数量又大于西部地区，因而从表5.1相关数据尚不能说明中部地区和西部地区农民组织化水平的显著差异，但由于农业专业合作社是组织农民的典型形态，因而可以说中部地区的农民利用组织渠道解决生产经营的意识稍高于西部地区。一些调查显示，从组织的团队化和组织的市场化等方面观察，中国农民的组织化程度仍然呈低向度发展趋势。[①] 农民组织化必须依托相对清晰的共同利益纽带，但在市场经济条件下，市场回报、市场地位均具有波动性，由于农民认识局限和其他经济社会条件的限制，一些农民经济组织的组织目标不明确、不坚定，组织结构松散，组织管理乏力，农民仅追求短期利益，一旦市场行情变化，组织盈利能力下降，就极易导致农民经济组织名存实亡甚至直接解体。概而言之，由于农民组织化过程中农民对长期利益、核心利益凝练不够，缺乏组织愿景，从组织的凝聚力角度来看，农民组织化还处于较为低级的阶段。

第二节　农民组织化与现代农业发展

现代农业的发展伴随着农民组织化程度的加深，农业现代化是农业组织从单一到丰富的过程，传统农业不仅以家庭农业经营为主而且各个农业生产经营者之间缺乏组织联系，农业现代化过程中，不仅在农业家庭经营之外出现了股份制农场、社区集体经营农场等多种农业生产经营组织形式，而且通过横向或纵向的整合，农业生产经营者通过组织渠道联系起来，横向整合典型的代表是生产同类产品的农民加入农业专业合作社，纵向整合的典型代表是农产品产、供、销一体化，不同环节的农业生产经营者通过组织渠道联系起来。而农民组织化程度的加深又有利于农业现代化的发展，一方面，农民利用组织机制能更加合理有效地聚合生产要素，高效配置资源，从而提高农业的经济收益，促进农业从生存导向的传统农业

---

① 李敏、王礼力、郭海丽：《农民组织化程度衡量及其评价》，《西北农林科技大学学报》（社会科学版）2015年第3期。

走向利润导向的现代农业，生产经营模式更适应市场要求，另一方面，农民组织的发展推动了专业化分工，有利于专业人才更加充分地发挥作用，从而有利于现代农业生产经营管理技术的开发、利用和推广，为现代农业的发展注入动力。

一　现代农业中的组织机制

农业现代化进程中，大量经济活动常常是通过一定的组织机制有机联系在一起。现代农业中的组织机制这一主题所关切的是现代农业发展过程中运用组织化力量的原则、方式与条件及相互关系。经济活动可以从三个不同的层面加以观察和理解，第一，经济主体的经济活动围绕着自身的经济目标展开，经济活动并不依赖于特定规则集合的创立，即它是一种非组织性经济活动，第二，经济主体是由一定的规则集合形成的决策单元，经济目标主要通过其规则体系体现，即它是一种组织性经济活动，第三，经济目标并不体现在某一特定经济主体的经济活动中，而是通过改变或创立一系列的规则与约束条件从而改变大量经济参与者的经济行为来实现目标，即它是一种制度性经济活动。三个层面经济活动虽然有分析性区分，但实际上经济活动中往往同时具有三个方面的特征，首先，个人常常从属于一定的组织，个体行为往往服从组织目标，其次，规则的改变和确立最终要体现为广大经济行为者的遵从，即制度性经济活动仍然由大量的非组织性经济活动构成。此外，规则本身就是在经济互动中形成和发展，规则的创立和规则的运用难以决然分开，组织和制度的形成包含了非组织性经济活动，总之，经济活动三个层面的划分提供的是一种分析问题的角度而不是描述实际经济生活类型。三个层面经济活动的区分在于不同层面人们选择、遵从和改变规则的方式、手段及侧重点不同，在非组织性经济活动中，人们主要是选择一组具有普遍意义的规则，而在组织性经济活动中，人们选择规则的范围受到组织目标和组织内部规则的限制，而制度性经济活动主要是改变和确立规则而不是选择和遵从规则。

组织化力量的运用既是人们遵从制度、构建规则的过程，也是人们自主行动的过程，利益驱动力、伦理约束力和法定强制力等三大型塑治理机制的基本力量仍然是塑造组织特性的基本力量。人们基于利益驱动进行交换和交易，进而演化出市场，形成专业化分工，市场又作为一只"看不见的手"协调着不同经济主体之间的利益，通过市场交易，个体利益增进的同时增进了社会利益。市场交易是匿名的，通过多重交易后，人们并不需要也不能够熟知与之交易的相对经济主体，然而，与不特定的人进行交易虽然总体上能各取所需，但总是存在不确定性，特别是在生产要素市场，不能稳定地获得生产要素将极大地制约着生产的持续，于是人们利用企业等多种形式的组织，把生产要素可预见地聚合在一起，从而确保生产经营的可持续性。社会经济关系日益复杂，仅靠利益驱动的市场无法协调社会各层面的利益关系，即存在市场失灵的情形，为了维护社会秩序和公共利益，需要法定的强制性力量。政府往往代表公共利益和公共意志行使法定强制力，行政组织是公共意志和法定强制力的组织载体。利益驱动促成了人们之间的交易，但市场交易往往表现为交易双方利益的逐次清算，然而，人们在频繁的人际互动中发现利益并不需要逐次清算，在可预期的人际互动中人们默认某种互惠性的协定，这种互惠性默认契约不能强制执行，它体现的是一种伦理约束力，当共同利益纽带清晰，相互监督和自我约束能够实现各种利益时，人们便能够克服机会主义，保持有效合作。一些合作组织最为显著的优势便是充分利用熟人关系网络所形成的伦理约束力。农业现代化发展进程中，利益驱动力、法定强制力和伦理约束力等多种力量被人们有意无意地组合运用，形成了不同的组织形态，其中最为典型的有村民自治组织、集体经济组织、农民合作组织、农业企业等，从利益纽带、产权特性、组织约束力、决策规则和利益分配等几个维度去看，不同的组织其相应的组织机制有一定的差异（详见表5.2）。

表5.2　　　　　　　　　　　　农村经济中的典型组织机制

典型组织	利益纽带	经营性财产	对成员的约束力	决策规则	利益分配
村民自治组织	公共利益	无	弱	民主决策、委托代理	公共物品提供
集体经济组织	集体所有权	不确定	不确定	民主决策、委托代理、分散决策	土地承包经营、股份分红
农民合作组织	共同利益	较少	较弱	民主决策、委托代理	惠顾返还、股份分红
农业企业	要素价值实现	较多	强	合同约定、层级决策	合同约定

村民自治组织是在法律框架下成立的，它是群众自我服务、自我管理的组织，村民自治组织与政府相似，都是基于公共利益建立，但村民自治

组织所涉及的公共利益范围相对较小，往往局限于农村社区范围内，这类公共利益也需要相应的集体行动去争取与获得，但与政府维护公共利益的方式不同，村民自治组织由村民自我管理，没有必要使用强制性力量。村民自治组织虽然也是独立法人，有民事行为能力和民事行为责任，但村民自治组织着力处理村中公共事务，较少关涉经营性事务，村民自治组织几乎没有经营财产（但有些村民自治组织代行集体经济组织职能的除外）。村规民约较多地依靠村民认同的自我执行机制，村民自治组织对村民的约束力较弱。村中重大事务往往通过召开村民大会或村民代表大会议决，体现民主决策的特点，但村中日常事务由村委会干部处理，村委会干部由村民选举产生，与村民之间实质上存在委托代理关系，村中的分配关系主要体现在村组公共物品的提供上。

农村集体经济组织以农村集体土地所有权为基础构筑，集体土地是组织成员之间最为重要的利益纽带，集体经济组织虽然也有相关法律规定，但各地组织化程度存在巨大差异，一些地方集体经济组织名存实亡，由村民自治组织代行相关职能，集体经济组织仅仅作为土地发包方在法律上存在，几乎没有独立经营的资产，但一些地方集体经济组织的组织化程度较高，集体经济较为发达，有独立运营的集体经营性资产，有明晰的集体经济经营目标。集体经济组织对成员的约束力与集体经济本身的发达程度密切相关，集体经济空洞，则集体经济组织没有资源采用分级制裁和激励手段，集体经济发达则可以利用广泛的经济手段激励约束组织成员。集体经济组织的决策规则与集体经济组织本身特性密切相关，在组织化程度较高的集体经济组织内部需要较多的组织决策，规模较小时采用较多的直接民主的方式进行决策，而一旦规模较大，就需要通过间接民主，实行委托代理进行相关决策，而在集体经济空洞的地方，集体经济组织的决策范围小、决策内容少，集体经济组织仅仅作为集体土地所有者发包农地，一旦土地发包出去，集体经济组织几乎再无实质性决策，各土地承包经营者以集体组织成员自行分散决策，或经营或流转承包地。集体经济组织的利益分配方式最为核心的是土地承包经营权的处置，在组织化程度低时，集体发包土地后由承包户在法律框架内自行处理，获得经营收益或流转收益，但在一些组织化程度较高的集体经济组织中，土地集中经营，集体成员按其所占股份分得相应的红利。

农民合作组织是美、日、欧等农业现代化程度较高的经济体中最为普遍和影响力最大的农业经济组织，由于合作形式和内容在不同时期和不同地区有所不同，农民合作组织有各种各样的形态，在当前中国有农民专业合作社、金融合作组织等。农民合作组织以特定的（如资金需求、农资购买、农产品销售等）、综合的（如社区范围内的同时包含资金需求、农产品销售等）共同利益为纽带构建起来，大量合作组织是独立的法人（也有不少未注册的合作组织，有实体存在但不是法人组织），具有独立的民事行为能力，作为独立的民事责任主体与其他市场主体进行经济交易，因而，不少合作组织掌握独立的财产，但合作组织按自愿、开放、共同出资和成本成员分担的原则运行，大量资产产权仍然归属于合作组织的具体成员，合作组织的财产相较于企业组织要少。合作组织一般有相应的章程和利益分配规则，对成员具有一定的约束力。合作组织实行民主管理，通过民主形式进行相关决策，合作组织日常运行无法采用直接民主方式进行决策，一般通过选举成立理事会等管理机构来管理日常事务，合作组织成员委托管理机构进行相应的经营决策。合作组织的盈余一般按相应的合作章程，采用惠顾返还的方式分配给成员，即按成员与合作社的交易额依比例分配盈余。在市场经济条件下，为提高合作组织的市场竞争力和获利能力，一些合作组织借鉴和采用了企业经营管理的方式方法，合作组织按劳、按资或其他生产要素（如土地）确定股份，按股分红实现利益分配。

农业企业是自主经营、自负盈亏的法人实体，农业企业追求利润最大化，虽然农业企业也有相应的愿景、使命和价值观，但企业组织的构建和维系最为重要的还是最大程度地实现要素价值，通过企业把生产要素有效聚合和使用，使劳动者获得工资，投资者获得利润，不同生产要素投入者获得不同的回报。农业企业以独立的财产开展民事活动，承担民事责任，因而其经营性财产较多。企业在组织生产经营过程中有严格的标准、程序和规范，以确保产品质量的可预见性和稳定性，虽然农业在开放的自然环境下进行生产，农业劳动难以按流水化作业进行规范，但农业企业仍然具有企业组织的共性，对员工生产行为有规范性指导，农业企业对组织成员的约束力仍然较强。农业企业具有企业的科层管理体系，实行层级决策，农业企业中的不同成员按其企业制度规定或合同约定处理不同的事务，不同层级的组织成员决策范围、决策内容各不相同。农业企业按合作约定或相应的制度规定进行利益分配，一般来说员工仅获得工资，企业主拥有剩余控制权，但也有一些企业设计相应的激励机制，通过奖励股权和股权分红等方式实现企业主与员工分享剩余索取权。

除表5.2所列典型组织外，农村经济中还有社会化服务组织等其他形式组织，这些组织的构建和运行也有其相应的利益纽带、决策规则、利益分配机制等，此处暂不详细讨论。从实体上看，组织是要素集合体，是独立的决策单元，而从治理机制的视角上看，组织则是不同的行动者、决策者、生产经营者的整合过程，横向的整合产生了农业企业、农民专业合作社等有形的组织实体，而纵向整合则表现为以区域化布局、专业化生产、一体化经营和社会化服务为典型特征的产业化过程。农业产业化的纵向整合主要指两个平行的过程，其一，为节省销售和加工成本，整合区域范围内的生产，实现规模化和集约化生产，其二，为充分利用农业科技和现代管理方法，整合生产、加工和销售等产业链各环节，实现专业化和标准化。在中国农业现代化发展进程中，农业龙头企业成为纵向整合的最为重要的载体，纵向整合的特性可从农业企业与农业生产者之间的关系上得到较为充分的刻画。[①] 农业产业纵向整合主要通过市场途径、订单农业和农业产业基地等来实现（详见表5.3）。

表5.3　　　　　　　　　　基于农业龙头企业的纵向整合

整合途径	企业角色	生产者角色	典型关系
市场交易	购买产品，提供培训	自主决策与生产	企业通过交易条款控制生产者
订单农业	派发订单，提供技术支持	按订单依标准生产	公司控制生产者但保留弹性
公司化运营	打造基地集约化生产	受雇于公司，按要求生产劳动	公司通过科层手段直接控制生产者

通过市场交易，农业龙头企业与作为农产品直接生产者的农户有机地联系起来，企业从购买产品后进行加工或直接销售，从而整合了生产、加工和销售。企业不仅是农产品的购买者，而且为了能够获得足够数量和较高质量的产品而有偿或无偿地为农户等农业生产者提供培训，农户是独立的生产者和经营者，能够自主决策和生产，但分散的农户与企业进行交易

① ZHANG, Qian Forrest, & DONALDSON, John Andrew. (2008). The Rise of Agrarian Capitalism with Chinese Characteristics: Agricultural Modernization, Agribusiness and Collective Land Rights. *China Journal*, 60, 25-48.

时往往处于弱势，企业因而能够通过设定产品质量要求、交货时间、交易价格等相应的交易条款一定程度上控制生产者。订单农业是农业生产根据与购买者签订的契约进行有针对性的农业生产的一种农业产销模式。农业企业与农户等农业生产者签订购销合同，企业在派发订单的同时也会制定相应的产品质量标准，为使产品符合质量标准，又会有偿或无偿地提供相应的技术支持，农业生产者按订单依据一定的标准进行生产，生产自主性受到一定的限制，但仍是独立的生产经营者。公司通过订单控制生产者，对生产者的生产经营决策产生重大影响，但这种控制是有弹性的，一方面生产标准和产品质量要求可能因外部不可抗自然条件变化而相应变化，另一方面农业生产者亦可以放弃订单寻找其他交易对象。总体来说，订单农业比简单的市场交易纵向整合能力强，农户与企业的关系更为紧密。公司化运营则是把生产者、经营者和销售者通过实体组织形式完全整合在一起，农业企业通过承包四荒地或流转耕地形成一定规模的集约化生产基地，农业生产者直接受雇于企业，为企业进行生产劳动，遵守企业规章制度，按公司要求开展生产活动，公司通过企业组织管理，利用科层结构较为直接地控制农业生产者，此时，农业生产者不再是独立的生产经营者，不能自主进行生产经营决策。

概而言之，农业现代化进程中组织机制包括农业生产经营的横向整合和纵向整合。横向整合主要表现在农业生产经营者凝聚共同目标，形成实体组织，利用组织手段实现农业收益，不同的组织具有不同的组织特性。纵向整合主要表现在农业产业链上不同价值增值环节上的经济主体通过特定的手段有机地联系在一起。纵向整合虽然不一定形成实体组织，产生新的独立决策单元，但强化了不同经济主体之间的可预见的互动，不同主体之间能够主动地协同决策，使农业产业链具有了系统集合的组织特征。不同的整合方式，农业价值链上各经济主体的关系不同，从而具有不同的系统特征。

二　农村组织在农业现代化进程中的功能

农村组织从主体上看是农民组织而从产业上看则是农业组织。农村组织对促进农业现代化发展具有举足轻重的作用。农村组织聚合人财物，凝聚经济目标和产业方向，利用多种组织手段协调内部关系，促进专业化分工，既有利于拥有特定技能的人才在更广的范围内发挥才能，又有利于农业生产要素更加高效地使用，从而促进现代农业的发展。

首先，农村组织特别是农村经济组织有利于克服传统农业的弊端，促进传统农业向现代农业转变：一方面，即使在经济发展已经较为充分，温饱问题早解决的当前条件下，生存导向的传统农业依然能存在于一家一户的小农生产中，农村组织通过横向整合，把老年农民的低资本投入、低劳动投入的小农生产，通过土地流转、土地入股等多种途径形成规模经营，使部分生存导向的农民从依靠经营农业维持基本生活转变到依靠出租农地获得基本收益，从而把小农整合到市场导向的、追求利润的现代农业中去；另一方面，在分散的小农经营中，农户独立解决农业生产资料和生产技术问题，无力承担新型昂贵的生产工具，不愿采购使用频率较低的农业机械，不能承受采用新技术的风险，农村组织通过横向整合构筑不同类型的农业经营共同体，使大型农机、先进生产工具能以较低的平均成本被农业生产者使用，同时组织力量帮助众多分散的生产者应对风险，有利于新技术的采纳和推广，从而促进大量区别于传统农业的新要素较快地进入农业生产经营各个环节。

其次，农村组织的发展有利于现代农业技术的推广使用和人才培养，一方面，独立、分散的农户难以对新技术有准确全面的认识，个体农户更愿意在有典型示范后作为追随者使用新技术，而利润动力更强的农业企业等经济组织则常常出于节水、节能甚至节约劳动力等现实原因采纳新技术，农技推广与服务也往往无法直接面对农户，新型农业技术的使用和推广本身通常利用组织化渠道；另一方面，农业生产经营管理人才虽然能不断通过市场发现，但人才的成长却不能仅仅依靠市场试错机制，而且还需要采取相应的培育和培训措施，主动促进人才成长，一家一户的小生产者既没有动力也没有能力支持相关人才培养，只有农业企业、农业合作社等农村组织才有动力和能力进行农业人才的培养，持续有效地开展有关教育培训。

再次，农村组织的发展有利于推进农业的商品化、集约化和产业化，全方位和全链条实现农业价值增值，促进现代农业成长。不同农村经济主体通过一定的组织渠道实现横向和纵向整合，以实现农业经济效益为核心目标，在农业产前生产资料采购、产中各类型的社会化服务、产后的销售和加工等不同环节减少支出或增加收益，从而有利于全方位实现农业产业链各环节的价值增值，促进农业现代化发展。农村各类经济主体通过多种形式的组织渠道有机联系，有利于增强信息交流的有效性，节省交易成本，从而提高资源配置效率，促进现代农业发展。

最后，农村组织特别是经济组织整合不同要素所有者之间的关系，把分散的个体凝聚成一个有机的整体，形成独立的决策单元，有利于形成合力，提高决策质量，从而促进农业发展和提高农民收入。组织决策较农户等个体决策具有信息优势、程序优势和范围优势等三重优势。一个组织较单个农户，无论是在农资采购、产品销售等市场信息，还是生产工具使用、新技术采纳等技术信息都搜集得更多，了解更为全面，从而为科学决策提供更为充分和精准的信息。农户生产经营决策虽然也可能有家庭成员之前的充分讨论，但往往由经验主导，没有严格的决策程序，具有一定的随意性，但组织的经济决策则具有较为严密的组织程序要求，在组织的科层控制体系中，不同层级的人员具有不同的决策权，每一类决策均有相应的议事规则，大量决策需要经过组织内部意见搜集与整理、信息归类与分析、逐级讨论到最后决策的严密程序，这种程序要求不仅使决策能够更多地利用科学分析手段，而且可以更为广泛地集思广益，防止和减少决策失误。通过构建合作社等组织化渠道把多个农户横向整合在一起后，一些组织的决策（如购买什么样的农资、购买谁的农业生产服务、农产品售卖给谁甚至采用什么农业技术等）能够替代部分农户的决策，农户能够无成本或低成本地分享农村精英的知识与智慧，即组织决策的影响范围不局限在组织内部，良好的组织决策可以使更大范围的农户受益。总之，组织决策的信息优势、程序优势和范围优势使农业生产经营更加科学，农民能够更多地分享农业经济发展成果。

如上文所述，农村组织多种类型，但村民自治组织是法定组织，其数量不能反映农民构建和利用组织的意愿和能力，农业企业则未必由农民主导和建立且除企业主外其他成员并不是主动利用组织化手段，因而也不能充分反映农民组织化程度。只有农业专业合作社是由农民自主组建和自愿参与，能够较为充分地反映农民利用组织的意愿和能力。以农业专业合作社数量和其参与人员数作为刻画农民组织化程度的指标。运用中国各省市统计年鉴、中国工商行政管理年鉴有关数据（其中黑龙江2011年第一产业从业人员数据缺失，根据前后各年数据估算得来），构建2011与2014年相隔三年的两期31省市面板数据，分别考察农业合作社成员数（MECOOP）、农业合作社户数（COOP）对农业劳均产值（PLAGDP）、农民人均可支配

收入（PINCOME）的影响，模型中 C 为通用的常数项或截距。运用 Eviews
软件，通过 Redundant 固定效应检测，采用截面固定效应估计，消除暂未进
入模型的其他因素的影响，不考虑三年时间的其他趋势性因素（因为三年
时间相对较短，可以忽略区域性的趋势差异），估计结果如表 5.4 所示，模
型 5.1、5.2、5.3、5.4 均在 10% 的显著性水平下通过检验，且系数均为正，
说明农民组织化程度对农业产值和农民收入均有积极作用。

表 5.4　　　　　　　　　农民专业合作社相关模型估计结果

被解释变量	解释变量		系数	标准误	P 值	决定系数
PLAGDP	模型 5.1	MECOOP	8.44E-08	3.58E-08	0.0250	0.890600
		C	1.847635	0.059959	0.0000	
	模型 5.2	COOP	1.58E-05	2.38E-06	0.0000	0.947455
		C	1.453779	0.078509	0.0000	
PINCOME	模型 5.3	MECOOP	0.000367	0.000207	0.0867	0.801575
		C	8899.522	347.3793	0.0000	
	模型 5.4	COOP	0.088294	0.013310	0.0000	0.911148
		C	6613.960	439.1770	0.0000	

从表 5.4 中四个模型的各解释变量的系数来看，各解释变量的系数均
较小，说明农民合作社对增加农业产值和提高农民收入的积极贡献尚未能
充分发挥。模型 5.1 和 5.2 的系数相对于模型 5.3 和 5.4 的系数要小，这
说明，总体上农民合作社对农民收入的影响大于对农业产值的影响。模型
5.1 与 5.2 的系数比较可知，以合作社成员数量较合作社户数对农业劳均
产值的影响要小得多，这说明有些农户参与合作社并没有改进生产。模型
5.3 与 5.4 的系数比较可知，以合作社成员数量较合作社户数对农民收入
的影响要小得多，这说明，合作社虽然有利于促进农民收入增加，但并不
是参与合作社的农民均能同等受益，也有农民尚无法因合作社提高收入。
纵观表 5.4 中各模型，虽然整体上，无论是农业合作社数量还是农业合作
社成员数量均对农业产值及农民收入有积极影响，从而说明农民组织化程
度提高对提高农业效益和增加农民收入有积极促进作用，但是，农业合作
社数量与农业合作社参与人数对农业和农民收入具有不同影响，进而表
明，不仅组织数量的差异，而且农民参与组织的形式和内容差异也会导致
农业生产经营效益和农民收入的差异。因而，提高农民组织化程度不仅要

推动农民组织的创建，而且要关切组织本身的运行机制，充分利用组织渠道改善农村经济治理。

综上，理论分析和实证检验均表明，农村组织在发展现代农业中发挥着举足轻重的作用，农民组织化程度越高，越有利于农业经济效益的改善和农民收入的提高，同时农民参与和利用组织的形式和内容亦会对农业生产经营产生深刻影响。农村组织建设与组织机制创新是提高农业效益、增加农民收入的重要途径。

第三节　河北隆化推进"政银企户保"五位一体的金融扶贫[①]

隆化县位于河北省东北部，是国务院确定的扶贫开发工作重点县，也是燕山—太行山集中连片特困地区县，全县总面积5497平方公里，辖25个乡镇，1个街道办事处，总人口45万人。近年来，隆化县围绕县域特色、立足产业优势，在扶贫攻坚中积极开展组织创新和制度创新，逐渐形成了"政府、银行、农业企业、农户、保险"五位一体的农业合作贷款模式，产生了良好的社会反响，成为农村金融扶贫的典范。2016年3月1日，隆化县农信联社依托小贷中心平台，以"商贷宝""农贷宝"等系列产品为载体，率先在河北省农信系统开展"政银企户保"业务。2016年，"政银企户保"共发放扶贫贷款5.6亿元，有3209户贫困户直接受益，32个贫困村、1.6万贫困人口摘帽脱贫。2017年"政银企户保"将贷款金额累计增加到了10亿元，间接撬动社会资本30亿元以上，大约有45个贫困村，2.8万贫困人口实现脱贫出列。"政银企户保"五位一体的金融扶贫最大程度上调动了政府、银行、农业企业、农户、保险公司五方参与主体的积极性，实现了多方共赢，为农村组织与制度创新提供了有益的借鉴。

一　基本做法

（一）搭建县、乡、村金融扶贫三级平台

隆化县成立了由政府常务副县长任组长、22个部门为成员的"政银

[①] 本专栏经验材料参阅了王云松、潘文静、孙涛、谢元辉、孟凡静等人在媒体上的公开报道。

企户保"合作农业贷款领导小组，统筹协调、抓点扩面。县级成立农业政策性担保服务中心，投入资本金 1 亿元，由县供销社进行管理，配备专职人员 12 名；各乡镇成立相应机构，各村成立服务站，全县构建了集服务性、公益性、经营性于一体的县级金融服务扶贫体系，为贫困群众和农业企业、农民合作经济组织提供快捷、高效的贷款担保服务。

（二）实行"政府、银行、保险公司"三方风险共担

隆化县政府在原县农业政策性担保服务中心注册资本 2000 万元基础上，再增资 3000 万元，注册资金达到 5000 万元，并增加风险保证金 5000 万元，资本金总额 1 亿元，另外，整合涉农资金 2 亿元设立"资金池"，作为农业企业和农户贷款的政府增信资金和风险补偿金，也是农业企业、贫困户还款的"缓冲金"。"政银企户保"金融扶贫以"资金池"为中心，实现贫困群众、扶贫企业与金融保险机构的紧密连接。

政府通过严格考核筛选、竞争择优方式选择合作金融机构并达成协议，将部分财政涉农资金（包括上级拨付、县本级存留）存入合作金融机构，增加其营业性收入，促使其创新信贷品种，主动参与金融扶贫。合作银行根据担保基金 10 倍的额度发放贷款。此外，对 3 年以内、5 万元以下的扶贫小额信贷实行免担保、免抵押，并且将年利率下调 34.5%。同时，对合作金融机构放贷情况进行年终考核，调动其工作积极性。政府金融扶贫机构采取竞争择优的方式选择合作保险公司，为扶贫企业、贫困群众贷款办理"保证保险"。县政府为农户缴纳政策性保险，调动保险机构参与的积极性。当单笔贷款发生损失时，由担保中心、金融机构和保险公司分别按照单笔贷款额度的 10%、10% 和 80% 代偿贷款本息，降低金融机构信贷风险。引导保险机构创新保险品种，扩大农业保险覆盖面，减轻扶贫企业和贫困户经营风险，增强还贷能力。对合作保险机构进行考核，取消积极性不高、贷而不保的保险机构政策性保险资格，并将考核结果向其上级公司通报。

（三）建立农业企业（合作社）与贫困户利益联结机制

根据县域农业产业特点，对致富效果明显的肉牛、设施蔬菜、草莓、大榛子、木耳等优势产业制定针对性扶持政策，提升贫困群众发展脱贫产业的积极性。对借款户予以贷款贴息，对于单户借款，额度不超过 5 万元，在 5 万元以内贷款，给予建档立卡贫困户 100% 贴息，非贫困户 50% 贴息；对农业企业（合作社）借贷，实行分类别贴息政策，其中，对农业企业

（合作社）中贫困户人数占 60% 及以上的给予 100% 贴息，贫困户人数占 30%—60% 的给予 50% 贴息。实施行政村经济合作组织全覆盖工程，将全县能纳入合作社的贫困人口全部纳入，建立贫困户利益联结机制，利用"政银企户保"贷款，农业企业（合作社）与贫困户签订合作协议，实现"以贴息撬动贷款，以贷款入股分红"，每户每年确保能得到 3600 元以上利润分红，且农业企业（合作社）在生产经营中，优先流转贫困户土地，优先安排有劳动能力的贫困人口就业，使其"挣租金、赚薪金、分股金"。

（四）实施精准扶贫"五包一"工作机制

隆化县建立了"乡镇科级干部、乡镇包村干部、驻村扶贫工作队队员、村干部和扶贫合作社（或扶贫龙头企业）负责人"包扶一个贫困户的"五包一"机制，联合合作金融机构信贷人员成立"5+1"工作组，对有贷款意愿的农业企业、农户的基本情况、信用情况、不良嗜好、还款能力、还款来源等进行贷前调查，进行综合评估，形成调查报告，由申请人填写《贷款担保申请表》，经"5+1"工作组签字，村、乡镇盖章后报送县担保服务中心，做到"随评随报"。县担保服务中心对乡镇报送的《贷款担保申请表》进行汇总，提交县联审监管组评审，形成《评审意见书》，通报给"5+1"工作组和合作金融机构，做到"随报随审"。金融机构以全国个人信用信息数据库为平台，把个人信用作为评定贷款金额的重要指标，凡存在不良信用记录者，坚决不予以贷款。对于符合贷款条件的企业和个人，根据其产业规模，确定贷款额度，立即放贷，做到"随批随放"。各乡镇设立专门机构，负责贷款申请材料组卷上报，县审批小组第一时间进行集中审批，银行开辟专门窗口即时办理，确保农业企业、贫困农户发展产业不误农时。县担保服务中心设立了专门的咨询窗口，开通咨询热线，随时接受群众咨询，提供领办业务指导服务。在贷款后，坚持乡镇、部门、银行、保险公司等多方协调联动，采用逐户回访、实地勘察等方式跟踪贷款使用情况，确保信贷资金运用不偏离方向。对未按约定使用贷款资金的，及时启动多方干预机制，确保贷款资金发挥作用。同时，还建立了相应的信用机制与追偿机制，提高信贷效率和资金使用效率。

二 主要特色

（一）五位一体、多方联动、互利共赢

"政银企户保"合作贷款模式，以财政资金做担保，以银行贷款为基础，以企业带动为条件，以贫困户参与为目标，以"保证保险"为保障，实现"五位一体、多方联动"，降低涉农贷款申请难度，打通一条从贫困农户到金融机构到信贷的"绿色通道"，给那些想致富但缺少资金的贫困户，提供了干事创业机会，给想扩大产业规模的农业企业提供资金，有效地激发了大众创业热情和发展现代农业的积极性。

隆化县"政银企户保"农业合作贷款模式，通过采用政府与市场相结合的方式，探索出了一条政府搭台增信、银行降槛降息、企业农户承贷、保险保证兜底的金融扶贫新路径，通过合理的机制设计和精准扶贫的理念，立足"一主两辅"特色产业，在财政拨款基础上，积极打造贷款承接新载体，与金融机构、保险公司合作，建立健全融资风险分散补偿和保障机制，一方面，增加金融机构收益，降低信贷风险，解决银行客户资源不足的问题，也解决放贷信心不足问题，使银行由"不敢贷"变为"主动贷"。另一方面，通过"政府、银行、保险公司"三方风险共担，发挥财政资金支撑作用，解决了农业企业、农民贷款难、担保难的问题，最大程度上调动了政府、银行、农业企业、农户、保险公司五方参与主体的积极性，实现了多方共赢。

（二）产业支撑、典型示范、以大带小

隆化县把产业脱贫作为工作核心，立足全县产业优势和区域特色，围绕以"肉牛"为主、"设施农业"和"林果产业"为辅的"一主两辅"现代农业产业架构，确立了3条脱贫产业带：在北半部，以省级现代农业综合示范区为核心，大力发展肉牛、蔬菜产业；在东部，重点发展草莓、大榛子等林果和美丽乡村旅游产业；在西北部，重点发展中草药、大榛子和枸杞产业。对已经识别出来的建档立卡贫困户根据贫困户和贫困人口的致贫原因和实际需要，因地制宜地制定扶贫政策。例如，隆东、隆西、隆北根据各区的农业资源优势发展不同的扶贫产业，并为其提供了个性化的服务，做到了项目安排精准。

"政银企户保"利用"财政杠杆"撬动更多信贷资金、社会资本"入农门"，为企业和贫困户创业提供方案、资金使用计划等个性化服务，有效降低其创业风险。在优质农业企业带领下，加快了特色产业发展，扩展了农民增收渠道，贫困群众收入稳步提升，形成了"县有龙头引领、乡有园区辐射、村有大户带动、户有增收项目"的产业脱贫格局。隆化县在协助散户谋划发展项目的同时，加大对辖区新型农业经营主体，符合国家产业政策、成长良好的小微企业，农业重点项目、龙头企业、示范园区等优质骨干企业的信贷支持力度，并鼓励他们"以大带小"。

三　"政银企户保"金融扶贫的组织创新启示

河北隆化县开展"政银企户保"金融和产业扶贫，产生了良好的经济和社会效果。一方面成绩的取得是组织和制度创新的结果，另一方面也为中国农村进一步的组织创新提供了丰富的启示。

（一）在组织形态上多元融合

在"政银企户保"金融扶贫系统中，政府、银行、农业企业（合作社）及保险公司并不是简单的市场交易或契约关系联系在一起，虽然"政银企户保"体系不构成独立的法人实体，也没有清晰的实体组织边界，但"政银企户保"体系中各主体有扶贫和脱贫的共同组织目标，在契约关系之外，也运用了科层控制方式使"政银企户保"维持稳定的各方关系，"政银企户保"五方并不是平等的交易关系，它们并不能独立作出决策，各方的决策均在"政银企户保"系统内进行，"政银企户保"体系可以看作是较大的范围内的独立决策单元，概而言之，"政银企户保"体系有目标、有规则及规则之下聚合的人财物及相对完整的独立决策，是一定程度上由政府主导的特殊形态的组织。

"政银企户保"体系是一种特殊形态的组织，它既不是政府组织，也不是市场组织，还不是 NGO 或 NPO，既不是官办也不是民办。"政银企户保"融合了政府组织、市场组织甚至 NGO 等多种组织特性。县乡村金融扶贫的三级平台嵌入在行政组织体系中，专职机构、专职人员，有行政领导，"五包一"工作机制中，乡镇干部广泛参与，体现了政府组织的"强制求公益"的特性。银行、农业企业（农业合作社）、保险公司在"政银企户保"贷款中并不是无偿提供服务，而是自愿地按市场原则签订契约，努力获取相应的市场回报，体现了市场组织"自主求私益"的特性。在扶贫过程中，村干部、农村经济精英与贫困户结成帮扶关系，不求物质回报地做了大量的工作，"政银企户保"体系也主动筛选和吸纳大量农村精英无偿作出贡献，体现了 NGO"自愿求公益"的特性。"政银企户保"体系多元融合的组织形态，有利于运用各方各类资源，为组织创新提供了丰富启示。

（二）在组织机制上利用特殊利益纽带并创新决策规则

"政银企户保"金融扶贫在组织机制上有不同于村民自治组织、农业企业等农村典型组织的组织创新，主要体现在其利益纽带、利益分配和决策规则的创新方面。政府、银行、企业（农业合作社）、保险公司和农户具体利益各不相同，而"政银企户保"体系既不是通过共同利益或公共利益，也不是通过要素价值实现来整合和连接各方利益。"政银企户保"金融扶贫中各主体的利益纽带是扶贫工作本身，政府有扶贫目标与任务及相应的财政资金，银行能为扶贫工作提供贷款和金融服务，企业（农业合作社）在扶贫中能执行农业产业项目，保险公司能为扶贫提供农业保险服务，而农户则具有强烈的脱贫愿望和动力，通过"政银企户保"组织机制，围绕扶贫工作这一个核心，政府、银行、企业（农业合作社）、保险公司和农户等不同主体各尽其能、各取所需，政府完成目标任务，银行获得贷款利息收入，保险公司获得保险业务，企业（农业合作社）得到贷款和产业项目支持，农户获得就业岗位和其他帮扶服务。

"政银企户保"各主体之间行为既需相互制约也需要相互配合，其决策规则较为独特，各主体相对独立，是自主分散决策，但在扶贫工作机制中，各主体之间又受到政府创立的规则约束，需要协调一致行动，因而又具有集中决策的部分特性。表面上看，政府、银行、企业（农业合作社）、保险公司和农户之间相互关系是通过多重合同约束，但贫困户的筛选主要依靠村组干部，需要村民认同，体现了民主决策。在"政银企户保"中，层级结构并不明显，是一个相对松散的组织结构连接各方主体，但政府仍一定程度上起主导作用，县乡村三级平台各自履行不同的职能，并接受相应的考核，又体现了层级决策的特点。精准扶贫采用"五包一"工作机制，银行开展相应贷款业务中的重要征信审查交给了"5+1"工作组，体现了一定的委托代理关系。概而言之，"政银企户保"在组织机制上并不符合既有某类组织的既定模式，为组织机制的创新提供了启示。

（三）在治理机制上政府机制、市场机制和合作机制协同运用

"政银企户保"在治理机制上注重政府机制、市场机制和合作机制的协同运用。首先，金融扶贫平台由政府主导成立，并注入了政府资金，政府的强制性权力不仅仅体现在政府作为一般社会管理者的公共利益维护方面，而且政府直接参与到了"政银企户保"金融扶贫过程中，在合作银行、保险公司筛选上充分体现了政府的权威，对滥用贷款资源的企业和农

户的追偿与惩罚则必须依托政府的强制性力量，对农业企业（合作社）、农户的贴息及对银行、保险公司的特殊优惠等均体现了政策手段在"政银企户保"金融扶贫中的运用。其次，"政银企户保"金融扶贫注重调动各方积极性，广泛运用市场机制。银行、保险公司与企业（合作社）、农户之间遵循市场交易原则，前两者向后两者有偿提供金融服务。企业（合作社）与农户之间也遵循劳动力市场原则进行利益交换与分配。更为重要的是，扶贫效果最终取决于企业（合作社）农业产业项目的选择和开拓，隆化县凝练产业方向和扶贫项目时充分考虑了当地的市场状况，发展特色优势产业，选择具有市场竞争力的企业（合作社）增资授信。最后，"政银企户保"金融扶贫并不是简单运用市场交易连接各方，并不仅仅利用市场机制发挥激励作用，而是注重各方之间的长期稳定关系，政府、银行、保险公司之间虽然订立了相应的契约，但长期关系的维护需要价值认同和伦理约束，充分体现了合作机制的运用。在"五包一"工作机制中，各相关人员与贫困户并没有直接的利益交换，其工作成效不仅在于对农户基本情况、信用情况、不良嗜好、还款能力、还款来源等的全面了解，而且很大程度上取决于农户对相关工作人员的信任，激发贫困户的创业热情及与相关企业（合作社）等的真诚合作。概而言之，"政银企户保"金融扶贫协同运用政府机制、市场机制与合作机制，为组织内部治理机制的创新提供了丰富的启示。

第四节　农村组织创新中的基层政府职能

农业增值、农民致富应进一步推进农村组织建设和组织机制创新。在农村组织创新中，基层政府扮演着不可或缺的角色，一方面，基层政府是行政末梢，直接面对广大农民，在农村组织创建及运行中，行政干预或扶持的范围与强度基本上由基层政府把握，因而，行政力量在农村组织创新中的作用主要由基层政府体现，另一方面，基层政府由于处于行政末梢，其行政组织系统常常深深嵌入在乡村治理体系之中，对村民自治组织等农村组织具有较强的影响力，可以广泛运用行政组织力量之外的手段影响农村组织创建与运行。

农业现代化视角下，农村组织创新就是要使农村组织更具凝聚力和资源调配能力，作为独立决策单元的组织实体更具市场竞争力。总体来说，农村组织创新既包括改造既有组织，使之更加适应农村经济发展和满足农民生产生活需要，更具市场活力与竞争力，也包括创建新的组织，使农村拥有更丰富的组织服务农村经济与农民生活。农村组织可以从组织边界、层级控制、关系网络、治理机制及驱动力量等几个维度加以考察（详见表5.5），通过不同维度内部基本要素和特性的调整来改造既有组织，与之相应，新组织的创立亦应充分关注不同维度的内部要素及其典型特质。

表5.5　　　　　　　　　　考察农村组织的基本维度

组织边界	层级控制	关系网络	治理机制	驱动力量
边界界定	层级数量	关系纽带	市场机制	利益驱动力
清晰程度	组织结构	互动频率	合作机制	伦理约束力
边界强度	决策体系	关系强度	政府机制	法定强制力

组织有其相对稳定的成员和内部运行规则，具有特定边界，组织边界可以从边界界定、清晰程度及边界强度等几个方面加以刻画。组织边界由不同的方式界定，但在实体组织中，从经济属性上看，组织的边界往往根据其产权加以界定。不同的组织边界清晰程度不一，组织边界越清晰，越有利于外界对组织形成认知，而边界的强度反映的是组织边界伸缩性、组织成员变动的难易程度。一个组织要形成独立的决策单元，能够独立开展活动，必须采用科层体系进行层级控制，层级控制可从层级数量、组织结构和决策体系等几个方面加以刻画。在指令和信息传递过程中，组织管理幅度越大，层级数量越小，同时层级数量与组织结构密切相关，在同等管理幅度下，组织结构越趋向于扁平化，层级数量越少。在组织管理中，不同的层级有不同的决策权，组织如何实现层级控制一定程度上由其决策体系决定。组织中的关系网络反映组织成员之间互动的方式与内容，是决定组织特性的重要因素，关系网络可以从关系纽带、互动频率和关系强度等几个方面来刻画。关系纽带即组织成员之间互动及开展组织活动的维系力量，在经济组织中通常是利益纽带，但农村组织中，人际互动比较多，熟人网络中的地缘纽带、宗族血缘纽带等也通常对维系组织关系具有不可替代的作用。组织关系网络中，互动频率是组织成员经济社会交往频率，组织成员互动频率能够一定程度反映组织的凝聚力，但成员的互动既可能与

组织目标一致也可能与组织目标相背离。关系强度反映的是关系网络应对外部冲击的能力，基于组织而形成的成员之间的关系，有的能够适应经济社会形势的变化，应对外部冲击，有的则相对比较脆弱，不能适应外部冲击，甚至因此导致组织解体。

治理机制反映的是组织进行内部管理和处理对外关系时所采用的基本手段和方式，当前，从经济治理的角度来说，主要有市场机制、合作机制和政府机制三大治理机制。市场机制是以价格信息和竞争为核心杠杆，发挥分散决策优势的一种激励约束机制与利益实现机制，市场作为一只"看不见的手"协调着不同经济主体的利益，使得不同需求的经济主体能够实现有效的分工合作，使个体利益与社会整体利益基本一致。合作机制则是以共同利益为纽带，相互监督和自我约束的利益实现机制，有意识的合作通常依靠人际互动中产生的信任和其他有利于诚实守信的信念支撑，合作通过互惠性的社会交往实现，这种社会交往包含物质利益的互惠但不限于物质利益，在农村经济中，合作机制的运用首先要明确合作对象的身份才可能产生信任，因而合作机制中各方不是匿名的而是公开的。政府机制是以公共决策与公共权力的运用为核心杠杆，发挥集中决策优势的一种公共利益实现机制，政府通过威慑但不仅限于威慑让人们遵从公共意志并制裁那些不遵从者，政府作为公共利益的代表，它的意志和立场是明确的。组织维系和发展都有其核心推动力量即驱动力量，驱动力量不仅一定程度反映组织的使命与愿景，而且也一定程度上决定了组织成员采取集体行动的形式和内容，从经济治理的角度来看，农村组织的主要驱动力量包括利益驱动力、伦理约束力和法定强制力三大类。利益驱动力即人们基于利益（主要指物质利益）的考量而产生的相应的行为动力，利益驱动力是恒久、最强大的动力来源，特别是在范围较广的匿名化的社会交往中，通常依靠利益驱动力促成交易等一系列行为。伦理约束力是人们基于内化于心的道德观念和外部社会声誉评价而采取行动的心理动因，通常表现为约束人们的行为，使之符合社会规范的要求，但实际上不仅仅是约束，还可以包括激发人们的道德感而主动采取行动。在农村熟人社会中，人际互动频繁且持续，社会声誉评价产生的刚性约束较大，因而伦理约束力适用的场景相对较多。法定强制力既来自于外部直接干预人们的行为，也由于人们规避惩罚而间接地制约人们的行为方式。农村组织创新就是要从组织边界、层级控制、关系网络、治理机制和驱动力量等基本维度出发，改善既有农村组织，构建和促进新型农村组织成长。

一　焕发农村既有组织的活力

当前，村民自治组织、集体经济组织、农民合作组织和农业企业等多种形式的农村组织广泛存在，然而，从经济治理的角度来看，各类组织均存在一定的与农业现代化不适应的问题。村民自治组织是村民自我管理、自我服务的组织，村民通过民主协商的方式形成公共意志，管理本村的公共事务，公共事务包括：国家政策贯彻与落实，如政府补贴的发放与税费的缴纳及其他需要村集体协助基层政府处理的事情，土地的承包，村内公益事业，村集体产业发展等。村民自治组织具有区域性和法定性，村民委员会是村民自治组织的决策机构。村民自治组织在功能上看是政治经济合一的组织，既要处理大量公共事务，又要谋求本村经济发展，存在类似"政企不分"的管理难题，更为重要的是，在农村空心化背景下，税费改革后，村集体的独立财权日益弱化，不少地区集体经济名存实亡，村民自治组织的经济功能难以有效发挥，此外，国家层面通过"土地承包权物权化"、"一事一议"制度等，压缩了村民自治组织的决策范围和限制了村庄代理人的自由裁量权，虽然一定程度上有利于防止村干部滥用权力，维护普通农户的利益，但村民自治内容稀薄，村干部难以高效地作出经济决策，村民自治组织的组织约束力低，调度资源的能力有限，从而又严重制约了村庄公共事业的发展和集体经济的繁荣。

农村集体经济组织以农村土地集体所有权为经济基础，但在法律上集体所有权主体有自然村或村民小组、行政村等。村民小组是最基本的生产组织单位，小组内部成员之间人际互动较为频繁，通过协商与互助解决小组内部事务，提供基本的生产性公共物品，但村民小组的决策范围有限，小组内部规范以伦理约束为主，约束强度不大，其组织化程度较低。在农村经济实践中不少地方村民小组虽有议事机制但缺乏严密的组织结构，难以形成独立的决策单元，难以作为独立法人或非法人实体参与市场活动。行政村作为集体经济组织与村民自治组织并存，自治功能和经济功能同在，村委会作为村民自治组织的决策机构有时面临角色冲突，不少地区集体经济空洞化，集体经济组织最为重要的经济决策是土地发包，在土地承包权物权化背景下，集体经济组织的经济功能尚未充分发挥。

合作社是渐进推进产业化、现代化的重要方法，是最受各国农民欢迎的组织形式。农民专业合作社是农村同类商品生产者或需求者在自愿的基础上建立的互助性经济组织，一般具有固定的活动场所、稳定的成员和详细的合作章程，具有法人性质和法人组织结构，它是农民应对市场风险、获得市场机会而共同经营、利益分享的经济组织，它已经具有了独立的民事责任与民事权利，能够对其成员进行选择性激励，选择性地提供集体物品。农民合作社作为独立的民事主体其决策范围较广，具有较强的经济社会适应能力，在农业现代化进程中发挥着越来越重要的作用，但当前大量农民合作社由农村经济能人或其他类型的农村精英主导，一方面还有大量农民没有参加任何合作社，另一方面合作社成员之间的凝聚力还较弱，大量农民参加合作社仅仅基于获得或分享市场机会，一旦出现市场风险，就会出现农民退出合作社的情形，合作社对农村生产经营方式的改造尚不充分，合作社在推进现代农业技术的使用、现代农业经营方式的运用等方面还不充分。

农业企业一般采用现代化的生产管理方式，运用农业新技术和适应市场的能力都较强，但农业企业由资本主导，以追求利润为主，即使生产经营活动主要在农村，资本逐利而动的特性也决定了农业企业容易脱离农村及农民的生产生活场景，从而可能为短期利益而破坏农民的生存之基与立身之本，偏离农业现代化的根本目标。

焕发村民自治组织、集体经济组织、农民合作组织和农业企业等农村既有组织的活力，应植根于农村和农民生产生活场景，充分灵活地运用不同的组织机制，高效地聚合生产要素、促进专业分工与市场交易、协调各方利益。概要地说，焕发既有组织活力就是取长补短，一方面创造条件发挥优势，另一方面通过创新组织机制克服各自的缺陷。农村自治组织（村委会）、农民集体经济组织（村民小组、村集体）作为一种传统的农村组织机构，是农民最基础的议事机构，农民熟悉，应进一步通过基层民主，整合农民公共物品需求并向有关部门及时反馈，促进农民在一定范围内生产生活互助。针对集体经济空洞化、村民自治决策空间有限等问题，应对村集体、村民小组等进行一定的法人化改造，使集体经济组织拥有土地资产为核心的独立财产，完善决策体系，充实集体经济组织的决策权，使其可以作为独立决策单元和经济实体进行土地整治、农产品生产经营与开发和销售。

农民专业合作社作为一种新型农业经营主体，一方面，应进一步发挥其在传播农业科学技术、组织农民参与市场等方面具有优势，在提供产品标准、代表农业经营户与产品需求方进行交易与谈判等方面继续发挥作用，另一方面，农民专业合作社应致力于解决农民参与度不高和组织凝聚力不够等问题，不断创新组织机制，除了通过惠顾返还分享合作社的收益外，可适当增加农户合资合劳的比重，增加农户退出的机会成本和入社的潜在收益，加强统一生产经营和调度资源，从而在增加合作社本身的市场竞争力的同时提高合作社吸引力和凝聚力。

农业企业亦是现代农业的生力军，应继续发挥农业企业在运用农业科学技术及与市场紧密联系的优势，在农业企业租用土地、开展设施农业及融合发展第一第二第三产业等方面给予一定的支持，同时防止农业企业脱农化和非农化，可以引入适当的政府干预，加强农业企业与农村本地居民的长期经济联系，采用多种形式的组织手段使农业企业的发展更深地嵌入到农村生产生活中去。

基层政府长期持久地与村民自治组织、集体经济组织及农民专业合作社等打交道，对焕发农村既有组织活力具有举足轻重的作用，应当履行相应的职能。首先，村民自治组织等传统组织既需要与市场打交道，也需要与政府打交道，基层政府的职能定位与履行直接影响到农村既有组织的行为方式。基层政府的许多工作仰仗村民自治组织、集体经济组织等的帮助和支持，在税费改革前，需要通过村委会等进行费税和公粮的征缴，税费改革后，大量惠农补贴的发放和补贴对象的甄别和信息收集，均需村集体帮助或配合，由于具有一定强制力和权威性，基层政府能一定程度上为了工作上的便利向村民自治组织、集体经济组织派发任务，其派发任务的多寡和性质直接影响农村组织的工作内容和行为能力，任务越多、越重，应付政府花费的精力越大，开拓市场的精力就越有限，组织活力就越低。因此，基层政府切实转变职能，通过派驻驻村干部等方式做好支持和服务农村组织的工作，切实减轻农村组织的负担，有利于增强农村组织的活力。

其次，基层政府可以利用其接近民众的优势，发挥其权威性和影响力，支持和鼓励农民加入合作社、入股农业企业，从而提高农民组织化程度、增强农业企业扎根农村的动力与约束力。还有大量的农民没有加入合作社，一是因为一些农民生产生活区域内尚未建立合作社，二是因为农民尚未能看到合作社带来的确切的利益，基层政府可以利用"三培养"等工作机制，发现和培养农村经济骨干，推动农村精英积极领办合作社，增加合作社的覆盖范围，为农民入社提供便捷。基层政府能以政府立场和官方身份宣传国家有关合作社的优惠政策，以典型示范等方式宣讲农民入社的好处，提高农民入社的积极性。农业企业与农民有多种形式的经济关系，基层政府可以对此进行适当干预或政策引导，鼓励农户土地入股等方式获取农业企业剩余索取权和决策权，通过农业项目等引导农业企业和农民建立长期紧密的经济联系，从而一方面使农业企业有动力留在农村，另一方面增强当地农民对农业企业的约束力。

再次，基层政府在保护和鼓励农民自主自发的组织创新的同时，可以通过政府服务创新为农村组织创新开创条件。农民根据其丰富的生产生活场景进了多种多样的组织创新，只要不违法，基层政府就应容许甚至支持，如，农民利用宗族血缘关系建立经济互助合作性质的宗族组织，只要在合法范围内运行，就不应因担心"封建复古迷信"等而加以限制。基层政府的服务创新可诱致农村组织创新，如，基层政府构建土地流转信息平台，以基层政府的信用担保为基础，建立土地转出方与作为土地转入方的村外受地主体之间的定期交流机制，从而在村民自治中引入村外主体参与协商、在集体经济实现过程中引入非集体成员的资本或劳动贡献及其相应的利益分享机制，从而诱发村民自治组织、集体经济组织的组织创新。

最后，基层政府不仅可以通过多种形式培养农村组织人才，而且可以通过大学生村干部、资本下乡等形式的精英下乡向农村输入组织人才，促进农村组织的发展。大学生村干部驻村工作期间，基层政府给予适当鼓励和支持，方便其开展工作，有利于大学生村干部改造和完善村组等既有组织。基层政府通过多种渠道招商引资，推动资本下乡，不仅直接有利于农村经济的发展，而且经济精英进入农村有利于农业企业、农业合作社开展更适应市场竞争的组织改造。概而言之，基层政府不仅应该而且能够在焕发既有农村组织活力方面发挥积极作用。

二　构建和促进新型农村组织成长

适应农业现代化发展，提高农民组织化程度，进行农村组织创新，不仅要改造既有组织，进行相应的组织创新，焕发农村既有组织的活力，而且有必要构建和促进新型农村组织成长。"行动者既不是作为外在于社会背景之外的原子那样行动或决定，也不是奴隶式服从他们刚好占有的特定社会类别的脚本，社会行动是嵌入在正在进行的社会关系中①"，人们在竞争、交易和合作中产生了各种各样的经济关系，经济关系的处理不仅需要强制性力量而且需要自治性力量。组织就其人员构成来说，是基于自愿的联合体，因此，就处理组织成员之间的经济关系来说，组织力量是一种自治性力量。

农村组织设计对农业经营者的行为方式具有极为重要的影响。无论是营利性组织还是非营利性组织抑或特殊法人组织，组织治理的核心问题都在于促进利益相关者贡献资源以促进组织目标的实现，设计治理体系的一个可能的方法是选择一个特别的利益攸关群体且正式的安排他们相关的剩余控制权，组织规章制度没有事先规定的决定称为剩余决定，剩余控制权就是做剩余决定的权利。② 在农村经济组织中，农民既是劳动者又是经营者，为组织目标的实现既贡献劳动又贡献资金或其他生产要素，在农村经济组织中农民应是最重要的利益攸关者，农民应获得相应的剩余控制权，但在实际经济组织运行过程中，由于投资者、农村精英和少数大户在市场地位和信息方面的优势，让他们掌握更多的剩余控制权有利于降低组织内部治理成本，然而农民组织化不应仅仅解决农民参与市场的问题，更重要的是要解决农民的市场地位和利益分配问题，不仅仅为少部分精英农民把握市场提供信息和机会，更重要的是如何促进普遍和分散的小农的发展问题，普通农民在农村组织中过少的剩余控制权不利于实现、维护和发展他们的利益。无论龙头企业还是政府相关部门所主导的农业合作社，实质上只是帮助了资本和部门对小农的组织，并不能解决小农在市场上的弱势地位。③ 如第一章所述，农业现代化是农业、农村、农民三位一体的现代化，因而，农业现代化仍需维护小农的利益，进行相应的组织创新。现代农业需不断引入新的农业要素，农业新要素的引入不仅受初始禀赋条件的影响而且受到国家政策与制度及其他产业发展状况的影响，适应农业现代发展需要，农村组织创新应重视创建新型农业产业组织。

---

① Greta R. Krippner："The elusive market：Embeddedness and the paradigm of economic sociology"，*Theory and Society* No. 30，Nov 2001.

② Gerhard Speckbacher："Nonprofit Versus Corporate Governance：An Economic Approach"，*Nonprofit management &Leadership*，Vol. 18，No. 3，Mar 2008.

③ 仝志辉、温铁军：《资本和部门下乡与小农户经济的组织化道路———兼对专业合作社道路提出质疑》，《开放时代》2009 年第 4 期。

村民自治组织、集体经济组织、农民专业合作社、农业企业对增强农业经营者的市场竞争力和提高农民收入具有重要作用，也承载和运用了各级各类大量的惠农政策，然而，由于既有组织性质与功能的局限，在农民组织化过程中，农村精英（大农）、企业、投资者居主导地位，起主导作用，普通农户（小农）的主体地位一定程度上被削弱，甚至在经济上被边缘化。在既有的组织框架中以点带面的"先富帮后富"虽然可以更加充分地发挥农村精英的才能，但由于先富者的个体特征、市场机会、市场地位都是不能复制和推广的，一旦农民在经济发展中的主体性丧失，就会消解农村内源性发展动力，农业发展和农村繁荣及农民增收因而不可持续。农村组织创新应基于普通农户的主体地位，既要重视普通农户分享经济机会与农业产业利益，也要关切普通农民的积极性与主动性，提高普通农民的决策能力与决策地位，从而构建新的农民自主组织。"自由市场是我们用来概括人类关系特征的一个抽象的名词，这种人类关系通过我们确定的私人产权、契约自由和个人义务的法律原则来管理。然而，这些法律原则必须某种程度上与正在被这些原则管理的人类关系的道德想象共鸣①"，新型组织只要符合农业现代化的要求，与惠农支农的政策理念一致，不必局限于当前农业组织的典型形态。本项研究倡议建立农民综合性合作社。

农民综合性合作社是一定地域范围内的农民自主建立的经济社会组织，它与农民专业合作社一样具有独立的民事权利与民事责任，能够进行选择性激励，但它的经营活动不限于同类产品的供给与需求，还可以在自身的地域范围内组织生产、销售与采购，因而农民合作的内容不仅限于共同经营，而且还展开产业布局，进行发展规划，其法人性质使其具有行政层级结构，其区域性质又使其具有农民自治的性质，合作成员既要服从行政层级结构又有大量在组织约定之外的事务需要民主协商解决，因而，农民综合性合作社的决策范围广，能在区域范围内融合第一第二第三产业，让农民获得更多的经济机会与利益，更为重要的是，综合性合作社的科层组织决策体系确保专业知识、农村精英的才能与智慧在组织决策中积极发

---

① Richard E. Wagner："Self-governance, polycentrism, and federalism: recurring themes in Vincent Ostrom's scholarly oeuvre", *Journal of Economic Behavior & Organization*, Vol. 57, No13, May 2005.

挥作用，体现科学决策效率，而区域范围的民主协商又充分凸显了普通农民的主体地位，发挥民主决策的防错、纠错与利益协调功能。

发展现代农业必然要求农业实行区域化布局和专业化生产，推动农业产业化发展，充分重视农业产业组织创新。农业产业化发展过程中因参与市场的主体、形式和内容的不同的而呈现不同的农业产业化发展模式，概括地说，有三种典型的模式：第一种模式为供方市场扩张型，这种类型一般首先由某一农户（或其他经营主体）发现和开拓市场，取得一定的市场地位和经济效益后，周边农户纷纷模仿跟进，市场逐渐扩大，发展成为某一产品的供应基地。在农业产业化发展过程中，典型示范发挥着巨大的作用，农业产业化发展进程与市场成熟过程同步，经营风险小而分散，但发展相对缓慢，对个别种养能手的依赖较大，生产过程与产品质量难以标准化，市场的进一步发展要求其顺利转型，提高经营的组织化程度，适应农业产业化发展需要，基于农产品供给侧的农民专业合作社、农业企业等农业产业组织逐渐建立与发展。第二种类型为需方市场主导型。农产品需求者发出需求信号，甚至提供种苗，生产者按需求者的要求进行生产，即需方市场主导型具有典型的订单农业的性质，它有利于形成规范的产品标准和生产流程，但农业本身受到自然条件影响，具有不确定性，因而，契约关系不够稳固，违约率较高，为应对此类问题，又形成了以纵向整合为特征的企业+基地+农户或企业+基地+农业合作社+农户等产业组织形式。第三种类型为中介组织带动型，这类农业产业化发展模式中，中介组织连接着供给方和需求方两头，中介组织既可以是政府相关机构也可以是非营利行业协会还可以是营利性中介机构，中介组织利用其信息优势大大扩展了市场范围，同时三方关系相对比较稳固，但适宜的中介组织成长需要相应的经济社会条件。在中国当前市场经济条件下，各农业经济相关主体之间既可以通过市场产生横向的联系，也可以通过组织管理程序产生纵向的联系，市场关系具有灵活性而组织关系具有相对稳固性，以契约关系为主的产业组织结构充分体现了竞争活力，而以组织管理关系为主的产业组织结构则充分体现了规模效应。农业产业组织的发展应适应经济社会环境，取长补短、扬长避短，更为重要的是适时创建新型农业产业组织。

本项研究倡议建构既有纵向整合即纵向一体化又有横向整合即横向一体化的第一第二第三产业融合发展的新型农业法人组织，可简称新型三产融合农业法人。新型三产融合农业法人具有巨大的经济优势，有利于推动现代农业发展和农民增收。首先，在第一、第二、第三产业融合发展中，新型三产融合农业法人组织以农业为依托，发展农产品加工、农村旅游等第二、第三产业，深化和延长农业产业链，不仅农民能够分享到更多经济成果，而且为改善农村宜居环境提供了新的经济动力，有利于推动绿色发展。其次，新型三产融合农业法人具有独立的民事权利和民事行为能力，既可以通过组织渠道盘活农村资源特别是土地资源，如改造利用农村旧宅发展农家乐，在科学规划的基础上改善农业布局和农村建设的用地的非农开发，还可以利用其市场主体地位与其他经济主体进行广泛的经济交往，如购买农业技术服务，从而促进农业技术服务等专业化服务组织成长。再次，新型三产融合农业法人作为独立的市场主体，要在市场竞争中求生存发展，必然要追求经济效益，从而加强农业生产要素的投入和优化配置，有利于逐步克服在农村空心化背景下"低资本投入与低劳动投入"的"兼职农业"、"老人农业"对农业发展的不利影响。最后，新型三产融合农业法人由于其依托农业、扎根农村谋发展，没有脱农化倾向，不仅可以吸引精英下乡和资本下乡，而且更为重要的是有利于创新"精英留乡和资本留乡"的机制，真正激发农村经济活力。此外，新型三产融合农业法人立足于市场谋发展，有利于培育农业品牌，减少农产品同质化现象，为有机农业、生态农业等新型农业形态的成长创造条件。

基层政府在构建新型农民自主组织和创建新型农业产业组织中发挥着不可或缺的作用，应履行相应的职能。首先，无论什么类型的农村组织，都必定要与基层政府打交道，基层政府对新型组织的行为态度，一定程度上决定了新型组织的运行状况和成长速度。基层政府、村民自治组织及其他市场与非市场组织是基层治理的重要主体，基层政府不必刻意保持自己的绝对主导地位，不应畏惧新型治理力量的成长，而应作为基层治理网络的维护者和激活者，尽可能地提供服务，支持各类新型组织的创建与成长。其次，基层政府可以利用行政组织资源和财政力量对农村新型组织进行指导、扶持和适当干预。新型组织在创建和运行过程中会出现形形色色的问题，有些困难如农民的合作困境，需要基层政府进行相应的调节甚至担保，有些问题如经营发展问题，需要基层政府提供项目支持、财政支持等多种形式的支持，而有些问题如内部规章的约束力与合法性审查问题，需要政府适当予以指导与干预，在充分尊重民间议事决策机制的基础上，防止内部规章出现侵犯公民基本权利、农民土地权利的条款。再次，基层政府作为国家各项惠农政策的落地者，需要在新的农村组织生态中灵活运用各类惠农措施。农民综合性合作社、新型三产融合农业法人等新型组织创建和运行后，原有的一些具体到户的农资补贴、农机购置补贴甚至种粮补贴因土地产权变更或经营主体变化而使受惠主体不再独立存在，此时，基层政府应在不违反国家各类惠农政策的政策意旨的基础上，整合惠农资源，灵活有效地采取新的惠农措施。最后，基层政府做好乡镇、乡村的产业布局规划、土地利用规划、经济发展规划，为新型组织创立和成长开创条件和发展空间。农民综合性合作社、新型三产融合农业法人等新型组织的创建与运行将会对农村产业形态产生广泛深刻的影响，同时，新型组织的成长也需要新型产业形态的支撑，基层政府需前瞻性地做好相应的规划，为农村新经济、新型产业形态和新型组织的成长开创条件。概而言之，基层政府不仅应该而且能够在构建和促进新型农村组织成长方面发挥积极作用。

第六章　基层政府职能优化的实现路径

基层政府职能优化就是通过调整职能结构和改善履职方式，不仅使基层政府职能合理定位，而且能有效履行相关职能。在农业现代化进程中，基层政府应在农业接班人培育、农村土地资源优化配置、农村金融发展和农村组织创新等领域发挥积极作用，履行相应的职能。然而，在经济社会实践中，一方面，基层政府还存在越位和缺位，促进农业现代化发展尚需进一步推进职能转变，另一方面，由于基层政府的履职能力有限和履职方式不科学，基层政府推进农业现代化的举措未能有效实施。基层政府需持续不断地推进职能优化。

第一节　基层政府职能优化的背景与条件

一　基层政府职能优化的总体背景

中国政府职能转变与优化伴随着中国改革开放全过程，亦常常作为经济体制改革的重要突破口之一。在 20 世纪 80 年代，以政企分开为重要内容的经济改革，要求着力解决政府越位问题，着力于把政府的经济职能从干预微观经济事务转变到管理宏观经济上来。1992 年，中国确立了经济体制改革的目标是建设社会主义社会经济体制，此后，政府职能转变的核心是不断适应市场经济的要求，除了强调减少微观经济干预外，还要求政府着力维护市场竞争环境。进入 21 世纪，就业、教育、卫生健康、养老等民生问题受到广泛关注，健全社会保障制度、完善公共服务体系，建设服务型政府成为政府职能转变的重要目标。然而，在相当长的一段时间内，虽然政府职能转变的目标日益清晰，但政府职能转变重点集中在中央政府，实现职能转变的手段也主要集中在中央机构改革和相应职能配置，如何有效配置政府职能、落实政府职能转变即实现政府职能优化，缺乏清晰的行动纲领和路线图。

2013 年党中央、国务院颁发了《关于地方政府职能转变和机构改革的意见》，不仅突出了地方政府尤其是基层政府的作用，而且把职能转变放在了机构改革前面，摆脱了地方政府职能转变过多依赖于机构改革成效的被动局面，在顶层设计上呈现了"政府职能转变"是目标，"机构改革"是手段的目标与手段之间的关系。此后，党和国家把"优化政府机构设置和职能配置"作为一项常态工作不断推进。十八届三中全会审议通过了《中共中央关于全面深化改革若干重大问题的决定》，再次强调加快转变政府职能，并从健全宏观调控体系、全面正确履行职能、优化政府组织结构等三个方面提出了一系列具体的要求和举措。十九届三中全会通过的《中共中央关于深化党和国家机构改革的决定》从"合理配置宏观管理部门职能"、"深入推进简政放权"、"完善市场监管和执法体制"、"改革自然资源和生态环境管理体制"、"完善公共服务管理体制"、"强化事中事后监管"、"提高行政效率"等几个方面提出了"优化政府机构设置和职能配置"的改革目标与措施。为贯彻落实党的十九大和十九届二中、三中全会精神，深入推进简政放权、放管结合、优化服务改革，加快政府职能深刻转变，2018 年 7 月 25 日，国务院办公厅发布《关于成立国务院推进政府职能转变和"放管服"改革协调小组的通知》，协调小组下设精简行政审批组、优化营商环境组、激励创业创新组、深化商事制度改革组、改善社会服务组等 5 个专题组和综合组、法治组、督查组、专家组等 4 个保障组，从而标志着优化和转变政府职能的党和国家的顶层设计全面进入到具体落实阶段。

基层政府职能优化是政府职能转变的"最后一公里"，事关改革和社会主义事业的成败，已受到了社会各界及党和国家的高度重视。不仅党和国家已进行了顶层设计并推出了一些较为详细的改革举措，而且近年来公共资源也逐渐通过项目制等专项转移支付方式向基层延伸。当前基层政府职能优化工作已不断深入推进，全面优化基层政府职能的经济社会条件特别是制度条件日益完善。

二　基层政府职能优化的阻碍因素

基层政府职能优化要求基层政府既能认清"应该做什么，不应该做什么"，又有能力把该做的事情做好，把不该做的事情割舍掉。总体来说，基层政府职能优化面临认知不清、能力不足、体制不畅三大阻碍因素。政府职能优化广泛涉及政府职能重心转移、职能关系的转变和优化具体职能内容的调整，就职能重心来说，各级政府在不同阶段一般有相对清晰的认知，在中国现阶段各级政府以经济职能为重心已达成了较为广泛的共识。然而，职能关系、职能内容等方面却还仍未有广泛的共识。职能关系既包括各级政府职能之间的关系，也包括同级政府不同职能之间的关系，一方面，政府间职能配置要满足权责对应的基本要求，中国各级政府间的权利关系特别是财政关系上尚处在不断调整之中，在政府间财政关系尚未明确的情形下政府间职能配置亦难以确定，另一方面，政府机构改革仍在进行中，同级政府的各职能部门之间的关系尚在调整，相应的职能关系亦在调整过程中，虽然职能关系调整的方向较为清晰，但在机构改革与行政体制改革尚未尘埃落定之前，具体职能关系尚不能精准界定。

履职能力不足是制约基层政府职能优化的重要因素之一，基层政府履职能力不足主要体现在三个方面：其一，财政能力不足，除广东、浙江、江苏等少数民营经济较为发达的地区外，中国众多地方基层政府财税收入不够，基层财政支出较大程度上依赖于上级政府转移支付，当前上级政府转移支付越来越多地采用项目制等专项转移支付的形式，即使解决了基层财力不足的问题，也会一定程度上导致基层政府财政资源调度自主权的削弱，进而影响基层政府高效地履行职能；其二，决策权力不足，基层政府常常作为政策执行者履行职责，自由裁量权不足，从而导致基层政府在处理一些事务时或移送上级，或久拖不决，或积小成大，进而使基层政府的某些职能无法落实到位；其三，组织动员能力不足，一些地方由于产业凋敝、青壮年劳动力流失、本地资源较少，不少基层政府重视招商引资而不重视动员本地资源，组织动员能力没得到锤炼，从而在促进农村内源性发展方面履行的职责不够。

体制不畅影响了基层政府职能的进一步优化，一方面，在分税制下，税收分享比例与各级政府承担的支出责任尚未能有效匹配，普遍存在基层政府财权小而责任大的情形，基层政府承担责任有时力不从心，另一方面，在职责同构的体制下，处于一线的基层职能部门要接受本地政府和上级职能部门的双重领导，有时条块冲突体现在具体事务的处理中，导致基层工作人员无所适从，影响基层政府职能的有效履行。

三 基层政府职能优化的促进因素

当前，基层政府职能优化具有不少有利条件和促进因素，主要体现在知识与理论支持、经济与资源支持及政策与制度支持等三个方面。关于政府职能的研究文献十分丰富，既有规范研究也有实证研究，虽然视角众多，主题比较分散，但针对一些焦点问题仍有持续的讨论，知识积累越来越多，虽然还有大量理论分歧，但一些重要问题上的共识也越来越多。知识与理论上的支持，有利于走出认知误区，减少分歧，凝聚共识，从而有利于更加清晰准确地对基层政府职能进行定位，更加科学有效地推进相关改革。

21 世纪以来，中国实施农村税费改革、新农村建设、乡村振兴战略等，减轻农民负担，增加农村投入，使资源向基层特别是农村基层倾斜，这种经济与资源的支持，有利于基层政府职能优化，一方面，基层政府从繁重的征粮收费等工作中解脱出来，更有精力从事公共服务等工作，从而履行好基层政府的职能，另一方面，资源下乡、项目进村等不仅提高了基层政府财力，而且增加了基层政府的治理手段。由于基层政权"悬浮"，基层政府的治理手段稀缺，对辖区内经济社会参与者的激励与约束能力弱化，然而，在项目进村和资源下乡过程中，基层政府通过信息提供、项目申请、参与执行等途径广泛影响资源配置，增强对相应项目参与者、申报者、受益者等经济社会主体的激励与约束能力，丰富了基层政府的治理手段，进而有利于基层政府有效履行职能。

虽然基层政府职能优化面临诸多体制机制障碍，但当前仍获得了大量的政策与制度支持，主要体现在三个方面。其一，机构改革支持，政府职能最终依靠相关职能部门去履行，机构改革是实现政府职能优化的重要一环，2018 年 3 月十九届三中全会通过了《深化党和国家机构改革方案》，意味着机构改革的顶层设计已基本完成，机构改革进入全面实施阶段，此后从中央到地方颁布了一系列具体实施措施，到 2018 年 11 月，31 个省市的机构改革方案全部正式获得国务院批准，机构改革进一步深入到了县乡政府，逐步夯实了基层政府职能优化的组织基础。其二，财税制度支持，2014 年 6 月，中共中央审议通过了《深化财税体制改革总体方案》，以完善立法、明确事权、改革税制、透明预算等为基本思路的财税制度改革全面推行，旨在提高地方的自主性和积极性的政策陆续出台，财政资源逐渐向地方和基层倾斜，基层政府财力困乏问题逐步得到缓解，其履职能力逐步提高。其三，人才政策支持，2005 年《关于引导和鼓励高校毕业生面向基层就业的意见》颁布，大学生村官开始实施，此后，中央和各地方政府又出台一系列为基层政府储备和培养人才的政策措施，2019 年 1月 23 日，中央全面深化改革委员会第六次会议，审议通过了《关于鼓励引导人才向艰苦边远地区和基层一线流动的意见》，进一步完善了破解基层人才匮乏的对策，随着基层人才队伍的扩充和基层干部素质的提高，基层政府的职能将日趋合理，其履职能力亦必将不断提高。

第二节　基层政府职能优化的内容、机理与步骤

基层政府职能优化首先要明确优化的主要内容，梳理出一项又一项的具体目标与任务，然后在充分呈现实现目标的手段的基础上辨析基层政府的行动逻辑，分析职能优化的动力、压力与能力及其内在关系，最后再根据问题的轻重缓急合理安排实现基层政府职能优化的详细步骤。

一　基层政府职能优化的主要内容

基层政府职能优化概要来说就是要使基层政府做好该做的事情，发挥应该发挥的职能，一方面不断明确基层政府应该履行哪些职能，另一方面基层政府又有能力履行好相应的职能。基层政府职能优化的主要内容包括减少三类缺位、减少三类越位等（详见表 6.1）。当然也有缺位与越位同时并存即政府错位的情形需要通过职能优化解决。

表 6.1　　　　　　　　　　基层政府职能优化的对象

基层政府应该做	基层政府愿意做	基层政府能够做	基层政府正在做	
是	是	是	否	缺位
是	否	是	否	缺位
是	否	否	否	缺位
否	是	是	是	越位
否	否	是	是	越位
否	是	否	是	越位

　　在表 6.1 中把所有事务从基层政府"应该做的"、"愿意做的"、"能够做的"和"正在做的"四个维度做出判断，然后根据判断来鉴别基层政府职能履行情况，按行排列分为六种情形，第一种到第三种都是基层政府有些事情应该做却没有做，是典型的政府缺位，但同属政府缺位，三种情形又略有差别。第一种情形中基层政府愿意做且能够做，这类政府缺位是由于知识和信息的限制所致，一旦基层政府认识到有这类事情应该做可以做，那么基层政府就会积极主动地做好这类事情，这里"政府应该做的事情"是一种尚未被充分认知的新型事务，此时，政府缺位主要通过职能创新解决。相对来说，解决这类政府缺位的阻力较小。第二类政府缺位中，基层政府虽然有能力做但不愿意做，此"政府应该做的事情"既有可能是一种没认识到的事务，也可能是一种虽然清楚应该做却故意推脱搪塞的事务，因此，解决此类政府缺位除了要解决认知问题，进行职能创新外，还应侧重于加强对基层政府的激励与约束。第三类政府缺位中，有些"应该做的事情"基层政府既没能力做也不愿做，解决此类政府缺位除了要做上面两类应做的事情外，还应突出增强基层政府的能力。解决此类政府缺位问题相对来说难度较大。

　　第四种到第六种情形是有些事情基层政府不应该做却做了，是典型的政府越位，但同属政府越位，三种情形又略有差别。第一种政府越位中，"不该做的事情"基层政府既愿意做也有能力做，解决这类政府越位可以从两个方面着手，减少或消除做这类事情的收益，增加做这类"不该做的事情"的成本直到基层政府不可承受。第二种政府越位中，基层政府本身不愿意做这类"不该做的事情"，因此，这类事情很可能是强加于基层政府的，解决这类政府越位只有通过相应的体制改革，消除基层政府的负担。第三类政府越位中，这些"不该做的事情"其实基层政府没能力做，但却愿意做，这种政府越位很可能是由一种认知偏差所致，基层政府之所以愿意做"做不到也不该做"的事情，往往是没有真正认清这类事情本身的目标，解决这类政府越位应在找准基层政府行为动机的基础上，有针对性地向其提供有益信息。

　　概而言之，基层政府职能优化就是要使基层政府做好"应该做的"，不做"不应该做的"，具体体现在消除或减少基层政府的缺位和越位。

二　基层政府职能优化的内在机制

基层政府职能优化的内在机制就是指基层政府在职能优化过程中各核心要素之间的相互关系及其互动的基本原理。基层政府职能优化要消除或减少基层政府的缺位和越位，从表 6.1 及其上文相关分析可知，基层政府职能优化关涉基层政府的认知、意愿、能力和行动等几个方面。基层政府职能优化首先要认识到"应该做什么"和"不应该做什么"，其次要有意愿、有能力做好"该做的事情"，最后还要让基层政府不愿或不能做"不该做的事情"，这其中主要包含职能配置机制、激励约束机制、能力提升机制等三大机制。

职能配置机制着力解决基层政府"应该做什么"和"不应该做什么"的问题。构建一个"一横一纵三检视"的职能配置机制能较好地解决基层政府在"应该做什么"方面的认知模糊。"一横"是指政府、市场、社会组织等不同治理主体之间的职能配置，政府作为公共利益的代表，应秉承必要性原则，凡是市场与社会组织能做好的事情，政府都可以不做，而市场与社会组织做不好的事情，也要评估成本和收益后再考虑政府是否参与。"一纵"是指各级政府间纵向的职能配置，按照权责对应的原则，各级政府做好分工合作，可以从上到下进行配置即先确立上级政府的职能再以此为基础确立下级政府的职能，也可以从下到上进行配置即先确立下级政府的职能再以此确立上一级政府的职能。"三检视"是指对已确立的每一项政府职能进行三项审查，然后进行相应的调整。第一，原则审查即审查政府职能定位是否符合相应的规范性原则，如审查政府与市场的关系是否符合"市场在资源配置中起决定性作用"的原则，基层政府职能定位是否遵循了"外生权力最小化与内生权力最大化"、"双重保护与双重服从"及"服务兜底"等几大原则。第二，条件审查即审查政府职能相适应的经济社会条件是否还存续，如某地码头轮渡安全管理在修桥拆除码头后就应及时转换成桥梁安全维护。第三，能力审查即审查政府是否具备履行相应职能的能力，通过此项审查，再行决定是移交职能还是提升相应能力。

激励约束机制着力解决基层政府"愿意做什么"和"不能做什么"的问题。我们应尽可能激励基层政府积极主动地去做"应该做的事情"，只有积极性主动性充分发挥，才能更加充分高效的履行职能。对于有些

"不应该做的事情"，基层政府有可能基于自身利益而去做，从而产生政府越位，此时，我们应对基层政府的行为进行约束，让基层政府不能做"不应该做的事情"。一个运行良好的激励约束机制包括针对基层政府及其工作人员的相互联系的三个关键要素，即"科学合理的绩效考核与评价"、"有度有节的奖励与惩罚"、"合情合法的容错与纠错"。科学合理的绩效考核与评价既要针对具体事务进行考核评价，也要整体绩效评价，特别注意考核评价的方式方法和周期，可适时引入"民众满意度评价"、"服务对象满意度评价"，考核评价的周期不宜过短。有度有节的奖励与惩罚就是要使考核与评价能够发挥作用与引导行为，关键在有度有节，要让受奖励者不骄而奋发，要让受惩罚者知耻而后勇。合情合法的容错与纠错就是要鼓励基层政府敢做敢试，只要动机良好、手段合法，就应容许犯错误，倘若知错就改，则不责不罚。

　　能力提升机制着力解决基层政府的履职能力不足问题。提升基层政府能力是一项系统工程，关涉到财政体制、行政体制、组织人事制度等一系列制度变革，不可毕其功于一役，需循序渐进地开展制度建设与组织建设，概要地说包括减负和赋能两个方面。只有减轻基层政府负担，基层政府才有精力有重点有节奏地推进各项工作，做好该做的事情。2019 年 3月，中共中央办公厅印发《关于解决形式主义突出问题为基层减负的通知》，明确提出将 2019 年作为"基层减负年"。减负将主要侧重于减少形式主义、解决督查检查考核过多过频等问题。赋能主要从两个方面入手，一是通过财政体制调整，增加转移支付，提高基层政府的财力，二是通过上级授权、减少限权等多种途径，提高基层政府的自主性，拓宽基层政府的决策空间。此外还有加强人员培训、创新政策工具等。

三　基层政府职能优化的起点与步骤

　　基层政府职能优化关涉政府机构改革及其职能配置、激励约束机制建设、基层政府能力提升等多个主题下的众多问题，没有一揽子解决所有问题的方案，分清问题的轻重缓急，循序渐进地解决问题尤为重要。虽然我们要求注重职能配置机制、激励约束机制和能力提升机制三大机制建设的联动性，尽可能地多措并举，但更为重要的是要找准基层政府职能优化的起点或突破口，合理安排优化步骤。本项研究认为，可以"响应本地需求，解决民众急切之需"为起点，上下互动，内外呼应，先易后难，以点带面地推进三大机制建设，在具体步骤上，可先"减负，依可行条件选定应然职能"，在定职能的基础上加强问责和惩戒机制建设，然后再"赋能，让基层政府自主设置新职能"，在确保基层政府自主权的基础上强化激励措施和激励机制建设。

基层政府不应该也不可能等待机构改革和职能配置完全明晰后再履行职能，因此，基层政府应立足当下，以"响应本地需求"为职能定位的基准点，在"解决民众急切之需"中提高履职能力，从而实现职能优化。由于政府职能体系体现在政府间关系上，政府履职能力提升也需要各级政府通力协作，因而，需要"上下互动"即上级政府与下级政府良好的互动，当基层政府履职能力不足时，应及时地传导到上级政府，当上级政府面临信息不足时，应及时与下级政府沟通，通过上下互动，既可以解决一些具体问题，也有利于形成职能配置、机构改革、需求表达与整合机制等方面的"问题清单"，便利于统筹解决问题。当代国家治理体系是政府与市场组织、社会组织协同治理的体系，政府应与外部治理主体"内外呼应"，一方面，政府与市场、社会组织良好的沟通，有利于"政府不与民争利"，减少政府越位，另一方面，随着市场与第三部门的成长，政府可以适时向市场组织和社会组织让渡一部分职能，减轻政府负担和减少政府缺位。在基层政府职能优化过程中，先把能做的先做好，先易后难，遇到难题并不是直接绕开，而是进一步剖析问题，分解和细化问题，能单点突破则单点突破，以点带面，不断推进三大机制建设，在逐一解决问题的进程中形成整体解决问题的局面。

当前，一些基层政府偏离本职工作，公共服务职能履行不到位，既不是认知原因，也不是制度性原因，而仅仅是因为负担重、考核压力大。一些基层干部接待接访任务过重，连日常工作都受到影响，更勿论创造性地开展工作（具体案例可参见访谈摘编 GFJ20140729Y）。有实证研究发现："在应然层面，大部分乡镇干部认为关注民生、提供公共服务应当是乡镇最主要职能。但在实然层面，乡镇政府还是把很多精力用于招商引资、维稳等工作。乡镇政府开展工作的最主要依据不是宪法、法律规定的职能，而是上级政府的考核指标[①]"。因而，在具体步骤上以"减负"为先具有

---

① 曲延春：《乡镇政府职能转变：乡镇干部的认知研究——基于山东省问卷调查的分析》，《中共中央党校学报》2017 年第 4 期。

很强的现实针对性。在基层减负过程中，应同步进行职能优化，一方面，上级"压任务"产生的工作量减少，那么基层主动"担责任"产生的工作量应同步增加，进而依据可行条件确定一些应然职能，另一方面，减负后，"任务太重，想做而做不成事"的情形减少，那么，相应的问责和惩戒机制就应得到强化。基层不仅要"减负"而且要"赋能"，通过机构改革、财税改革、职权调整等增强基层政府的履职能力，使基层政府在完成"规定任务"外，仍有精力和能力为本地谋发展、谋福利，此时，不仅要容许基层政府自主设置新职能，而且要完善激励机制，鼓励基层政府创新职能配置和履职方式，对于闯出新路、干出成绩的基层政府及其干部应给予相应的奖励。

　　概而言之，基层政府职能优化应以减少政府缺位和越位为主要内容，遵循职能配置机制、激励约束机制、能力提升机制等内在机制建设的科学规律，以"响应本地需求"为逻辑起点，在一项又一项的具体工作中以点带面，减负，问责，赋能，奖优，逐步完善三大机制，使基层政府无法染指"不该做的事情"，有动力、有能力做好"应该做的事情"。

第三节　农业现代化进程中基层政府职能优化的实现

　　农业现代化进程中，基层政府职能优化仍然要秉承上文所述的整体逻辑与步骤。一方面，我们要明确基层政府在促进农业现代化方面应该履行哪些职能，理解基层政府在农业现代化进程中做了什么，从而明确农业现代化进程中基层政府职能优化的方向，另一方面，在理解当前的经济社会条件的基础上，认清基层政府的行为逻辑，领会基层政府愿意做什么，判断基层政府能够做什么，从而寻找实现应然职能的可行途径。

一　基层政府促进农业现代化的应然职能

　　基层政府在农业现代化进程中应该履行的职能概要地说包括两个方面，一是消除农业现代化的阻碍因素，一是培育农业现代化的促进因素。从劳动力、资本、土地和生产经营组织等四个现代农业发展的核心要素来看，农业现代化主要面临农业生产经营后继无人、农村土地资源配置不当、农村金融抑制以及农民组织化程度低等制约因素，相应地，基层政府应在农业接班人的培育、土地资源优化配置、农村金融发展、农村组织创新等方面发挥相应的职能。

如上文第二、三、四、五等章所述，基层政府在农业接班人培育中应履行"爱农、尊农环境再造职能"，"市场惠农品性塑造职能"，"政府扶持落地职能"等职能。在农村土地资源优化配置中，基层政府应履行"产权落地职能，促进国家法与民间法融合"、"改进乡村治理，促进有效合作"、"土地整治与土地规划"等职能。在农村金融发展中，基层政府应履行"拾遗补阙地满足特定资金需求"、"协助各类机构充分发挥各自的功能"、"促进金融机构盈利模式转型与金融业务创新"、"助推农村金融供给侧结构改革"等职能。在农村组织创新中，基层政府应发挥"焕发农村既有组织的活力"、"构建和促进新型农村组织成长"等职能。上述每一项职能又可以进一步细分和具体化。除此之外，还有农村科技推广与服务、农业信息化建设、农村社会保障管理与服务等众多与农业现代化密切相关的职能。基层政府应该履行的职能并不是孤立的而是有机联系的，在基层实践中不仅要分清各项职能履行的轻重缓急，抓住关键问题，而且要注意选择正确职能履行方式与手段，注重各项措施的联动性。

二　实现应然职能的可行途径

实现基层政府在农业现代化进程中的应然职能，就是要让基层政府在农业现代化进程中做好"应该做的事情"，不做"不应该做的事情"，从总体上来说，应服从本章第二节所述的基层政府职能优化战略与步骤，积极采取有效行动。在遵循上文所述的基层政府职能优化战略与步骤的基础上，可按"立足当前实际，补短板，夯基础，从小事做起，从能做的做起"的总体路径实现农业现代化的基层政府的应然职能。由于幅员辽阔，地区差异大，经济发展水平不一，本项研究既不能穷尽丰富的基层实践，全面呈现基层政府职能履行现状，也无法提供适用全国的实现应然职能的操作指南，此处仅根据已在上文各章诊断出的共性问题，强调如下三个方面。

首先，在进一步推进乡村基础设施建设，改善农村人居环境的基础上，更加重视农业技术指导服务，可以采用政府购买服务，结合项目扶持，激活农技服务需求，增加供给并提高供给效率。本课题组调查显示：当前基层政府在提供公共物品和公共服务方面，做得最好的是基础设施建设，做得不好的是相关社会服务。在县乡政府乡村公路建设、水渠开挖与疏通、环境整治、农技服务、社会治安等所办事项中，问卷调查的 815 户农户中，有 505 户占 62% 对"乡村公路建设"最满意，有 100 户占 12.3% 对"水渠开挖与疏通"最满意，而不满意的是"农技服务"（314 户，占 38.5%）、"社会治安"（193 户，占 23.7%）。与之相对应，关于村里近年来最大的进步的看法，有 47.9% 的农户认为是"改善村容村貌"，比例最大，而认为"提高农民收入"占比第二却只有 24.2%。这说明，以乡村公路为代表的农村基础设施建设已取得的较大进步并得到农民较高的认可。然而，农业科技服务和农村基础设施建设同属农民认为的政府资金使用的重点（分别占比 51.8%，53.3%，多选题因而总和大于100%，其他选项均低于 40%，此处未列出），不仅农民满意度低，三年内与农科站、农技站有业务往来的农户仅 159 户，占比 19.5%，这说明，农业科技服务不仅仅是供给不足的问题，而且存在明显的有效需求不足的问题。究其原因，一方面是由于农业科技服务针对性不强，无法解决农民生产实际中的问题，另一方面是因为一家一户的小规模经营，农业技术提升对总效益的提高有限，导致农业技术服务需求不足。基层政府搞好农业科技服务，一方面可以从供给侧着手，从政府直接提供服务改为购买服务，从而使农业技术服务主体转变为独立的市场主体，为赢得市场，必然会开发出符合当地需求的农业技术服务产品，另一方面，从需求侧着手，通过土地整治、鼓励土地流转、项目扶持等手段，促进规模经营主体成长，从而使农业技术对经营主体的总收益影响增大，激发农业技术服务的有效需求。

其次，采取多种措施促进农民之间有效合作，从而降低农业生产成本，增加农业收益。当前，虽然农业基础设施在改善，但村组小型公共物品提供过程中却存在严重的农户合作困境。本课题组调查显示，在农业用水的解决途径中，自家单独解决的为 423 户，占 51.9%。这也与课题负责人在家乡的跟踪观察相吻合，湖南某地农村，20 世纪八九十年代某村的村民小组还有打米机、抽水机等公用设施，但新世纪后逐渐无人管理，最终荒废，以前农田由村民小组统一灌溉，费用农户分担，但现在都是各家各户购买或者租赁小型柴油抽水机灌溉，费用则远远大于小组统一电动大型抽水机灌溉。调查显示，不仅在生产领域合作困难，而且在销售环节也很少合作，农产品通过农业合作社统一销售的农户仅为 19 户（占比仅

2.3%），显然，众多分散的单个农户在市场中的议价能力有限，在销售环节的有效合作能提高农业收益。农民合作困难，原因主要有两个方面：其一，生产经营的协同性差，如由于缺乏产业规划，相邻地块种植不同的作物，统一管理困难，合作愿望低；其二，缺乏强有力的组织者，合作的内在需求要变成行动，需要组织者去了解合作意向，凝聚合作共识，制定和执行合作规则等，因此，众多农户之间合作达成需要有人积极主动地倡议和组织。基层政府可以通过一定的产业规划与引导，依据地理地貌、气候条件，尤其是市场优势适当进行生产布局引导与调整，使较大范围连片（如一个村民小组的范围内）种植相同或相似作物，进而使田间管理的需求基本同步，便于协同解决用水排涝、抢播抢收等问题，激发农户之间的合作动力。基层政府可以通过选拔和培训合作社发起人甚至直接派干部驻村牵头组织和协助农民合作社创建，从而提高农民的组织化程度，促进有效合作。

最后，在基层政府财力普遍不足的情形下，除了增加上级政府的转移支付、提高基层政府的税收分享比例外，还可以通过提高基层政府资金整合能力来增加基层政府财力。当前，财政支农资金项目繁多，资金分散，但一般为省财政支出，县乡政府主要是执行者，资金打包能力有限，在提高财政资金使用效率方面基层政府当前还难以有所作为。湖南省 2014 年度某县市惠农补贴资金共发放 2400 多万元，但补贴项目有 11 大类 114 项，补贴依据的政策文件"制定机关编码"有湘财农指、湘财建函、财社、湘财社、湘财金、湘财综、湘政办发、湘农机计发等，进而说明财政补贴分属省级不同部门下发，大量补贴直接发放到农户"一卡通"上，专款专用，基层政府没有法律依据统筹使用资金。实际上，来自不同部门的分散的资金，虽然总体受益面较广，但对具体农户来说，得到的补贴并不多，既对提高农民收入作用不大，也不能激励农民增加农业投入。为进一步提高财政资金的使用效率和提高财政资金撬动社会资金的能力，只要相关监管能够对基层政府资金使用进行严格有效的合目的性审查，就应逐渐容许基层政府整合各部门下拨的财政资金。

本项研究之所以特别强调以上三个方面，一是因为上述三个方面针对的问题具有一定的代表性，反映了推进农业现代化的急切之需，二是因为上述举措较少依赖于体制改革，可以立行立做。实现农业现代化进程中的基层政府的应然职能并不能一蹴而就，需要持续扎实地推进各项基层政府职能优化工作。

第四节　项目制的基层政府职能优化悖论

作为自上而下资源配置的项目制对解决地方财力不足发挥着举足轻重的作用，应用范围不断扩展，影响日益广泛。由于项目制调整了国家与社会、中央与地方、干部与群众之间的多重关系，项目制逐渐变成一种重要的国家治理机制。项目制对基层治理产生了广泛而深刻的影响，一方面它有利于优化基层政府职能，另一方面制约了基层政府职能的优化，即产生了基层政府职能优化悖论。

一　基层政府职能优化悖论的表现

税费改革后特别是 2006 年全面取消农业税后，基层政府从繁重的征粮、征税和收费等工作中解脱出来，为基层政府向"服务型"政府转变提供了制度条件。但税费改革也进一步导致了基层政府财力困乏，服务因而不足。项目制通过专项转移支付的方式一定程度上缓解了基层政府的资金困难，推动了基层政府职能优化。首先，项目制在运行过程中，上级政府各部门通过公布"项目指南"的方式明示了基层政府应关心的具体而微的事务，有利于基层政府更加深入地关切相关事务，从而提供更加细致的公共服务。一旦成功申请立项，上级部门专项转移支付也有利于补充基层财力，提高基层政府的履职能力，从而促进基层政府向"服务型"政府转变，优化政府职能。其次，项目制有效运行离不开基层政府的参与，包括立项之前的信息筛选和审核，项目申请者推荐，配套资金筹集，项目实施之中的检查督办、协助项目申请者执行项目及提供项目执行所需的环境与条件，项目完成之后的效果评估及相应的信息反馈等。基层政府在参与项目实施中既开阔了视野和打开了思路，也在实践中提高了服务能力。更为重要的是，由于项目制体现的是一种条线控制，基层政府的行政性权力运用较少，基层政府反而一定程度上依靠项目的成功实施提高其影响力。因而，项目制的实施为基层政府从领导者、掌舵者转向服务者提供了压力和动力，进而优化政府职能。最后，农村税费改革后，基层政府财权弱化，治理手段稀少，政权"悬浮化"。① 项目制的实施，基层政府通过影响进村项目的立项与分配，从而增加了新的治理手段，进而增强其治理能力，优化政府职能。

虽然项目制的实施有利于改变基层政府的行动逻辑，促进基层政府向服务型政府转变，但是，项目制又在一定程度上制约了基层政府职能的优化。

首先，项目并不具有普惠性质，项目分布的不均衡引致基层项目之争加剧，从而导致基层政府行为异化。尽管每年都有大量的惠农项目输入农村，但这些项目并不是均匀地分配给每个村庄，积极争取项目就成为了各个村庄的重要工作之一。在基层政府本身缺乏足够财力支持农村发展的情形下，帮助下辖村庄获得相应的项目立项成为基层政府支持农村发展的最为关键的手段之一。"跑项目"、"跑部钱进"等现象出现，使得基层政府为了申请到各类项目各显神通，百般依附于各上级部门，原本应服务群众却转变为奉承上级，甚至不惜动用私人关系来套取资源，从而导致基层政府工作目标的偏离和变异，制约了基层政府职能的优化。

其次，项目制的不断渗透使基层政府陷入找项目、抓项目的大量日常事务之中，缺乏整体和长远思维，忽视了当地实际需求，制约了基层政府服务能力的提升。项目分布在上级各部门，无论是在申请还是在审批环节，各个项目之间都是相对独立的，项目制因而具有"一事一议"的典型特征。基层政府虽然可以根据当地需求申请一个又一个的具体项目，但是，一方面项目本身并不由基层政府设定，当地需求是否能通过项目下乡进村得到满足是不确定的，另一方面，在项目申请过程中，基层政府优先考虑的是项目的可得性和立项的可能性，当地的实际需求有时甚至会有意忽略。

再次，项目的效率优先原则不仅会导致严重的马太效应，进一步加剧发展的不平衡，而且会在一定程度上扭曲基层政府的政绩观。上级各部门下发项目除少数扶贫济弱的项目外，大部分项目都是秉承效率原则，充分考虑项目执行的可行性条件和项目产生的社会经济效应，一些经济条件具有一定优势的村庄，筹措配套资金能力较强，项目运营的能力也较强，往往能在项目竞标中获胜，而有了项目的支持，这些村庄往往又以更快的速

---

① 周飞舟：《财政资金的专项化及其问题——兼论"项目治国"》，《社会》2012年第1期。

度发展，从而进一步拉开与其他村庄的经济发展差距。基层政府为了打造"政绩亮点"，也倾向于扶持具有经济优势的村庄或少数受到较大关注的贫困村庄，甚至为了吸引项目进村和资本下乡刻意打造"形象工程"（可参见访谈资料摘编 XGF20140729Y）。最后，随着项目制的深入推进，基层农村干部与群众依靠项目谋发展的思想萌生，等、靠、要思想日益严重，基层活力削弱，降低了基层政府职能优化的动力和能力。

二　悖论产生的原因

悖论的产生在于基层政府职能优化的动力机制、条件成长等无法在项目制运作逻辑中充分体现，具体原因有三即民主决策与科学决策存在内在张力，外源性发展导致利益不兼容，职责同构存在内生条块冲突。

（一）科学决策与民主决策的内在张力

政府是公共利益的代表，相关公共决策不仅要符合自然规律和社会规律即具备科学依据，而且要体现人民的意志与愿望即体现民主价值。科学决策要求掌握尽可能的有效信息，并对有关信息进行有效处理，专家由于在各自领域掌握丰富的专业知识和技能，因而在科学决策过程中专家意见不可或缺。然而，科学决策体现的是"技术理性"，在公共决策中还应体现"价值理性"，即追求公平、正义与民主。因此，公共决策还必须是某种程度上的民主决策。科学决策与民主决策同为公共决策的本质要求，具有一定的统一性。一方面，决策的科学性本质上有利于实现决策的民主价值，公共决策只有符合科学规律，才能最终实现公共利益，满足人民的需求，实现人民的愿望，从而体现民主价值，另一方面，民主的决策程序是保障决策科学性的重要途径，民主程序不仅有利于全面收集和整理决策的基础信息，为科学分析与决策提供条件，也有利于集中民智，为决策的科学判断提供智慧。特别是在现代风险社会的背景下，科学问题与价值问题的交织、知识的不确定性和风险的不可知性，导致专家在技术性问题上的话语权也经常受到质疑。[①] 因而，科学决策要求民主决策。然而，科学决策与民主决策又存在内在的紧张关系：一方面，科学规律独立于人们的情感、态度与利益之外，在相当长的一段时间内，由于人们的认识局限性和

---

① 成协中：《风险社会中的决策科学与民主——以重大决策社会稳定风险评估为例的分析》，《法学论坛》2013 年第 1 期。

个体利益的制约，符合科学规律的候选方案未必能得到人们的认同和支持，另一方面，在现代民主中，由于受到决策成本的制约，一般没有条件实行全体一致规则而是通常运用多数决策规则，使得尊重人民的意志与利益在决策中表现为尊重多数人的意志与利益，民主决策中仍然存在大量的谈判、交换与妥协，其中关涉最多的是利益，而不是自然规律和社会规律。因此，一项得到多数人认可和支持的候选方案未必是科学的、可行的。

项目制在实施过程中，为突出科学性需强调项目设置总体规划的合理性和项目内容本身的合规律性，为突出民主性需强调项目申报的积极性与主动性。科学决策与民主决策的内在紧张关系导致了项目制的基层政府优化悖论：首先，公共利益涉及面广，不仅包括就业、社会保障等民生问题，而且包括生态环境与各产业发展等问题，不仅不同政府部门所辖领域涉及的利益不同，而且即使是同一部门，也会有不同利益形态的具体问题。通过项目制解决公共问题虽然是一个有效的、针对性较强的治理手段，但在项目制运行过程中，决策的科学性主要体现在项目设置与审批环节，即便项目范围广泛、具体项目设置科学，由于"申报—审批"的反馈机制，实际上导致了项目的可得性和立项的可能性成为申报者的主要考虑因素，项目制运行中民主决策机制围绕具体项目利益展开，获准立项及其先后顺序与资助强度并不能与基层各类问题的轻重缓急相匹配，从而使提供的公共物品与实际需求不匹配，进而基层政府在提供公共物品上存在效率悖论。其次，在项目制运行中，基层政府面对上级政府时，是项目申请者、基层意见代表者，面对人民群众时，又是制度执行者和公共服务提供者。在科学决策中，基层政府需提供反映地方真实情况的有效信息，在民主决策中，基层政府需充分尊重民众意见、利益与意愿。然而，基层政府并没有项目设置与审批的权限，其接近民众的优势并不能在项目制相关决策中充分体现。相反，基层政府因在项目制中具有独立于上级政府和人民群众的特定利益而易导致行为异化，从而产生基层政府职能优化悖论。最后，民众意见的表达是分散的、碎片化的，民主决策仍需借助科学工具对信息进行有效筛选和整合，民众的利益并不是一个整体，在局部甚至有多种形态的利益冲突。在公共决策中，政府兼听则明，实际上扮演着一个仲裁者的角色，需要在不同利益之间进行权衡。然而，在项目制运行中，对申请立项、项目实施影响较大的农村精英、投资者、项目工程承包者天然具有更大的话语权，基层政府本身没有足够的仲裁能力，从而产生基层政府职能优化悖论。

（二）外源性发展的利益不兼容

外源性发展是一种较大程度上依靠外部技术、外部资源甚至外部市场的发展模式。外源性发展必然引入大量外部利益主体参与到本地经济发展中，并分享本地经济发展成果，从而产生内部利益与外部利益兼容的问题。本地发展不仅要顾及当前利益，而且要注重可持续发展，考虑长远利益，而投资者等外来经济主体则侧重于关注投资回报等即期利益，并不关心本地可持续发展和与之相关的长远利益；本地居民生于斯长于斯，既关心本地的经济利益，也关心本地的政治利益、社会利益，在本地基础设施建设中注重经济便捷性的同时也强调环境宜居性，而外部投资者则侧重于经济便捷性要求。不仅外部经济主体和内部经济主体在利益立场上有典型差异，而且亦会因对经济成果的认知及价值观念的差异而产生利益分配上的争议甚至纠纷。以项目建设带动当地经济发展已成为农村地区特别是中西部农村地区通行做法。然而，以项目谋发展本质上仍是一种外源性发展，一方面，虽然有配套资金，但项目资金主体不是源于自身积累而是来自于上级政府部门划拨，另一方面，项目建设运营中虽有本地经济主体广泛参与，但项目执行一般需要借力外部经济主体的投资与承建，特别是一些农业产业项目，建成后产品也主要销往外地。因而，项目制推动的发展仍是一种依靠外部资源与力量的外源性发展。

外源性发展导致的利益不兼容产生了基层政府职能优化悖论。首先，项目制是一种自上而下的资源配置，面向上级政府，基层政府是项目申请者、群众意见代表者，上级政府的惠民政策以向下拨付资金的方式体现，然而，基层政府有相对独立的利益，并不必然与群众利益一致，通过基层政府贯彻政策意旨未必能真正普惠政策表达能力较弱的广大农民；面向人民群众，基层政府则是制度执行者和政策代表者，而实际上，基层政府在项目制中决策范围有限，既不能自主设置项目，也不能改变资金使用去向，难以通过基层政府在项目运作中体现农民的意志与利益，进而产生基层政府职能优化悖论。其次，项目制在科层制中引入市场机制，不仅项目申请具有竞争性，而且项目本身要经过严格的审核与评估，项目运作具有典型的效率导向，在项目设置与立项及运作过程中注重项目绩效，公共物品会优先供给到那些人口密度大、使用频率高的地方，一些人口稀少的农村地区，农民的利益与诉求得不到满足与回应，公共物品可及性差（如偏远地区公共卫生、公共娱乐设施过少），从而使基层政府公共物品提供出现效率悖论。再次，在项目实施中，不仅项目主体资金来源于上级政府，而且项目配套资金也往往来自于农业企业等外部市场主体，项目承建与运营亦经常仰仗外部市场主体，为更好地体现经济效益，往往依据"谁投资、谁决策、谁收益、谁承担风险"的经济原则分配项目产生的利益及承担风险与成本。农民虽然是众多涉农项目的受惠者，但由于贡献的资源与要素相对较少，在项目运作中影响力甚微。因此在项目实际运营中，往往贯彻的是投资者等外部市场主体的意志，农民的意愿与诉求易被忽略，从而使基层政府在推动项目进村的惠民行为存在悖论。最后，土地整治、农业规模经营及土地流转等项目，农民虽能获得土地流转收益和就业机会，但项目的持续运营依赖农业企业等外部经济主体成长与利益实现，基层政府基于经济增长与政绩冲动，为推动相关项目，往往袒护外部经济主体，产生强迫流转、侵害农民权益等现象，从而产生基层政府职能优化悖论。

（三）职责同构的内生条块冲突

所谓"职责同构"是指在政府间关系中，不同层级的政府在纵向间职能、职责和机构设置上的高度统一和一致。通俗地讲，就是在这种政府管理模式下，中国每一级政府都管理大体相同的事情，相应地在机构设置上表现为"上下对口，左右对齐"。[①] 在这种制度关系下，中央政府和地方政府的宏观调控职能和微观管理职能重叠，职责没有在两者之间进行必要的分解，由此产生了条块冲突。一方面，对于一项政策的实施，上级政府通常制定决策，发挥着条条的控制和监督作用，而下级政府则通过块块合作执行的方式完成上级下达的任务，掌握着执行权并且对执行的结果负主要责任。这种职责同构模式造成了政府决策权与执行权的分离，使得条条与块块之间的职能既交叉又分割，从而影响了政策的有效实施。另一方面，中央对地方的条线控制，实际上形成了一种权威主导逻辑，使得下级政府的行动受制于上级，从而限制了地方政府能力的发挥。一旦上级的政策发生变动，在职责同构的内生条块关系下，政策指令层层下压，最终将

---

① 朱光磊、张志红：《"职责同构"批判》，《北京大学学报》（哲学社会科学版）2005 年第 1 期。

由基层政府和群众承担政策变动带来的损失。概而言之，在职责同构体制下，上级政府部门试图通过下级对应（或对口）部门贯彻政策意旨，而下级职能部门不仅受到本级政府的直接领导，需要贯彻本级政府的意志，而且部门政策的执行也很大程度上依赖于本级政府统筹调度资源，从而产生垂直职能部门与地方政府之间的控制权争斗，即著名的"条块冲突"。

项目制在一定程度上加剧了"条块冲突"：一方面，职能部门利用其资源控制权试图超越科层约束，通过市场与准市场机制贯彻其意志，另一方面，下级政府在项目申领、项目运作和相应的资源动员过程中则会更加能动性地采取应对策略，尽可能在项目中体现本地意志与利益。可以说，项目制使"条块冲突"超出了行政体系，使与项目相关的市场主体、社会力量被动卷入到了"条块冲突"之中。"条块冲突"产生了基层政府职能优化悖论。首先，项目制是一种"自上而下"资源配置，在程序设计上则通过一种短、平、快的方式来实现国家意图，将政策和资源落到实处，遵循条线控制逻辑。一方面，项目的分配是由上级部门以发布项目指南书的方式招标，再由下级政府代表地方或基层投标方的意向，向上申请项目，另一方面，"项目进村"不仅需要经历立项、申请、审核、分配、批复、实施、监管、验收、评估、审计及奖罚等一整套理性的复杂程序和技术系统，同时还规定了各行为主体间的责任、义务与权利。[①] 基层政府为获得相应的发展资源，不惜偏离公共服务的核心职能，工作重点有意无意地偏向到项目申请和项目迎检上来，从而产生基层政府职能优化悖论。其次，在维护公共利益上，基层政府与上级部门本质上应是一致的，但在"条块冲突"中，上级部门与基层政府进行"控制与反控制"博弈，农民的利益、意见与态度反而成为一种博弈手段，上级部门以确保资源用在实处、维护人们利益为名加强对基层政府的控制，基层政府则以农民的利益与意愿为名，要求灵活运用资源与资金。由于农民的利益不再是目的而是变成了手段，双方博弈中的策略性行为有可能违背农民的真实意愿与利益，从而使基层政府在维护农民主体地位、尊重农民利益与意愿等方面出现偏差。最后，为缓解"条块冲突"，项目制中引入了市场与准市场机制，旨在运用大量技术手段处理条块关系。但上级职能部门仅依靠纯业务

---

① 应小丽、钱凌燕：《"项目进村"中技术治理逻辑及困境分析》，《行政论坛》2015年第3期。

技术的方式将无法与农民进行有效沟通，而基层政府更接近群众、整合民意的优势也因审核评估的技术性规范性严格标准而不便于充分发挥，从而产生基层政府职能优化悖论。

三　悖论的破解之策

（一）优化项目决策程序，提高财政资金拨付的精准性

项目制自上而下的资源输入方式及与之相对应的自上而下的决策机制，使基层组织的民主决策机制难以有效发挥作用，项目相关决策既不需要基层组织直接参与，也没有专属农民的意见表达渠道，从而极易造成项目供给与农民需求错位，产生基层职能优化悖论。优化项目的决策程序，提高财政资金拨付的精准性，就是要改变项目制以部门为主导的"单向度"运作逻辑，既要保证农民需求得到有效表达，同时也要发挥基层政府的作用，使公共物品的供给更有效率，让财政资金精准使用。一方面，在项目决策过程中，应更加重视基层意见与态度，建立畅通的农民意见表达渠道，另一方面，应对资金使用进行更严格的监管。

项目制标准化的制度规范无法甄别众多分散农户动态的、差异化的需求，政府无法获得农民的需求偏好、配给额度、瞄准目标等信息，导致项目制所要求的技术化和规范化治理逻辑在实践中失效。因此，为发挥项目制的治理功效，必须对项目的决策程序进行优化，提高项目"发包"的准确度及合理性，尽可能地契合农民的实际需要，确保项目设计的科学性。一方面，要建立起自下而上的农民意见表达机制，另一方面，也要进一步完善农村公共需求整合机制，从而既尊重农民利益、意志与态度，又发挥专家和智库的作用，使项目制能充分体现供求两端的民主决策与科学决策的有机结合。在不改变项目制专项转移支付基本属性的前提下，允许基层政府甚至农民集体等市场主体自主设置项目，在项目清单及项目指南形成过程中引入更多的民主决策机制，而在项目承建运营、考核与评估中引入更多的科学决策机制。一方面，有效地将农民的意见纳入到项目决策程序中，克服了项目制"申报—审批"程序抑制农民需求表达的缺陷，调动基层政府向下了解农民意愿、向上反映农民需求的积极性，有利于促使基层政府发挥出桥梁作用，改变其"悬浮"的现状，从而使项目制下各项目更多地反映基层利益、意见与态度，提高其瞄准精度，切合现实需求；另一方面在项目实施中强调科学性，提高资金使用效率。

（二）完善农村集体决策机制，发挥农民主体作用

项目进村本质上仍是一种外部资源输入过程，一定程度上忽视了农民的主体作用。项目制实施过程中不仅应充分听取农民意见、维护农民利益，而且要防止农民滋生"等、靠、要"思想。破解基层政府在项目进村中的两难困局，核心在于激发农村内源性发展，发挥农民主体作用，使外部资源的利用促进农民积极性与主动性的发挥。由于项目建设往往同时涉及众多农户的利益，因此项目制实施中，农民主体地位的发挥最为关键的是要完善农村集体决策机制。首先，扩大农民集体决策范围。由于不少地方农村集体经济空洞化，农民集体决策缺乏实践支撑，集体决策往往局限于民主选举，集体决策内容贫乏。当前，应以国家资源下乡为契机，开启村庄规划、项目建设等议题，把农民的关切点从局限于村庄的短期利益逐渐延展到着眼于全局的长远利益，进而不断扩大农民集体决策范围。其次，开拓农民集体决策的组织渠道。当前，农民集体决策往往以村民自治组织为载体，组织渠道较为单一，远远不能满足农民自我组织、自我管理的需要，应支持和鼓励农民创建新的经济社会组织，如专业合作社等经济性组织及文化娱乐等兴趣性组织，让农民在不同组织中获得集体归属感，群策群力发挥聪明才智。再次，在农村集体经济组织中引入法人治理机制。不仅让集体经济组织具有独立的财产，而且有独立的民事经营权利，通过多种形式的政策扶持提高其经营能力，使其逐渐成长为适应市场经济的独立市场主体。最后，进一步完善农民意见与建议的反馈回应机制。例如设立群众接待站、定期向村集体和有相关诉求的农民本人反馈相关处理意见。

随着集体决策机制的完善，项目的主导权将逐渐由农民掌握，外源性发展演变成内源性发展，相应的利益不兼容问题也将得到根本解决，项目制的基层政府优化悖论亦将由此破解。首先，集体决策范围延展到村庄规划和项目建设，有利于让农民更加深刻地体会到公共事务与个人利益的关系，摒弃"等、靠、要"思想，激发农民组织申请甚至参与项目建设的积极性和主动性。其次，鼓励农民自我组织，拓宽农民集体决策组织渠道，不仅可以让乡贤、农村能人与富人有更多的组织平台发挥影响力，直接改善乡村治理，而且有利于农村基层适应项目来自不同政府部门的特点，更高效地集中民意和汇聚民智，如农业项目可与农民专业合作组织有效沟通，文体项目可以与相关兴趣性组织有效沟通等。再次，农村集体经

济组织成长及适应市场经济能力的提升，不仅有利于克服农户分散经营的弊端，激发农民通过土地入股、劳动合作等多种方式开展合作经济，诱发土地整治、小型水利工程等项目需求，而且使农民集体经济组织逐渐具有承接、承建与运营大量涉农项目的能力。最后，农民意见与建议反馈回应机制不仅有利于促进政府与农民之间的互信，更为重要的是有利于防止集体决策侵犯妇女、入赘者等少数派的公民权利，提高农民约束村庄代理人的能力，防止其滥权行为。概而言之，完善农村集体决策机制，发挥农民主体作用，不仅有利于改善乡村治理，而且能激发农村内源性发展，使项目制实施中能更加充分地动员和利用本地资源，减少因外部市场主体的加入而诱发的利益纷争问题，基层政府亦能专注于相应的公共服务职能，从而推动基层政府职能优化。

（三）提升基层政府的项目整合能力，完善项目评估方法

在基层治理实践中，农村的许多公共事务都是相互联系的。例如，农村土地整治与农田水利工程建设、农村污染治理与农田灌溉设施建设等项目之间都高度相关。而当前项目制仅就单一项目实施目标管理和过程控制，单项的绩效考核评估与地方事务的综合性及经济社会绩效的整体性之间存在矛盾和冲突。就项目发包方的上级职能部门来说，各个项目都有对应的目标与要求，项目的"考核与评估"也与其"目标与要求"相一致。而在经济社会实践中，各项事务纵横交错，单个的项目实施只是达成目标的必要手段之一，单一项目若不能适应整体性、综合性的发展规划，则难以产生实际效果及满足实际需求。因而，独立分割的项目实施不仅无法充分体现各项事务之间的相互联系及事情的轻重缓急，而且影响资金使用效率（如单个项目因资金不足而延期甚至烂尾，个别项目少量结余资金无法有效使用），基层政府被动参与项目，对提高项目绩效无能为力。在项目制实施中，赋予基层政府一定的项目整合权利，提升基层政府的项目整合能力，将相关联的项目进行整合建设，可以发挥出各项目间的联动效应，提升项目绩效和项目资金的使用效率，从而破解基层政府优化悖论。

首先，在项目"申报—审批"各环节，既容许项目申报者"一题多报"，根据实际需要向多个职能部门申领资金，又打通部门信息通道，实行跨部门联合审核。这样，基层政府既有动力对分散在各职能部门的项目进行有效整合，又提高了其战略规划能力，有利于其听取民众意见、整合公共物品需求，提高公共服务水平，进而推进基层政府职能优化。其次，

允许基层政府进行项目整合并非放任基层政府对相关项目及配套资金进行随意安排和调配。出于限制基层政府行为随意性的目的，项目"发包"各部门还需完善项目评估方法，对项目的整合标准进行严格把控，加强对项目整合方式的评估，上级职能部门及相关监管部门不仅要对下拨资金总量进行科学测算和严格控制，而且要引入审慎监管理念，对项目资金使用的合目的性进行严格地评估与审查，真正使项目资金惠之于民。最后，构建起多维度的项目绩效评估评价指标与体系，摆脱单一项目评估的技术局限，把项目评估与本地治理水平及经济发展绩效的评估有机结合起来，充分利用社会和群众的反馈意见，在对短期单个项目进行考察的同时，也注重整体和中长期业绩考察，从而抑制"造项目套取资金"、消除"形象工程制造虚假政绩"，进一步促使基层政府向"服务型"政府转型，进而使项目发挥出更大的效益。

第七章　结论与展望

第一节　基本结论与主要观点

秉承邓小平同志的有关论述，基层政府包括县乡两级政府。它处于国家政权的末梢，一方面在政府层级中处于最末端，所具有的强制力和所掌握的经济资源及组织资源相对更高级政府更少，另一方面，基层政府又直接面对人民群众，提供公共物品或服务，基层政府最了解人民群众的需求、情感和态度，同时人民群众对政府的认知、情感和态度亦直接与基层政府的行为方式和职能履行相关联。基层政府职能履行情况人民群众感受最为深切，基层政府职能履行既是政府良政与国家善治的基石也是体制弊端的爆破口。基层政府职能定位应遵循"外生权力最小化与内生权力最大化"、"双重保护与双重服从"、"服务兜底"等三大原则。

农业现代化的发展就应打破传统农业的特殊均衡，不断引入新技术、新产品、新方法和新的生产资料，重构人们对农业的认知，使农业重新充满活力。因此，农业现代化发展应具有相应的技术条件、组织条件、人力资本及基础设施等。农业是具有自然风险和市场风险双重风险的弱质产业，在工业化和城镇化背景下，年轻一代弃农、厌农现象比较普遍，中国面临较为严峻的农业接班人危机。现代农业的发展应主动开创农业人才成长的条件，引进、发现和培养现代新型职业农民、农业社会化服务者和农业经营管理者等现代农业发展生力军。为培育农业接班人，基层政府应履行爱农、尊农环境再造职能、惠农市场品性塑造职能、政府扶持落地职能。

政府机制与市场机制相结合的农村土地资源配置基本适应了生产力的发展，维护了社会稳定，但农村土地资源配置却并存"公地悲剧"与"反公地悲剧"。这类问题的存在是因为农村土地权利配置不当。优化农村土地资源配置应"调整土地权利，落实和完善三权分置"、"改善乡村治理条件，推进农村土地制度变革"、"弱化农地的社会功能，强化农地的经济功能"。优化农村土地资源配置应改善政府机制，培育市场机制，促进农村土地产权的有效界定与交易、推动土地流转、减少土地闲置与提高土地生产率。基层政府在优化农村土地资源配置中应履行"产权落地，促进国家法与民间法融合"、"改善乡村治理，促进有效合作"、"土地整治与产业规划"等职能。

现代农业是利润导向性农业，并不是简单的土地与劳动结合，需要投入大量新型生产要素，在市场经济条件下，生产要素具有一定的价格并能在市场中获得，因此，生产要素的投入常常表现为资本投入。为扩大农业再生产，提高农业效率，需充分利用金融手段，合理配置农业生产要素。中国农村存在较为严重的金融抑制与金融排斥。促进农村金融发展，逐渐消除农村金融抑制和金融排斥不仅要充分有效地利用金融手段满足农村资金需求，而且要形成有利于激活农村资金需求的制度条件，让农村金融更好地服务农业的发展、农村的繁荣和农民的增收。农村金融发展需要政策性金融、合作金融、商业性金融等多种性质的金融充分发展，各司其职，满足农村不同类型和不同特征的资金需求。基层政府在农村金融发展中应履行"满足特定资金需求"、"协助金融机构发挥各自功能"、"促进金融机构盈利模式转变和金融业务创新"、"助推农村金融供给侧结构改革"等职能。

推进农业现代化，进一步解放和发展生产力，提高农民收入，迫切要求改造小农经济，提升农民组织化程度，使农民依靠更多的组织力量提高市场地位，使农业生产经营中有更多的组织决策，促进农业生产要素的进一步优化配置，提高农业的市场回报。基层政府长期频繁地与村民自治组织、集体经济组织及农民专业合作社等打交道，对焕发农村既有组织活力具有举足轻重的作用。基层政府应履行"焕发既有组织活力"、"构建和促进新型农村组织成长"等职能。

当前仍然存在政府缺位和越位，基层政府职能需要优化。我们应建设好"一横一纵三检视"的职能配置机制，"奖惩有度有节、容错纠错"的激励约束机制，"减负与赋能相结合"的基层政府能力提升机制，以"响应本地需求"为逻辑起点，在一项又一项的具体工作中以点带面地推动基层政府职能优化。

第二节　进一步的研究与进一步的行动

虽然本项研究试图提纲挈领地回答"农业现代化进程中基层政府职能"这一问题，但农业现代化进程本身十分复杂，基层政府职能又与相应的经济社会体制密切相关，把握其中的规律并不能毕其功于一役，持续地研究不可或缺。首先，在本项研究中，"农业现代化进程中的基层政府职能"是基于发展现代农业的阻碍因素与促进因素提出来的，即基层政府在农业现代化进程中的职能在于抑制或消除现代农业发展的阻碍因素、促进或培育现代农业发展的促进因素。本项研究中发展现代农业的阻碍因素与促进因素基于劳动力、土地、资本三大核心生产要素及要素组合的组织四个方面阐述，其他有关社会经济制度等因素对农业现代化的影响仍是不可忽视的，因此，劳动力、土地、资本、组织四个方面之外的因素如何影响农业现代化发展及基层政府在其中履行的职能需要进一步研究。其次，在本项研究中，基层政府职能主要关切到"基层政府在农业现代化进程中应该做什么及能够做什么"，而对基层政府正在做什么、做对什么、做错了什么等问题虽然有一定的讨论，但由于基层实践十分丰富，尚未做到充分和系统地呈现。对中国基层政府职能履行的系统评估值得进一步研究。再次，农业现代化是一个持续的过程，不仅基层政府应为此做出努力，而且其他经济社会主体也应积极推动农业现代进程，"基层政府如何与其他经济社会主体协同推动农业现代化"值得进一步研究。最后，本项研究提纲挈领地讨论了基层政府职能优化的内容、战略与步骤，但基层政府职能与行政体制及其他制度密切相关，本项研究提出的政府职能配置机制、激励约束机制、基层政府能力提升机制等还需从顶层设计层面和制度建设视角进行深入研究。

农业现代化不仅需要科学研究为决策提供有益的信息，更需要农村经济各参与者采取行动，无论政府、企业、农民还是其他经济组织与个人都可以为农村经济发展贡献资金、技术、劳动等各类生产要素，在实际经济活动中为农村经济发展作出贡献。在进一步的行动中，基层政府是最为重要的行动者之一，现代农业的发展需要基层政府实现相应的职能转变，切实履行应该履行的职能。

本项研究在"基层政府应该做什么"、"基层政府能够做什么"、"基层政府职能优化的战略与步骤"等方面产生了一些知识增量贡献，能为相关决策提供一些有益信息。然而，基层政府职能优化不仅要有战略目标与方向，更要采取行动。基层政府职能优化需要相应的顶层设计，赋予其动力，增加其能力，并给予相应的压力，但是，"狗尾巴带动狗身体"，在变革时代，许多改革路径是逐渐演化出来的，不仅基层政府能够自主地采取有效行动与改革措施逐步实现职能优化，为发展现代农业作出贡献，而且你、我、他，都可以是有效的行动者。

参考文献

中文著作

阿瑟·刘易斯：《二元经济论》，施炜译，北京经济学院出版社 1989 年版。

爱德华·肖：《经济发展中的金融深化》，邵伏军、许晓明、宋先平译，上海三联书店 1988 年版。

蔡昉、都阳、王美艳：《劳动力流动的政治经济学》，上海三联书店、上海人民出版社 2003 年版。

曹闻民：《政府职能论》，人民出版社 2008 年版。

D. 盖尔·约翰孙、林毅夫、赵耀辉：《经济发展中的农业、农村、农业问题》，商务印书馆 2004 年版。

恩格斯：《法德农民问题》，《马克思恩格斯选集》第四卷，人民出版社 1972 年版。

弗兰克·艾利思：《农民经济学——农民家庭农业和农业发展》（第二版），胡景北译，上海人民出版社 2006 年版。

关谷俊作：《日本的农地制度》，金洪云译，上海三联书店 2004 年版。

国务院发展中心农村经济研究部课题组：《中国特色农业现代化道路研究》，中国发展出版社 2012 年版。

何传启：《中国农业现代化报告 2012——农业现代化研究》，北京大学出版社 2012 年版。

贺雪峰：《地权的逻辑——地权变革的真相与谬误》，东方出版社 2012 年版。

考茨基：《土地问题》，梁琳译，生活·读书·新知三联书店 1955 年版。

李丹：《理解农民中国——社会科学哲学的案例研究》，张天宏、张洪云、张胜波译，江苏人民出版社 2010 年版。

李平、侯保疆等编著：《广东省县乡（镇）政府职能转变的理论与实践问题研究》，中国社会科学出版社 2009 年版。

林毅夫：《制度、技术与中国农业发展》，上海三联书店、上海人民出版社 2005 年版。

刘华：《经济转型中的政府职能转变》，社会科学文献出版社 2011 年版。

刘奇：《中国三农的"危"与"机"》，中国发展出版社 2014 年版。

刘润秋：《中国农村土地流转制度研究——基于利益协调的视角》，经济管理出版社 2012 年版。

陆道平、钟伟军：《农村土地流转中的地方政府与农民互动机制研究》，清华大学出版社 2012 年版。

罗必良：《产权强度、土地流转与农民权益保护》，经济科学出版社 2013 年版。

罗伯特·H. 贝斯等著：《分析性叙述》，熊美娟、李颖译，中国人民大学出版社 2008 年版。

罗纳德·J. 奥克森：《治理地方公共经济》，万鹏飞译，北京大学出版社 2005 年版。

罗纳德·I. 麦金农：《经济自由化的顺序——向市场经济过渡中的金融控制》，李若谷、吴红卫译，中国金融出版社 1993 年版。

潘维：《农民与市场：中国基层政权与乡镇企业》，商务印书馆 2003 年版。

［俄］恰亚诺夫：《农民经济组织》，萧正洪译，中央编译出版社 1996 年版。

秦晖：《耕耘者言——一个农民学研究者的心路》，山东教育出版社 1999 年版。

秦晖：《农民中国：历史反思与现实选择》，河南人民出版社 2003 年版。

时家贤：《新政治经济学视野下的地方政府：职能定位、行为边界与目标选择》，经济科学出版社 2013 年版。

思拉恩·埃格特森：《经济行为与制度》，吴经邦、李耀、朱寒松、王志宏译，商务印书馆 2004 年版。

苏布拉塔·加塔克、肯·英格森特：《农业与经济发展》，吴伟东、韩俊、李发荣译，华夏出版社 1987 年版。

速水佑次郎：《日本农业保护政策探》，朱钢、蔡昉译，中国物价出版社 1993 年版。

维托·坦茨：《政府与市场——变革中的政府职能》，王宇等译，商务印书馆 2015 年版。

吴爱民、沈荣华、王立平：《服务型政府职能体系》，人民出版社 2009 年版。

吴锦良：《基层社会治理》，中国人民大学出版社 2014 年版。

西奥多·W. 舒尔茨：《改造传统农业》，梁小民译，商务印书馆 1987 年版。

西奥多·舒尔茨：《经济增长与农业》，郭熙保、周开年译，北京经济学院出版社 1991 年版。

Y. 巴泽尔：《产权经济分析》，费方域、段毅才译，上海三联书店 2003 年版。

亚诺什·科尔内：《短缺经济学》上下卷，张晓光、李振宁、黄卫平等译，经济科学出版社 1986 年版。

杨雪冬：《地方治理的逻辑》，社会科学文献出版社 2018 年版。

野口悠纪雄：《土地经济学》，汪斌译，商务印书馆 1997 年版。

伊利、莫尔豪斯：《土地经济学原理》，藤维藻译，商务印书馆 1982 年版。

詹姆斯·C. 斯科特：《农民的道义经济学——东南亚的反叛与生存》，程立显、刘建等译，译林出版社 2001 年版。

张静：《基层政权：乡村制度诸问题》（修订版），上海人民出版社 2007 年版。

张静：《现代公共规则与乡村社会》，上海书店出版社 2006 年版。

赵树凯：《农民的政治》（修订版），商务印书馆 2012 年版。

中国人民银行农村金融服务研究小组：《中国农村金融服务报告 2016》，中国金融出版社 2017 年版。

周其仁：《城乡中国》，中信出版社 2013 年版。

周雪光、刘世定、折晓叶主编：《国家建设与政府行为》，中国社会科学出版社 2013 年版。

朱光磊：《服务型政府建设规律研究》，经济科学出版社 2015 年版。

中文期刊文献

蔡长昆：《从"大政府"到"精明政府"：中国政府职能转变的逻辑——交易成本政治学的视角》，《公共行政评论》2015 年第 2 期。

陈长虹、黄祖军：《从运动式到项目化：论基层政府动员转型》，《经济与社会发展》2014 年第 1 期。

陈家建：《项目制与基层政府动员——对社会管理项目化运作的社会学考察》，《中国社会科学》2013 年第 2 期。

陈家建、张琼文：《政策执行波动与基层治理问题》，《社会学研究》2015 年第 3 期。

陈雪莲、杨雪冬：《地方政府创新的驱动模式——地方政府干部视角的考察》，《公共管理学报》2009 年第 3 期。

樊佩佩、曾盛红：《动员视域下的"内生性权责困境"——以 5·12 汶川地震中的基层救灾治理为例》，《社会学研究》2014 年第 1 期。

付建军：《精英下乡：现代国家整合农村社会的路径回归——以大学生村官为例》，《青年研究》2010 年第 3 期。

格里·斯托克：《作为理论的治理：五个论点》，《国际社会科学杂志》（中文版）1999 年第 1 期。

贺雪峰、刘岳：《基层治理中的"不出事逻辑"》，《学术研究》2010 年第 6 期。

贺雪峰、魏华伟：《土地问题的六个常识》，《社会科学战线》2010 年第 2 期。

侯麟科、刘明兴、陶然：《中国农村基层政府职能的实证分析》，《经济社会体制比较》2009 年第 3 期。

黄少安：《准确把握现阶段我国政府职能的一般性与特殊性》，《经济纵横》2014 年第 12 期。

黄宗智：《集权的简约治理——中国以准官员和纠纷解决为主的半正式基层行政》，《开放时代》2008 年第 2 期。

康晓光、韩恒：《行政吸纳社会：当前中国大陆国家与社会关系再研究》，《中国社会科学》（英文版）2007 年第 2 期。

李艾晶、程红丹、鲁克雄：《从农村趋向演化看基层政府职能定位——随州区域经济发展解析》，《当代经济》2009 年第 22 期。

李凤章：《通过"空权利"来"反权利"：集体土地所有权的本质及其变革》，《法制与社会发展》2010 年第 5 期。

李汉林、李路路：《资源与交换——中国单位组织中的依赖性结构》，《社会学研究》1999 年第 4 期。

李林倬：《基层政府的文件治理——以县级政府为例》，《社会学研究》2013 年第 4 期。

李祖佩：《项目进村与乡村治理重构——一项基于村庄本位的考察》，《中国农村观察》2013 年第 4 期。

李祖佩：《项目制的基层解构及其研究拓展——基于某县涉农项目运作的实证分析》，《开放时代》2015 年第 2 期。

刘勇、李敏：《农业产业化发展中的政府职能创新分析——以浙江长兴农业产业化发展为例》，《农村经济与科技》2015 年第 12 期。

马力宏、刘翔：《变化中的政府与市场关系及其影响》，《理论探索》2013 年第 5 期。

潘媛媛：《市场经济体制下服务型政府的职能定位分析——基于政府与市场关系的研究》，《中国市场》2016 年第 3 期。

渠敬东：《项目制：一种新的国家治理体制》，《中国社会科学》2012 年第 5 期。

仝志辉、温铁军：《资本和部门下乡与小农户经济的组织化道路——兼对专业合作社道路提出质疑》，《开放时代》2009 年第 4 期。

王汉生、王一鸽：《目标管理责任制：农村基层政权的实践逻辑》，《社会学研究》2009 年第 2 期。

王浦劬：《论转变政府职能的若干理论问题》，《国家行政学院学报》2015 年第 1 期。

王世崇：《地方政府农村土地流转中职能探析——基于公平与效率的视角》，《唯实》2012 年第 3 期。

吴理财：《服务型政府构建与民众参与——以乡镇职能转变为例》，《学习月刊》2008 年第 13 期。

项继权：《中国乡村治理的层级及其变迁——兼论当前乡村体制的改革》，《开放时代》2008 年第 3 期。

肖瑛：《从国家与社会到制度与生活：中国社会变迁研究的视角转换》，《中国社会科学》（英文版）2015 年第 1 期。

徐勇：《城乡一体治理：社会主义新农村建设的方向与探索》，《东南学术》2007 年第 2 期。

徐勇：《村民自治的成长：行政放权与社会发育——1990 年代以来中国村民自治发展困境的反思》，《开放导报》2004 年第 6 期。

徐勇：《服务下乡：国家对乡村社会的服务性渗透——兼论乡镇体制改革的走向》，《东南学术》2009 年第 1 期。

徐勇：《精乡扩镇、乡派镇治：乡级治理体制的结构性改革》，《江西社会科学》2004 年第 1 期。

徐勇：《乡村治理结构改革的走向——强村、精乡、简县》，《战略与管理》2003 年第 4 期。

徐勇：《中国家户制传统与农村发展道路——以俄国、印度的村社传统为参照》，《中国社会科学》2013 年第 8 期。

燕继荣：《从"行政主导"到"有限政府"——中国政府改革的方向与路径》，《学海》2011 年第 3 期。

燕继荣：《协同治理：社会管理创新之道——基于国家与社会关系的理论思考》，《中国行政管理》2013 年第 2 期。

杨雪冬：《压力型体制：一个概念的简明史》，《社会科学》2012 年第 11 期。

姚金伟、孟庆国：《地方政府职能转型的行为逻辑分析》，《中国特色社会主义研究》2014 年第 6 期。

郁建兴、高翔：《农业农村发展中的政府与市场、社会：一个分析框架》，《中国社会科学》2009 年第 6 期。

张云昊：《基层政府权力运行的双向逻辑及其效果分析——基于 Y 县的实证研究》，《华中科技大学学报》（社会科学版）2010 年第 2 期。

张云昊：《基层政府运行中的"过度关系化现象"——一个政府行为的组织制度与关系网络的竞争逻辑》，《华南农业大学学报》（社会科学版）2010 年第 3 期。

赵树凯：《农村发展与"基层政府公司化"》，《经济管理文摘》2006 年第 10 期。

折晓叶：《县域政府治理模式的新变化》，《中国社会科学》2014 年第 4 期。

周飞舟：《从汲取型政权到悬浮型政权——税费改革对国家与农民关系之影响》，《社会学研究》2006 年第 3 期。

周根才：《走向软治理：基层政府治理能力建构》，《学术界》2014 年第 10 期。

周雪光：《基层政府间的"共谋现象"——一个政府行为的制度逻辑》，《开放时代》2009 年第 12 期。

周雪光：《项目制：一个"控制权"理论视角》，《开放时代》2015 年第 2 期。

朱光磊、张志全：《"职责同构"批判》，《北京大学学报》（哲学社会科学版）2005 年第 1 期。

英文文献

Alan Randall："The Problem of Market Failure"，*Natural Resources Journal*，Vol.23，Dec 1983.

AnthonyBebbington，Leni Dharmawan，Erwin Pahmi："Local Capacity，Village Governance，and the Political Economy of Rural Development in Indonesia"，*World Development*，No.11，Nov 2006.

Biman C.Prasad：Institutional economics and economic development：the theory of property rights，economic development，good governance and the environment，International Journal of Social Economics，Vol.30，N0.6，2003，PP741-762

Bruce Gardner：Causes of rural economic development，*Agriculture Economics*，Vol.32，Aug 2005.

Bruce Gardner："causes of rural economic development"，Working Paper，Department of Agricultural and Resource Economics，Sep 2003.

Danny Mackinnon："Rural governance and local involvement：assessing state and community relations in the Scottish Highlands"，*Journal of Rural Studies*，No.18，Jun 2002.

Deller："Pareto-Efficiency and the Provision of Public Goods within a Rural Setting"，*Growth and Change*，Vol.21，No.1 Jan 1990.

Francis M. Bator，"The Anatomy of Market Failure"，*The Quarterly*

Journal of Economics, Vol.72, No.3, Mar 1958.

Frederick H. Buttel: "The Rural Social Sciences: An Overview of Research Institutions, Tools, and Knowledge for Addressing Problems and Issues", *Agriculture and human values*, No.4, Nov 1987.

Gerhard Speckbacher: "Nonprofit Versus Corporate Governance: An Economic Approach", *Nonprofit management &Leadership*, Vol. 18, No. 3, Mar 2008.

Graeme Smith: "The Hollow State: Rural Governance in China", *The China Quarterly*, No.3, Oct 2010.

Greta R.Krippner: "The elusive market: Embeddedness and the paradigm of economic sociology", *Theory and Society*, No.30, Oct 2001.

James M.Buchanan; Yong J.Yoon: "Symmetric Tragedies: Commons and Anticommons", *Journal of Law and Economics*, Vol.43, No.1, Jan 2000.

Jones and Murdoc: "The incremental Nature of Public Service Delivery: Implic-ations for Rural Areas", *American Journal of Agricultural Economics*, Voll.60, No.5, Feb 1978.

Lukas Giessen Michael Bocher: "Rural Governance, Forestry, and the Promotion of Local Knowledge: The Case of the German Rural Development Program 'Active Regions'", *Small Scale Forestry*, No.8, Mar 2009.

Martin Jones: "Restructuring the local state: economic governance or social regulation?" *Political Geography*, Vol.17, No.8, Apr 1998.

Martin Petrick, Ingo Pies: "In search for rules that secure gains from cooperation: the heuristic value of social dilemmas for normative institutional economics", *Eur J Law Econ*, No.23, Aug 2007.

Michael A. Heller: "The Tragedy of the Anticommons: Property in the Transition from Marx to Markets", *Harvard Law Review*, Vol. 3, No. 111, Oct 1998.

Monchi Lio, Mengchun Liu: "Governance and agricultural productivity: A cross-national analysis", *Food Policy*, No.33, Nov 2008.

M.P Altmann: *Private Governance, Contextual Development Economics: A Holistic Approach To the Understanding of Economic Activity in Low – Income Countries*, New York: Springer Science Business Media, 2011, P.43-71.

QI Xue-xiang: "The Theoretical Foundation and its Mode Transformation of Rural Public Goods Supply in the Perspective of Organizational Competition", *Asian Agricultural Research Rural public product*, Vol.3, No.4, Feb 2011.

Qian Forrest ZHANG, John A.Donaldson: "The Rise of Agrarian Capitalism with Chinese Characteristics: Agricultural Modernization, Agribusiness and Collective Land Rights", *The China Journal*, No.60, Sep 2008.

Richard E. Wagner: "Self-governance, polycentrism, and federalism: recurring themes in Vincent Ostrom's scholarly oeuvre", *Journal of Economic Behavior & Organization*, Vol.57, Dec 2005.

Robert Agranoff and Michael McGuire: "Multi-network Management: Collaboration and the Hollow State in Local Economic Policy", *Journal of Public Administration*, No.1, Jan 1998.

Samuel Bowles: *Microeconomics, Behavior, Institutions And Evolution*, Newyork: Russell Sage Foundation Princeton University Press, 2004.

附　　录

问卷编号

访问人员姓名：_____调查时间_____年_____月_____日

调查地址：_____省_____市_____县（市、区）_____乡（镇）_____村

国家社会科学基金项目 14BZZ060 调查问卷

尊敬的农民朋友：您好！

我是国家社科基金项目《土地流转和农业现代化进程中的基层政府职能研究》课题组访问员，为了全面了解农村生产生活状况，我受课题组委托进行此项调查。您填答的信息仅用于科学研究和决策参考，恳请您如实作答。此次调查采用不记名方式，您提供的信息与资料将被依法严格保密，因此不会对您造成任何不便。

一　基本信息

1. 您在本地已居住了_____年，是否是村干部_____，您的家庭成员人数_____人

（1）是户主，出生年月_____，性别_____，文化程度_____；最近一年农业劳动时间_____（月），非农业劳动时间_____（月），最近一年在本村居住时间_____（月）。

（2）与户主关系_____，出生年月_____性别_____，文化程度_____；最近一年农业劳动时间_____（月），非农业劳动时间_____（月）最近一年在本村居住时间_____（月）。

（3）与户主关系_____，出生年月_____性别_____，文化程度_____；最近一年农业劳动时间_____（月），非农业劳动时间

_____（月）最近一年在本村居住时间_____（月）。

（4）与户主关系_____，出生年月_____性别_____，文化程度_____；最近一年农业劳动时间_____（月），非农业劳动时间_____（月）最近一年在本村居住时间_____（月）。

（5）与户主关系_____，出生年月_____性别_____，文化程度_____；最近一年农业劳动时间_____（月），非农业劳动时间_____（月）最近一年在本村居住时间_____（月）。

（6）与户主关系_____，出生年月_____性别_____，文化程度_____；最近一年农业劳动时间_____（月），非农业劳动时间_____（月）最近一年在本村居住时间_____（月）。

（7）与户主关系_____，出生年月_____性别_____，文化程度_____；最近一年农业劳动时间_____（月），非农业劳动时间_____（月）最近一年在本村居住时间_____（月）。

2. 您家近一年总支出为_____元，其中农业生产经营性支出为_____元；您家近一年总收入为_____元，其中农业经营收入为_____元。

二　土地问题

3. 您家的承包耕地_____亩，鱼塘_____亩，林地_____亩，其他_____，_____亩；实际经营耕地_____亩，_____块；鱼塘_____亩，_____块；林地_____亩，_____块　其他_____，_____亩。

4. 您家是否有土地流转行为_____。

A. 有转出　　　　　　　　　B. 有转入

C. 既有转入也有转出　　　　D. 没有土地流转

（1）您家有下列哪些土地流转行为。（可多选）_____。

A. 转包或租赁　　　　　　　B. 转让

C. 土地入股或土地合作　　　D. 互换

E. 代耕代管

（2）您家土地流转的方式与价格。

A. _____/年·亩　　　　　B. _____/亩

C. 红利分享方式是_____

（3）您家土地转出的对象有（可多选）_____。

A. 本地农户　　　　　　　　B. 村集体

C. 外地公司或老板　　　　　D. 集体企业或合作社

E. 外地农户

（4）您家土地转入的最主要来源是（可多选）_____。

A. 本地农户　　　　　　　　B. 村集体

C. 外地农户　　　　　　　　D. 农业公司或合作社

E. 其他_____

（5）您家土地转入或转出时，通常采用何种方式确立凭证？_____

A. 签订合同　　　　　　　　B. 字据

C. 第三方证明　　　　　　　D. 口头协议

（6）您家的土地流转经过下列最高哪级组织同意_____

A. 经村小组同意　　　　　　B. 经村委会同意

C. 经县或乡政府同意　　　　D. 没经过任何组织同意

（7）在土地流转中是否发生过纠纷？_____

A. 发生过　　　　　　　　　B. 没有

①您与承包方出现流转土地纠纷后的解决方式为_____

A. 找村委会协调　　　　　　B. 双方协商解决

C. 法律诉讼　　　　　　　　D. 其他_____

5. 您家是否希望转入更多的土地。_____

A. 是　　　　　　　　　　　B. 否

（1）您家希望转入土地却没有转入的最主要原因是_____

A. 没有好的生产项目　　　　B. 转入价格太高

C. 不知道有谁愿意转出土地　D. 其他_____

6. 您家是否希望转出土地。_____

A. 是　　　　　　　　　　　B. 否

（1）您家希望转出却没有转出的最主要原因是_____

A. 转出价格太低，不划算　　B. 不知道有谁愿意转入土地

C. 担心转出后难以收回　　　D. 其他_____

7. 您是否了解国家有关农村土地流转的政策：_____

A. 了解较多　　　　　　　　B. 基本上不了解

8. 您认为村集体作为土地发包方能否阻止农户的土地流转。_____

A. 能，土地必须经过村集体同意才能流转

B. 不能，农户的承包地自愿流转，集体无权干涉

9. 您家在农村土地承包过程中有下列哪些土地用途变更措施（可多选）_____

A. 荒地变耕地　　　　　　　　B. 林地变耕地

C. 耕地变林地　　　　　　　　D. 水田变旱地

E. 旱地变水田　　　　　　　　 F. 耕地变水产用地（鱼塘、藕池等）

G. 耕地上建房　　　　　　　　H. 林地上建房

I. 其他_____　　　　　　　J. 无任何土地用途变更措施

（1）您家上述土地用途改变，是否到村里或政府部门办理土地变更登记。_____

A. 办理过土地变更登记　　　B. 没有办理过土地变更登记

10. 您对农村土地价值的基本看法（最多选三项）_____

A. 没有土地农民就没活干

B. 有了土地就有了基本生活保障

C. 家庭收入的重要来源

D. 现在没什么价值，但以后一旦转为非农用地或政府征地就值钱了

E. 其他_____

三　农业现代化

11. 您家有下列哪些电子产品（可多选）_____

A. 手机　　　　　　　　　　　B. 电视

C. 联网的电脑　　　　　　　　D. 收音机

12. 您村有哪些公共信息化设施？（可多选）_____

A. 广播　　　　　　　　　　　B. 图书馆（室）

C. 电子阅览室　　　　　　　　D. 其他_____

13. 对于下列您常用的各种信息，请按重要程度选择四项，并排序：_____

A. 种植技术　　　　　　　　　B. 养殖技术

C. 农产品加工技术　　　　　　D. 市场信息

E. 就业培训　　　　　　　　　F. 扶贫救济、养老医疗等社会保障

G. 涉农政策

14. 您获取上述各类信息的主要途径是（可多选）＿＿＿＿＿

A. 电视、网络　　　　　　　　B. 电话热线、手机短信

C. 村广播、告示与宣传　　　　D. 亲朋好友告知

15. 您觉得你们村各农户生产的农产品质量差别大吗？＿＿＿＿＿

A. 差别较大　　　　　　　　　B. 基本上没什么差别

16. 您觉得农产品质量对农业收入的影响大吗？

A. 影响不大　　　　　　　　　B. 影响较大

17. 您出售的农产品申请了哪些质量认证？（可多选）＿＿＿＿＿

A. 无公害农产品　　　　　　　B. 绿色食品

C. 有机食品　　　　　　　　　D. 无

18. 您家生产的农产品，用于市场销售的占多大比例＿＿＿＿＿

A. 90%以上　　　　　　　　　B. 80%以上

C. 70%以上　　　　　　　　　D. 60%以上

E. 50%以上　　　　　　　　　F. 不到50%

19. 您家是否购买了农业保险＿＿＿＿＿

A. 是　　　　　　　　　　　　B. 否

20. 你们村有如下哪些经济组织（可多选）＿＿＿＿＿

A. 专业协会　　　　　　　　　B. 农民专业合作社

C. 村办企业　　　　　　　　　D. 私人企业

E. 农机队　　　　　　　　　　F. 村镇银行

G. 以上均无

21. 您家饲养家禽家畜的最主要目的是＿＿＿＿＿

A. 没有饲养任何家禽家畜　　　B. 帮助生产

C. 换点零用钱　　　　　　　　D. 是重要的收入来源之一

E. 用于消费和提高生活质量

22. 您主要从以下哪些途径获得作物种子？＿＿＿＿＿

A. 农资经营店　　　　　　　　B. 村里其他农户

C. 从自家种植的作物中选种留种

D. 政府或村发放　　　　　　　E. 其他＿＿＿＿＿

23. 您家最近三年是否有农业生产参观访问或农业技术培训_____

A. 有_____　　　　　　　B. 没有

24. 您觉得您的农业生产技能现在与五年前比较_____

A. 没有什么变化　　　　　　B. 有较大进步

C. 有较小的进步　　　　　　D. 退步了

25. 您家最近三年与农科站、农技站等政府服务机构是否有业务往来_____

A. 有　　　　　　　　　　　B. 没有

（1）若有，您认为农技、农科服务对解决农业生产问题的效果。_____

A. 效果很好　　　　　　　　B. 效果一般

C. 没什么效果

（2）若没有，其最主要原因是_____

A. 根本不知道还有这些机构存在

B. 不知道它们是否收费及收费标准

C. 不知道它们的服务项目

D. 农业生产中的问题基本上都能自己解决，没想到要它们帮助

26. 您觉得目前制约您靠农业发家致富的主要原因是什么？（最多选三项）_____

A. 产品销售困难　　　　　　B. 土地面积不大和土地质量不高

C. 缺乏资金　　　　　　　　D. 劳动力不足

E. 缺乏技术指导　　　　　　F. 生产工具和生产设备落后

G. 其他_____

27. 您觉得影响你家农产品产量的主要因素是什么。（最多选两项）_____

A. 耕地质量　　　　　　　　B. 农药化肥等要素投入

C. 农业生产技术与技能　　　D. 日常管理等劳动投入

28. 您一年累计有多少休闲时间。_____

A. 半年以上　　　　　　　　B. 四个月以上

C. 三个月以上　　　　　　　D. 两个月以上

E. 一个月左右

29. 您家在最近一年的农业生产中是否有过雇工_____

A. 有（雇工的工钱为每人每天_____元）

B. 没有

30. 您主要通过哪一途径销售农产品_____

A. 农业合作社统一销售　　　　　B. 商贩上门收购

C. 主动到收购站点销售　　　　　D. 其他_____

31、近三年来您家有过下列哪种借债行为_____

A. 银行贷款　　　　　　　　　　B. 亲朋好友借款

C. 其他_____　　　　　　　　D. 无借债

32. 您家农业用水主要通过下列哪一途径满足。_____

A. 村民小组统一解决　　　　　　B. 村集体统一解决

C. 自家单独解决　　　　　　　　D. 其他_____

33. 您家耕地的机耕面积_____亩；机播面积_____亩；机收面积_____亩。

四　乡村治理

34. 下列补贴政策中最近三年您家受益最大的补贴是_____，

未享受到的补贴是（可多选）_____

A. 种粮直补　　　　　　　　　　B. 农资综合补贴

C. 农机购置补贴　　　　　　　　D. 良种补贴

E. 劳动力转移培训补贴　　　　　F. 农业保险补贴

G. 新农保缴费补贴

35. 下列已实施政策中您家受益最大的是_____

A. 新农保　　　　　　　　　　　B. 新农合

C. 农业四补贴　　　　　　　　　D. 农村免费义务教育

36. 县乡政府所办的事情中，您按满意度排序_____

A. 乡村公路建设　　　　　　　　B. 水渠开挖与疏通

C. 环境整治　　　　　　　　　　D. 农技服务

E. 社会治安

37. 您认为最近几年你们村进步最大的是_____

A. 发展农业生产　　　　　　　　B. 提高农民收入

C. 推进乡村文明　　　　　　　　D. 改善村容村貌

38. 您是否主动查看村务公开信息_____

A. 经常查看　　　　　　　　B. 偶尔查看

C. 从不主动查看

39. 对村务一事一议的政策规定，您的看法最接近下列哪项_____

A. 村里的事情绝大多数与村民无关，很少开会

B. 一点小事都要开会，开会太多，很麻烦

C. 村民不关心，村里的事情还是由村干部做主，很少开会

D. 经常开会讨论问题，有利于维护普通村民的利益

40. 您对当村组干部的态度最接近下列哪一项。当村干部_____当村民小组干部_____

A. 乡里村里想让我当就当

B. 群众选我当就当　　　　　C. 不想当

41. 你们村或村民小组有下列哪些公用设施和设备（可多选）。_____

A. 水泵　　　　　　　　　　B. 耕牛或机耕犁

C. 收割机或脱粒机　　　　　D. 打米机或榨油机

E. 其他_____

42. 您认为你们村有下列哪些集体资产（可多选）_____

A. 树木　　　　　　　　　　B. 机动地

C. 可用于出租出售的房产　　D. 村办企业

E. 其他_____　　　　　　F. 没有任何资产

43. 您认为你们村集体收入的最主要来源是：_____

A. 政府财政拨款　　　　　　B. 村办企业收入

C. 土地出租　　　　　　　　D. 向农民集资

E. 其他_____

44. 您认为政府对农业的资金扶持重点应该放在哪里？　（选两项）_____

A. 为农业提供技术服务

B. 提供先进的生产设备

C. 提供农业销售渠道的信息

D. 乡村公路、水利等基础设施建设

E. 对农民进行业务培训

F. 其他_____

45. 您认为政府对农业的各项补贴可以采用下列哪些发放方式（可多选）_____

A. 直接发放给农民

B. 拨付给村集体，如何发放、发放多少由村民大会决定

C. 抵冲农民费税、债务后给农民

D. 用于村、村民小组公益事业后剩余部分发给农民

46. 最近三年村或村民小组是否有向您家集资。_____

A. 有　　　　　　　　　　B. 没有

46.1 若有，集资的目的是_____集资的方式_____您家共出资_____元

47. 您觉得从本村推选出优秀的村干部，对您家的农业增收的帮助大吗？_____

A. 赚钱靠自己，谁当村干部对我们的影响都不大

B. 优秀的村干部能带领大家发家致富

48. 下列关于村委职能的说法，您最认同的是_____

A. 不需要村里帮什么忙，不干扰我们做事就行了

B. 不少事情需要村里出面解决，村里帮忙不少

C. 不需要村里出面帮什么忙，但村干部能以个人身份帮一些忙

D. 的确有很多事情要村里出面才能做好，但村里能调度的人力物力财力有限，做不成事情

49. 您觉得本次调查对农村情况的了解是否全面。_____

A. 较为全面

B. 很不全面（您还有哪些情况想向我们反映，请概要说明_____）

国家社会科学基金项目 14BZZ060 基层干部访谈资料摘编

GFH20140729Y

我们花时间精力最多的事情是社会维稳，包括处理上访（有的不是通常所说的告状，就是问一些事情，我们也要接待）、突发事件、交通事

故、医患纠纷；这个事情难做一方面是讲的是和谐，不走程序；另外本身界限也模糊，难以下定论。

GFJ20140729Y

我们接待接访任务很重，要迎接检查、督查、验收、座谈、调研，接待对象包括各级领导人大政协党委各套班子及政府各职能部门，甚至保险公司（农业保险，蔬菜是否纳入保险范围，暂时还没纳入）。每次半天左右；吃一餐；每周都有，五天工作日四天搞接待，有时一天几批次；关键领导还要有人陪同，一个人来，镇里主要领导都要接待不能工作。三个主要领导搞接待。有时不同部门针对同一问题反复找我们座谈。

XGF20140729Y

项目进村，验收、记账都在上面，镇上只起到协调作用。大概每年有2000万左右的到村项目资金。领导蹲点的村项目多；公路沿线的村项目多（形象问题）；村里出了能人、大官的村项目多（有面子能找关系）；其他的村镇上争取和协调一些项目（某村弄到的项目给予别的村）；进村项目基本上不需要镇里统计，也不需要镇上安排。有的村可以要到30万左右的现金，直接设名目，上面给现金。

实际受益并不大，浪费太多。现代农业项目，50万元以上都需要招投标。开发商的利润和竞标费用都很大。想中标的人多，要围标，成本很大。从发标到计标的时间过程也很长，费用很大，100万的项目，真正可能只有30万受益。

招投标制、监理制，导致成本很大。实际上项目大，但技术含量不高，不需要很高的资质，如土地平整。建议改革，减少中间费用。

GFH20140825Z

最头痛和牵扯精力的事情有三四类吧。第一就是信访和维稳。主要涉及四大群体即退役涉核工程兵、民办教师、电影放映员、移民（防止集中上访，相关信息上报、特别强调我们基层干部不能参与组织）。第二个就是蚕林场的特殊土地问题（原属于乡农场不属于独立的村）。第三是安全生产和突发事件或者事故。第四就环境整治。清洁工程属于这两年突出出来的，农村环境整治成为重点工作，每个村都有资源回收中心；垃圾要分为三个三分之一。

ZFH20140825Z

我觉得我们这里公务员积极性还是较高的，有职务升迁，全乡共 12 个公务员，除我们班子成员外还有 5 人；管事业单位，主要是七站八所，积极性不高，既没有钱也没有名，每年就 3000—5000 元，没有政治生涯，年轻的主要是适应环境，挂职外去工作，年龄大的就是熬日子混日子。

XGF20140827n

发改局审批的涉及的项目都是省市立项的项目；一般是基础设施建设和工业项目；涉农项目一般在县委农村工作部和农业局、畜牧水产局等；审批的项目分给协调管理的单位。

QGF20141107t

低保指标从 1000 到 1600 个，多了反而不好分，一般到村里面开会分配，很多不符合低保条件的入选了，但也有符合条件的没选上。

国家社会科学基金项目 14BZZ060 阶段性成果

1. 论文：《三权分置下"确权悖论"的制度破解》，课题负责人第一作者，中文核心，CSSCI，人大复印资料全文转载。

2. 论文：《农户土地流转的收入效应分析》，课题负责人独著，中文核心，CSSCI，人大复印资料全文转载。

3. 论文：《农村空心化背景下的社会保障制度建设》，课题负责人独著，中文核心，CSSCI。

4. 论文：《养老服务的供给侧改革研究》，课题负责人第一作者，人大复印资料全文转载。

5. 论文：《社会保障的农村金融深化效应研究》，课题负责人第一作者，CSSCI。

6. 论文：《机关事业单位养老保险的政府兜底责任及履责机制》，课题负责人第一作者，CSSCI 扩展版。

7. 论文：《三权分置与农业现代化——基于新制度经济学分析》，课题负责人独著。

8. 论文：《三权分置的法律实现路径——兼对法学界批评的统一回应》，课题负责人独著。

9. 论文：《新农保基础养老金动态调整机制研究》，课题负责人第一作者。

10. 论文：《论农业现代化进程中的基层政府职能——以湖南省沅江市草尾镇土地信托流转为例》，课题负责人第一作者。

后　记

　　本书是我的国家社科基金项目"土地流转和农业现代化进程中的基层政府职能研究"（14BZZ060）的结项成果，受到了李燕凌同志领衔的湖南省双一流学科建设重点项目的支持。在实际调查研究中，笔者发现土地流转除了与农业现代化相关外，还关涉到村庄规划、宅基地处理、农村建设用地市场化及城乡一体化等广泛的主题，虽然撰写论文可以就不同的主题一一加以讨论，但作为著作，若是把"土地流转"和"农业现代化"作为并列关系，则会导致研究范围扩大，研究问题不聚焦，因此，笔者把"土地流转"作为农业现代化的一个特殊问题处理，即把土地流转看作是农地资源优化配置的手段和方式，结题著作命名为《农业现代化进程中的基层政府职能研究》。"农业现代化进程中的基层政府职能"有两条研究路线，一是从历史进程和社会变迁的角度观察基层政府职能是如何适应农业现代化的，这条路线更多的是一种描述性和解释性研究，重在理论阐释；二是侧重于讨论基层政府应该怎样履行职能促进农业现代化。本项研究定位于应用研究，因而选择第二条研究路线，进而把"农业现代化进程中的基层政府职能研究"转换为讨论农业现代化及其发展条件、阻碍因素或促进因素视角下的基层政府应做什么，能够做什么等问题。影响农业现代化的因素众多，本项研究侧重于讨论微观经济中的劳动力、土地、资本和组织等核心问题，然而，制度与技术在农业现代化进程中亦至关重要，本项研究没有充分讨论此类问题并不是先验地认为制度与技术等不重要，而是为了突出基层实践的主动性。中国的改革是从基层实践开始的。顶层设计与基层实践探索的良好互动是中国改革稳健推进的关键所在，在本项研究中在重在突出基层实践和创新的意义。

　　政府职能转变问题伴随中国改革开放全过程，相关研究汗牛充栋，切入这一主题后，深感自身知识储备和学术能力不足。要做好本项研究需洞悉政府职能转变的趋势，准确理解经济体制和行政体制，全面剖析农业现代化问题，在本书撰写过程中，笔者时常感觉力所不逮，从总体大纲到论证细节仍有不少不尽如人意之处。学术研究重在知识增量贡献，笔者不敢奢望重大理论突破，只是希望本项研究有聊以自慰的些许创新。如果说本项研究有所创新，有所知识增量贡献的话也是因为站在巨人的肩上，大量学术前辈与同仁、思想者、时评家对本项研究的贡献决不能仅仅通过列举参考文献而展示出来，长期地研读他们的作品，思想、观点和方法所受到影响无法在纸面上清晰呈现出来。此外，在调查研究过程中，农民、农业企业经营管理者、政府工作人员等受访对象提供了大量的信息，他们的思想、观点也闪现在本书的各处，虽然文责自负，但笔者要强调的是本项研究有他们的思想贡献。

实地调研和查阅文献、处理数据不同，它能给你真切的体验和感悟。这些体验和感悟也许还无法以学术成果的形式呈现出来。我搞农村调研已有多次，虽然从调研方案确定、问卷设计、入户调查、数据录入、数据分析、撰写报告等各个环节都全程参与过，但也只是参与者，不是真正意义上的组织实施者。这次作为国家项目负责人，不得不自己领导组织和实施调研。问卷调查可以重复进行，便于统计分析，对做研究帮助很大，但问卷设计受研究者思维的局限，若不与其他调研方法相结合，会产生较大的问题。问卷设计花费了我不少时间，虽然整体篇幅已经不小但还是有很多问题无法涉及。例如，我在实际问卷调查中发现，我对土地流转问题的设计没有考虑到土地本身特性的影响，在农技服务中也没有考虑到农民本身的态度差异，导致无法准确地选填答案。还有一些题干可能存在歧义，若不是有针对性的改变问法，可能导致答案不真实。更为严重的时，可能有些重大问题没有纳入到问卷之中，例如，我知道惠农补贴不少，但我的问卷中涉及到的可能不到十项，但我通过调取有关部门惠农补贴明细表发现，直接发给到农民一卡通的补贴就有 32 项近 50 笔（有些补贴分几次发放），加上其他形式发放的补贴达 51 项。有一天傍晚，我在某地农村入户调查后准备回住处，听到一个六十多岁的农妇好像在骂我，是方言，我听不大懂，我只得回过去问农妇有什么话要对我说，农妇对我的态度立刻好起来，询问我来他们村做什么，是谁派来的，问我进了那么多农户家，几次路过她家怎么都不进他们家，是不是瞧不上她家，我对她说，我只是一个教师，做研究的，后来我耐心地听取了她的一些想法，通过这件事件，我觉得农民骂人特别是骂基层干部，甚至上访，很可能不是真有什么委屈，而只是要求被关心被关注。实地调研和查阅文献、处理数据不同，它能给你真切的体验和感悟。

　　在本项研究过程中，得到了广大亲朋好友的支持和帮助，师长与领导学术上的提携、帮助与鼓励，同事与同学在学习中的指点与启发，家人在生活上的照顾与安慰、朋友的欣赏、批评和各种支持与帮助都有力地促进了我研究的展开，在此，无论以何种语言表达谢意都不为过，甚至可以说本项研究成果是集体劳动的结晶。在此，要特别感谢国家社科基金匿名评审专家，他们详细的意见和富有建设性的建议。给了我许多启发，让我有机会订正错误，进一步完善文稿。

刘远风

2019 年 10 月于长沙